거짓 이단과 청지기의 바른 자세와 삶

디도서 강해

| 안재도 지음 |

쿰란출판사

An Exposition of Titus

by Rev. Prof. Jae Do Ahn, Th.D

September 1, 2011
Qumran Publishing House
Seoul, Korea

머리말

디모데전 · 후서와 디도서는 목회 서신(pastoral epistles)이라고 부릅니다. 그 이유는 이 책들이 목양서이기 때문입니다.

디모데전서가 순수한 목회 서신이라면, 디모데후서는 저자의 개인 편지요 간증문입니다. 그리고 디도서는 사적인 추천서와 같습니다.

〈타임스〉(Times) 지는 "오늘의 시대는 예측 불허의 시대"라고 진단하였습니다. 그리고 영국의 정신의학 박사였으며, 현재 미국 커버넌트 신학교(Covenant Theological Seminary)의 상담학 교수인 리처드 윈터(Richard Winter)는 현대인들의 영성과 지성에 대하여 정신의학 차원에서 분석한 결과 "영광스럽지만 상처 입은 존재"(a glorious ruin), 즉 "부분적으로는 영광스럽고 부분적으로는 상처 입은 존재"라고 묘사하였습니다.

오늘날 지구촌에 살고 있는 현대 크리스천들은 말씀 문화와 세속 문화의 틈바구니 속에서 나타나는 진리와 비진리, 신앙의 파수와 불신앙과의 타협, 육적 일과 영적 일 속에서의 갈등과 번민, 참 목자의 교훈과 이단들의 거짓 가르침, 나라와 나라 간의 전쟁과 싸움, 그리고 민족과 민족 간의 종교적 갈등과 분열 속에서 '어떻게 살아가야 하며, 어디로 가야 할지, 그리고 무엇을 해야 할지' 영적 삶의 방향 감각을 점점 더 상실해 가고 있습니다.

이러한 상황 속에서, 사도 바울의 목회 서신 가운데 하나인 디도서는 성공적인 목회를 위한 목양 필독서입니다. 그리고 첨단 시대에 살고 있는 현대 크리스천들을 향하여, 하나님의 청지기로서의 사명과 책임이 무엇인지, 거짓 이단의 잘못된 점이 무엇인지, 가정과 사회생활에서의 올바른 관계가 무엇인지 분명하게 제시해 주는 신앙의 길잡이입니다.

계속적으로, 부족한 저자에게 여러 권의 책들을 낼 수 있도록 인도해 주시고 그때그때마다 영감과 지혜, 새 힘을 주신 살아 계신 하나님 아버지께 영광과 감사를 돌립니다.

앞으로, 이 책의 수익금은 본 교회의 목회 사역 가운데 중요한 일, 즉 지구촌 10개 나라에 있는 벧엘 지교회와 신학대학의 선교 사역을 돕는 일에 귀하게 사용될 것입니다.

그동안 본 벧엘 제단을 섬기며 부족한 저자의 책을 발간할 수 있도록 기도해 주시고 물심 양면으로 협력해 주신 본 교회 당회원들과 여러 교우님들께 감사를 드립니다. 그리고 오랫동안 여러 가지 면으로 적극 협력해 주신 쿰란출판사 대표 이형규 장로님과 직원들에게도 감사드립니다.

2011년 9월 1일

필라델피아 벧엘 목양실에서

안재도 목사

차 례

제4강 거짓 이단의 특성과 경계(1:10-16)

제5강 교회 각층에 대한 교훈(2:1-10)

제6강 왜 그리스도인으로 살아가야 하는가?(2:11-15)

차 례

제1강 서론

제1강 서론

1. 디도서의 저자와 연대

디도서의 저자는 사도 바울입니다. 그리고 이 책은 사도 바울이 마게도냐에서 수신자 디도에게 보낸 목회 서신 가운데 하나입니다.

그런데 19세기 자유주의 신학자 바우어(F.C. Baur)와 홀츠만(Holtzmann)은 사도 바울의 저작성을 부인하고 있습니다

그 이유는 디도서에 나타난 직분들이 주후 2세기의 제도이기 때문에 주후 1세기에 활동했던 사도 바울이 쓴 것이 아니라는 것입니다. 그러나 사도 바울 당시에도 감독과 집사 같은 직분이 있었음을 성경의 기록 속에서 발견할 수 있습니다.

"각 교회에서 장로들을 택하여 금식 기도하며 그들이 믿는 주께 그들을 위탁하고"(행 14:23).

"바울이 밀레도에서 사람을 에베소로 보내어 교회 장로들을 청하니"(행 20:17).

"그리스도 예수의 종 바울과 디모데는 그리스도 예수 안에서 빌립보에 사는 모든 성도와 또한 감독들과 집사들에게 편지하노니"(빌 1:1).

그러므로 디도서의 저자가 다른 목회 서신들과 같이 사도 바울임을 확실하게 믿을 수 있습니다.

또한 디도서는 언제 어디서 기록되었는지 정확하게 알기는 어렵지만 사도 바울의 행적을 통해 추론해 볼 수 있습니다. 빌립보서의 기록을 보면, 사도 바울이 복음 증거하다가 1차로 체포되었습니다. 그리고 2-3년 뒤에 석방되었습니다.

"이러므로 나의 매임이 그리스도 안에서 모든 시위대 안과 그 밖의 모든 사람에게 나타났으니 형제 중 다수가 나의 매임으로 말미암아 주 안에서 신뢰함으로 겁 없이 하나님의 말씀을 더욱 담대히 전하게 되었느니라"(빌 1:13-14).

이후 사도 바울은 다시 복음을 증거하다가 재차 투옥되었습니다. 그리고 로마에서 순교하기까지 중간 선교 기간에 디도서를 기록한 것으로 추정되고 있습니다.

이 서신의 문체와 내용들은 디모데후서보다는 디모데전서와 유사한 부분이 많이 있는 것을 볼 수 있습니다. 그래서 디도서는 디모데전서의 축소판이라고도 불리고 있습니다.

그러므로 디도서의 기록 연대는 디모데후서(주후 66년)보다는 앞서고 디모데전서(주후 64년)보다 후인 주후 64-65년경으로 추측하고 있습니다.

2. 디도서의 특징과 내용

디모데전후서와 디도서는 목회 서신이라고 불리고 있습니다. 이 명칭에 대하여 일찍이 토마스 아퀴나스(Thomas Aquinas, 1227-1274)는 "이 세 편지는 그 내용이 모든 교회를 목양하는 데 관한 것을 다루었다"고 말하였습니다.

그리고 이후 1726년에 독일의 경건학파 파울 안톤(Paul Anton)에 의하여 "이 세 책들은 목회 서신이라"는 명칭을 처음으로 사용하게 되었습니다.

이 세 책은 목회 서신이라고 불리고 있지만 약간의 차이점을 가지고 있습니다.

디모데전서는 순수한 목회 서신입니다.

이 서신에서는 이단 사상, 즉 특별한 지식을 소유해야 구원을 얻을 수 있다는 영지주의(Gnosticism)에 대한 경계를 교훈하고 있습니다. 또한 왕과 남녀 관계와 일반 사회생활에 대해서도 말하고 있습니다. 교회 지도자로서의 감독과 집사에 대한 자격을 가르치고 있고, 교회 안에 있는 각층의 장로, 늙은이와 과부, 돈, 안수 문제와 거짓 교사들에 대해서도 교훈하고 있습니다.

그러므로 이 서신은 모든 시대의 교회들에게 가르치고 적용해야 할 교회의 지침서와 같습니다.

디모데후서는 저자의 개인적인 편지요, 간증의 책입니다.

이 서신에는 디모데의 믿음에 대한 칭찬과 격려가 담겨져 있습니다. 또한 복음 증거자로서의 사명을 강조하면서 이에 필요한 여러 가지 지시 사항을 가르치고 있습니다.

마지막 삶의 종국을 직면하는 사도 바울은 그의 유명한 신앙 고백적 간증으로 서신을 장식하고 있습니다.

> "전제와 같이 내가 벌써 부어지고 나의 떠날 시각이 가까웠도다 나는 선한 싸움을 싸우고 나의 달려갈 길을 마치고 믿음을 지켰으니 이제 후로는 나를 위하여 의의 면류관이 예비되었으므로 주 곧 의로우신 재판장이 그 날에 내게 주실 것이며 내게만 아니라 주의 나타나심을 사모하는 모든 자에게도니라"(딤후 4:6-8).

그러므로 이 서신은 한 복음 전도자에 대한 영원한 기념비적인 개인 지침서라고 할 수 있습니다.

디도서는 목회 서신이요, 사적으로 추천하는 책입니다.

이 서신은 장로직의 필요성과 자격을 가르치고 있습니다. 이단에 대해 경계해야 할 것을 강조하고 있습니다. 교회 안의 각 계층에 대해서도 교훈하고 있습니다. 그리고 바른 구원론과 재림의 교리에 대해 가르치고 있습니다.

그러므로 이 서신은 디모데전서의 축소판이라 할 수 있습니다. 그리고 이 서신의 초두의 문안(1:1-4)에서 나타난 신학적 논조는 목회 서신이 비신학적이라는 반대론에 대한 좋은 방파제 역할을 하고 있습니다.

그러면 '디도서의 총 주제가 무엇입니까?' 라는 질문에 한마디로 대답한다면, 그것은 '선한 생활' 이라고 할 수 있습니다.

그 이유는 디도서 가운데 무려 여섯 번씩(1:16, 2:7, 14, 3:1, 8, 14)이나 강조되고 있기 때문입니다.

디도서에 기록된 내용과 개요는 다음과 같습니다.

1) 인사말(1:1–4)

이 본문의 인사말은 다른 서신에 대해 길게 말하고 있습니다. 그런데 여기서 감사(thanksgiving)라는 말이 생략된 것이 이례적이지만 인사말로 서론을 대신하고 있습니다.

이 인사말 속에서 사도 바울은 자기 자신에게 위탁된 진리에 대해 선언하고, 이 진리를 믿음 안에 있는 자녀 디도에게 유업으로 주고 있습니다.

2) 교회 각 계층에 대한 교훈(1:5–3:7)

교회 직분자들에 대한 자격을 가르치고 있습니다(1:5–16).

디도가 그레데에 남겨진 목적은 장로들을 임명하고, 그 남은 일들을 질서 있게 정리하게 하려 함이었습니다. 왜냐하면 그레데에는 교회의 좋은 지도자가 많이 없었기 때문이었습니다.

이러한 상황 속에서 교회 지도자로서의 선한 청지기인 장로는 책망할 것이 없어야 합니다. 건전한 교리에 뿌리를 내려야 합니다. 더러운 이득을 탐하지 말아야 합니다. 그리고 신실한 자들을 가르칠 수 있어야 합니다.

그레데는 도덕적으로 타락한 곳이었습니다. 그리고 물질주의로 가득 찬 지역이었습니다. 특별히 유대적인 성격이 강한 거짓 교사들을 향하여 "그들이 하나님을 시인하나 행위로는 부인하니 가증한 자요 복종하지 아니하는 자요 모든 선한 일을 버리는 자니라"(1:16)고 묘사하고 있습니다.

그래서 교회 지도자로서의 장로는 그들의 주장을 논박하고 주님의 교회를 든든하게 세워야 할 사명과 책임을 가져야 합니다.

가정생활에 대해 교훈하고 있습니다(2:1-15).

노인층은 그들 마음의 진실함을 보여주어야 합니다. 그들의 행동의 경건함을 보여주어야 합니다. 청년층은 가정을 잘 돌보아야 합니다. 부부간에 사랑하며 복종해야 합니다. 절제하는 모범을 보여야 합니다. 이로 말미암아 교회를 대적하는 사람들에게 빌미를 주지 말아야 합니다. 그리고 노예층은 그들의 상전에게 진실해야 합니다. 충성하고 순종해야 합니다.

그래서 모든 사람에게 구원을 주시는 예수 그리스도의 은혜와 하나님의 영광이 나타나게 될 것입니다.

사회생활에 대해 교훈하고 있습니다(3:1-7).

사회생활에 있어서 그리스도인의 행동과 삶은 충성스러운 시민정신을 가져야 합니다. 바르고 진실하게 일해야 합니다. 상대방을 비방하거나 다투지 말아야 합니다. 권세 잡은 자들에게 복종해야 합니다. 예절 바른 대인 관계를 가져야 합니다.

그래서 그리스도인들은 영생의 소망을 따라 영원한 구원의 상속자가 될 것입니다. 그때 기독교의 구원의 능력이 나타날 것입니다.

3) 도덕적, 윤리적 교훈(3:8-11)

선한 일에 힘써야 합니다(3:8).

그리스도인의 중생한 삶은 적절한 행위를 통해 나타나는데, 그것은 바로 '적절한 삶' 입니다. 사도 바울은 적절한 삶이란 '선한 일' 이라고 지적하였습니다.

그렇다면 이 선한 일은 무엇을 위미합니까? 이것은 그리스도인에게 주어진 구원의 은총이요, 구원받은 자의 바른 구원의 행위요, 삶입니다.

이것은 자신의 행위로 말미암아 얻는 것이 아닙니다. 그렇다고 율법의 행위로 된 것도 결코 아닙니다. 이것은 전적으로 하나님의 크신 섭리와 예수 그리스도의 보혈의 은총으로 말미암아 값 없이 주어진 하나님의 크신 은혜요, 축복입니다.

그러므로 구원받은 그리스도인들은 이 선한 일을 이루기 위하여 힘써 지키고, 노력하고, 행해야 할 것입니다.

거짓 교훈을 삼가고 피해야 합니다(3:9-11).

그리스도인들은 이단이나 거짓 교사들을 삼가고 피해야 합니다.

왜냐하면 그들과의 다툼은 논쟁만을 낳기 때문입니다. 그리고 무익한 일이기 때문입니다.

그래서 사도 바울은 "어리석은 변론과 족보 이야기와 분쟁과 율법에 대한 다툼은 피하라 이것은 무익한 것이요 헛된 것이니라 이단에 속한 사람을 한두 번 훈계한 후에 멀리하라"(3:9-10)고 경고했습니다.

4) 맺음말(3:12-15)

3장 12-15절에서 사도 바울은 디도에게, 겨울이 이르기 전에 자신과 합류할 것과 율법 교사 세나와 복음의 동역자 아볼로의 전도 여행을 당부하고 있습니다.

그리고 일반적인 문안인사로 이 서신을 마감하고 있습니다. 3장 15절은 디도서의 축도입니다. "은혜가 너희 무리에게 있을지어다" 아멘.

3. 바울에게 있어서 디도의 선교적 위치

사도 바울은 디도를 향하여 "나의 참 아들이요", "나의 동료요", "나의 동역자"라고 불렀습니다.

> "디도로 말하면 나의 동료요 너희를 위한 나의 동역자요 우리 형제들로 말하면 여러 교회의 사자들이요 그리스도의 영광이니라"(고후 8:23).

디도는 사도 바울의 특별한 사랑을 받은 자였습니다. 인정을 받은 자였습니다. 복음의 사명을 수행하는 자였습니다. 선교의 동역자이

자 하나님의 사자이며, 주님의 신실한 종이었습니다.

그러면 최초의 이방 선교사 사도 바울에게 있어서 디도의 위치는 어떠하였습니까? 이 점에 대하여 세 지역을 중심으로 살펴보려고 합니다.

1) 예루살렘에서의 디도

사도행전 15장의 예루살렘 회의에서는 '이방인 그리스도인들이 할례를 받아야 하는가? 그렇지 않으면 받지 말아야 하는가?' 가 중요한 논쟁점이 되었습니다.

안디옥 교회 안에서는 예루살렘에서 온 어떤 사람들이 "너희가 모세의 법대로 할례를 받지 아니하면 능히 구원을 받지 못하리라"(행 15:1)고 주장하였습니다.

안디옥 교회는 이러한 문제들을 근본적으로 해결하기 위하여 바울과 바나바를 예루살렘으로 파송하기로 결정하였습니다. 그때 사도 바울과 바나바와 함께 몇 사람이 동행하게 되었습니다. 그중 한 사람이 바로 디도였습니다.

> "십사 년 후에 내가 바나바와 함께 디도를 데리고 다시 예루살렘에 올라갔나니 계시를 따라 올라가 내가 이방 가운데서 전파하는 복음을 그들에게 제시하되 유력한 자들에게 사사로이 한 것은 내가 달음질하는 것이나 달음질한 것이 헛되지 않게 하려 함이라"(갈 2:1–2).

그런데 왜 사도 바울이 디도를 데리고 예루살렘 교회로 가게 되었습니까? 그 이유는 두 가지입니다.

첫째는, 디도가 헬라인으로 할례를 받지 않은 사람이었기 때문입니다.

둘째는, '이방인 그리스도인인 디도가 할례를 받아야 하는가? 그리고 모세의 율법을 반드시 지켜야 하는가?' 에 있어서 좋은 본보기가 될 수 있었기 때문입니다.

그러면 예루살렘 회의에서 나타난 결과는 어떠하였습니까?

유대인의 율법을 지켜서 구원받는 것이 아니라, 오직 예수 그리스도를 믿음으로 이루어지는 것입니다.

> "믿음으로 그들의 마음을 깨끗이 하사 그들이나 우리나 차별하지 아니하셨느니라"(행 15:9).
>
> "우리는 그들이 우리와 동일하게 주 예수의 은혜로 구원 받는 줄로 믿노라 하니라"(행 15:11).

이렇게 하여 예수 그리스도를 믿는 믿음을 근거로 하여 이방인 그리스도인들도 한 교회의 공동체의 일원으로 받아들여지게 되었습니다.

그러므로 사도 바울을 따라 예루살렘 회의에 동행한 디도는 기독교의 바른 교리와 신앙을 확고히 하는 데 중요한 역할을 담당하게 되었습니다.

더 나아가서 개인적으로 사도 바울은 이러한 일을 통해 예루살렘에 있는 사도들과 장로들, 종교 지도자들로부터 그의 사도권(apostleship)을 확정받는 좋은 계기가 되었습니다.

2) 고린도 교회에서의 디도

디도는 사도 바울의 3차 전도 여행에 함께 참여하게 되었습니다. 그때 사도 바울은 전도 여행에 동참한 디도를 에베소에서부터 고린도 교회로 파송하였습니다.

당시 고린도 교회의 상황은 어떠하였습니까? 고린도 교회는 네 종류의 파로 갈라져 서로 분쟁하였습니다.

> "내가 이것을 말하거니와 너희가 각각 이르되 나는 바울에게, 나는 아볼로에게, 나는 게바에게, 나는 그리스도에게 속한 자라 한다는 것이니"(고전 1:12).

고린도 교회 안의 분쟁은 신학적인 문제나 교리적인 문제가 아니었습니다. 그것은 다만 지도자에 대한 지나친 충성심 때문이었습니다. 편파적 성향과 감정적 요인 때문이었습니다.

바울파 – 바울에게 속한 자들입니다. 이들은 사도 바울이 전한 복음을 듣고 기독교 신앙으로 개종한 사람들입니다. 당시 바울의 사도권에 대해 반대하는 자들을 향하여 그들은 사도 바울의 사도권을 강력하게 변호하며 이에 대항하여 싸웠습니다.

그런데 사도 바울은 당파를 형성하는 것을 원치 않았습니다. 그는 자신의 이름으로 당을 짓고 추종하는 자들을 문책하였습니다. 그는 파당을 일삼는 자들을 준엄하게 꾸짖었습니다.

그러나 그들은 사도 바울을 너무나 존경한 나머지 다른 지도자들을 배격하였습니다. 그리고 그들의 당파적 성격은 '바울 자신보다는 바울적이었습니다' (More Pauline than Paul).

아볼로파 - 아볼로에게 속한 자들입니다. 아볼로는 알렉산드리아 출신의 유대인 학자입니다. 당시 그는 성경에 능통한 자였습니다. 웅변적인 사람이었습니다.

그러나 아볼로는 요한의 세례만 가르쳤습니다. 성령에 대해서는 잘 몰랐습니다.

> "그는 일찍이 주의 도를 배워 열심으로 예수에 관한 것을 자세히 말하며 가르치나 요한의 세례만 알 따름이라"(행 18:25).

그 당시 브리스길라와 아굴라 부부는 아볼로가 회당에서 말씀을 전하는 것을 들었습니다. 그들은 아볼로가 전하는 말씀에서 예수 그리스도의 복음의 진수가 빠진 무지함을 발견하였습니다.

그래서 그들 부부는 아볼로에게 예수 그리스도의 십자가의 죽음과 부활 승천과 오순절 성령 강림을 통하여 이루어지는 성령의 역사하시는 모든 일들을 가르쳤습니다.

이로 말미암아 아볼로는 브리스길라와 아굴라 부부를 통하여 예수 그리스도의 복음의 진리를 확실하게 배웠습니다.

이후 아볼로는 고린도 교회에서 없어서는 안 될 중요한 인물이 되었습니다. 그는 고린도 교회에 상당한 영향력을 끼쳤습니다. 그리고 그의 해박한 성경 지식과 웅변은 헬라의 도시 고린도에 살고 있는 엘리트 지식인들에게 큰 인기를 얻었습니다. 존경의 대상이 되었습니다.

이로 말미암아 고린도 교회에서는 아볼로를 중심으로 한 일파가 형성되었습니다. 그리고 아볼로파는 진보적인 반면, 바울파는 매우 정통적이었습니다.

게바파 – 게바에게 속한 자들입니다. '게바' 라는 말은 '바위' (rock) 라는 뜻으로서 아람어 '게바' 의 음역으로, 베드로의 아람어식 이름을 의미하고 있습니다.

게바파는 수도사인 베드로의 권위를 배경으로 하여 자연적으로 형성된 모임입니다. 이 파의 중심인물은 예루살렘에서 베드로에게 직접 영적 지도를 받은 유대인들입니다. 그 이유는 베드로의 이름이 헬라식 베드로로 불리지 않고 아람어식 게바로 불렸기 때문입니다.

그리고 게바파는 율법주의적 신앙자들의 모임이어서 그들의 성경은 매우 율법적이며 극보수적입니다.

그리스도파 – 그리스도에게 속한 자들입니다. 이 파는 바울파나 아볼로파와 게바파에 속하지 않은 사람들 가운데서 그리스도의 교훈을 들은 사람들이 중심이 되어 이루어진 모임입니다.

아볼로파가 고린도 교회의 지적 엘리트들에게 영향을 주었다면, 그리스도파는 초영적인 엘리트들을 만드는 데 영향을 끼쳤습니다.

이로 말미암아, 그리스도파는 인간의 지성을 완전히 무시하는 오류를 범했습니다. 그리고 이를 대신하여 영적인 경험만을 강조하였습니다.

결과적으로, 고린도 교회는 신비적인 종교 영향을 많이 받게 되었습니다. 더 나아가, 고린도 교회에 영지주의가 발생하는 원인이 되기도 하였습니다.

이와 같은 고린도 교회의 분쟁을 해결하기 위하여 사도 바울은 디도에게 중대한 임무를 맡겼습니다. 그리고 바울은 고린도 교회를 위하여 "많은 눈물로 편지를 썼다"고 기록하고 있습니다(고후 2:4).

이후 사도 바울은 에베소 사역을 다 마친 후 마게도냐로 건너가서 디도를 만나게 되었습니다. 그때 디도는 고린도 교회의 여러 가지 문제들에 대한 흡족한 보고를 바울에게 하였습니다.

그때 바울의 심정은 어떠하였습니까? 사도 바울은 새 힘을 얻었습니다! 위로를 받았습니다! 안심하였습니다! 그리고 크게 기뻐하였습니다!

> "이로 말미암아 우리가 위로를 받았고 우리가 받은 위로 위에 디도의 기쁨으로 우리가 더욱 많이 기뻐함은 그의 마음이 너희 무리로 말미암아 안심함을 얻었음이라 내가 그에게 너를 위하여 자랑한 것이 있더라도 부끄럽지 아니하니 우리가 너희에게 이른 말이 다 참된 것같이 디도 앞에서 우리가 자랑한 것도 참되게 되었도다"(고후 7:13-14).

그러므로 사도 바울에게 있어서 디도는 고린도 교회의 여러 가지 문제들을 잘 해결해 주었습니다. 그리고 디도에게 주어진 선교적인 사명과 책임을 잘 완수하였습니다.

3) 그레데에서의 디도

주후 65년경 사도 바울은 디도와 함께 그레데 섬으로 전도 여행을 했습니다. 그때 바울은 디도에게 그레데에 있는 교회 사역을 맡겼습니다. 그리고 교회의 형성과 조직을 수행하도록 했습니다. 이후 사도 바울은 디도를 그레데 섬에 남겨 두고 혼자 돌아왔습니다(딛 1:5).

그레데 섬은 어떠한 곳입니까?

이 섬은 헬라 본토에서 남쪽으로 약 96km 떨어진 해상에 위치한 섬입니다. 이 섬은 지중해에서 네 번째 큰 섬입니다. 그리고 유럽과 아프리카, 소아시아를 연결하는 교통의 요충지이며, 다양한 문화의 도시입니다.

전설에 의하면, 이 섬은 헬라의 주신인 제우스(Zeus)가 이 섬의 '이다'(Ida)에서 출생했다고 합니다. 이후 데오스의 아들 '미노스'(Minos)가 이곳에서 율법을 공표하였습니다. 그래서 이곳은 지금도 미노스의 신전과 웅장한 유적들이 많이 남아 있습니다.

구약 시대에는 이곳을 '갑돌'(Caphtor, 신 2:23, 암 9:7)이라 불렀으며, 주전 67년경에는 로마의 원로원의 직할시가 되었고, 오늘날에는 '칸디아'(Candia)라고 불리고 있습니다.

특별히 그레데 섬은 지중해 세계에서 가장 멸시와 천대를 받은 곳입니다. 그리고 이 섬은 경멸을 당하고 압제당하는 전형적인 장소입니다. 그래서 이 섬에 살고 있는 흑인들은 야만인 취급을 받았습니다. 그들의 삶은 정말 가난하였습니다! 힘이 없고 나약하였습니다! 멸시와 천대를 받았습니다! 억압과 박해를 받았습니다! 배고픔과 굶주림을 당하였습니다! 질병과 고통을 받았습니다! 그리고 주위 사람들과 사회로부터 버림을 받았습니다! 소외를 당하였습니다!

역사학자 유세비우스(Eusebius)에 의하면, 이후에 디도는 그레데 교회의 감독이 되어서 일평생 동안 그레데인들의 영혼을 위하여 목회 사역을 하다가 94세의 고령으로 그곳에서 죽었다고 합니다.

디도는 특수 상황 속에서 그레데인들을 위한 선교적 목회 사역을 감당하는 일익을 담당하였습니다. 이러한 특수 상황에서의 중대한 목회 사역을 사도 바울이 디도에게 맡길 수 있었던 중요한 요인은 바로 그를 향한 사도 바울의 전적인 신임 때문이었습니다.

그러므로 사도 바울은 디도를 향하여 "나의 아들", "나의 형제요", "나의 동무와 동역자"라고 불렀습니다. 그리고 "바울과 같은 심령으로 같은 길을 가는 사람이라"고 격찬하였습니다.

제2강
인사말

제2강
인사말(1:1-4)

"하나님의 종이요 예수 그리스도의 사도인 나 바울이 사도 된 것은 하나님이 택하신 자들의 믿음과 경건함에 속한 진리의 지식과(1절)

영생의 소망을 위함이라 이 영생은 거짓이 없으신 하나님이 영원 전부터 약속하신 것인데(2절)

자기 때에 자기의 말씀을 전도로 나타내셨으니 이 전도는 우리 구주 하나님이 명하신 대로 내게 맡기신 것이라(3절)

같은 믿음을 따라 나의 참 아들 된 디도에게 편지하노니 하나님 아버지와 그리스도 예수 우리 구주로부터 은혜와 평강이 네게 있을지어다(4절)"

본문은 신약성경의 다른 바울 서신들처럼 송신자가 수신자에게 문안하고 인사하는 형식으로 시작되고 있습니다.

당시 그레데 교회와 성도들은 유대인 거짓 교사들의 잘못된 교훈과 가르침을 받았습니다. 그래서 그들은 영적으로 혼란에 빠지게 되었습니다.

이러한 가운데 먼저 사도 바울은 디도에게 그레데 교회를 잘 치리하도록 권고하고 있습니다. 그리고 다음으로는 디도의 치리권의 정당성을 부여하기 위하여 그의 사도권과 권위를 변증하고 있습니다.

1. 하나님의 종 : 사도

> "하나님의 종이요 예수 그리스도의 사도인 나 바울이 사도 된 것은"(1:1).

본문에 나오는 하나님의 종(servant)은 무엇을 의미합니까?

'종' 이라는 말은 헬라어에서 '둘로스' (δοῦλος)입니다.

사도 바울은 다른 서신들에서 자신을 가리켜 "예수 그리스도의 종"(약 1:1; 벧후 1:1; 유 1:1; 계 1:1)이라고 표현하였습니다. 또한 "그리스도의 종"(갈 1:10)이라고도 말하였습니다. 그리고 "주의 종"(딤후 2:24)이라고도 불렀습니다.

그런데 사도 바울은 디도서에서만 "하나님의 종"이라는 호칭을 사용하였습니다. 그 이유는 무엇입니까?

그것은 특별한 직책이나 의무를 부여받은 자를 의미하기 때문입니다. 예를 들면, 구약 시대의 '선지자' 와 같은 경우를 말합니다.

"너희 조상들이 애굽 땅에서 나온 날부터 오늘까지 내가 내 종 선지자들을 너희에게 보내되 끊임없이 보내었으나"(렘 7:25).

"주 여호와께서는 자기의 비밀을 그 종 선지자들에게 보이지 아니하시고는 결코 행하심이 없으시리라"(암 3:7).

사도 바울은 자신이 구약 시대의 선지자들의 계승자임을 강조하기 위해 "하나님의 종"이라는 호칭을 사용하였습니다. 왜냐하면 그 당시 그레데 섬에서 복음 전파를 방해하는 유대인들 때문이었습니다.

그리고 '종' 이라는 단어를 '종'(servant)으로, 혹은 '노예'(slave)로 번역해야 할지 성경 해석상 문제점이 생길 수 있습니다.

먼저, '노예' 라고 번역할 경우에는 주님과 바울과의 관계가 더욱 확실해질 수 있습니다. 왜냐하면 주인 되신 주님께서 바울을 완전히 사셨기 때문입니다. 사도가 주인에게 전적으로 의지하기 때문입니다. 그리고 사도의 소유권이 분명해지기 때문입니다.

'종' 이라고 번역할 경우에는 단어의 뜻 그대로 '하나님의 종' 입니다. 그런데 여기에서 노예라는 단어보다는 종이라는 번역이 더 좋은 것 같습니다.

그 이유는 하나님의 뜻을 이루기 위하여 구약 시대의 선지자들에게 이미 적용되었기 때문입니다. 또 다른 이유는 노예라는 뜻은 강제적으로 봉사한다는 개념이 포함되어 있기 때문입니다. 즉 '억지 섬김' 이기 때문입니다.

그러나 종이라는 개념은 하나님께서 각 개인에게 특별한 직분과 사명을 주어 하나님의 일과 그리스도의 복음 증거하는 일과 주님의 몸 된 교회를 위하여 봉사하며 섬긴다는 뜻(골 4:17; 엡 4:12)이 내포되어 있기 때문입니다.

1) 하나님의 종인 사도는 무엇입니까? 그리고 제자란 무엇을 의미합니까?

'제자' (disciple)라는 단어는 헬라어로 '마데테스' (μαθητὴς)입니다. 이것은 '배우는 자' 혹은 '따르는 자' 라는 의미를 가지고 있습니다

그래서 제자란 일반적으로 어떤 특정한 학파나 종파의 가르침을 추종하는 사람을 의미합니다. 신약 시대에는 세례 요한을 따라다녔던 사람들을 제자라고 불렀습니다. 그리고 유대교의 랍비들에게 율법을 배웠던 사람들을 제자라고 불렀습니다.

예수 그리스도의 제자란 무엇입니까? 그의 말씀을 믿었던 자입니다. 그를 열심히 따라다녔던 사람입니다. 그리고 예수 그리스도와 동행하며 그의 공생애 사역을 돕기 위하여 부르심을 받고 선택 받은 자들을 열두 제자라고 부릅니다(마 10:2-4).

'사도' 는 헬라어 '아포스톨로스' (ἀποστολος) 로, '보냄을 받은 자' 라는 뜻을 가지고 있습니다.

신약성경에서 예수 그리스도께서는 자기를 따르는 자들을 친히 부르시고 세우셨습니다. 많은 무리들 가운데 12사도들을 임명하셨습니다.

"열두 사도의 이름은 이러하니 베드로라 하는 시몬을 비롯하여 그의 형제 안드레와 세베대의 아들 야고보와 그의 형제 요한, 빌립과 바돌로매, 도마와 세리 마태, 알패오의 아들 야고보와 다대오, 가나안인

시몬 및 가룟 유다 곧 예수를 판 자라"(마 10:2–3).

예수님께서는 열두 제자에게 특별한 사명과 임무를 맡기셨습니다. 그리고 베드로에게 대표적인 제자의 역할을 담당시키셨습니다(마 16:13-19).

그런데 바울의 경우는 특별한 것이었습니다. 바울은 예수 그리스도의 공생애 사역에 직접 참여하지 않았습니다. 그러나 그는 사도로 인정을 받았습니다. 왜냐하면 바울은 다메섹 도상에서 부활의 주님을 만났기 때문입니다(행 9:1-9). 그리고 그때 바울은 부활의 예수 그리스도께로부터 직접 사도직을 위임받았기 때문입니다(고전 9:1, 15:8; 갈 1:15-17).

그래서 바울에게 있어서 사도란 것은 열두 제자와 자기 자신을 포함하여 '대리자들'(representatives), '선교사들'(missionaries), '전권대사'(ambassador)라는 의미를 지니고 있습니다(요 13:16; 롬 16:7; 고후 8:23; 엡 6:20).

이러한 어원적인 의미에서 제자와 사도는 종종 함께 사용되었습니다. 이들은 곧 예수 그리스도의 12명의 제자들이요, 사도들입니다.

제자란 무엇입니까? 이는 스승이나 선생 아래에서 배우는 자입니다. 그의 발자취를 좇는 자입니다. 그러나 사도란 무엇입니까? 이것은 특별한 사명을 받아 가지고 보냄을 받은 자를 의미합니다.

그리므로 12명의 사람들은 예수 그리스도의 제자들이요 사도들입니다. 그들은 예수님께서 직접 부르시고 임명하셨습니다. 그들은 예수 그리스도의 공생애에 함께 참여하며 사역하였습니다. 그들은 그리스도의 십자가의 고난과 죽음에도 동참하였습니다. 그리고 그들은 구름 타고 부활 승천하신 주님을 직접 목격하였습니다.

2) 사도는 예수 그리스도의 지상 명령과 그의 복음 사역을 수행하는 자입니다. 그리고 이 사명을 위하여 죽도록 충성하고 자신의 몸을 바치는 자입니다

예수 그리스도의 종 된 사도는 일평생 오직 주인 되신 주님 한 분만을 모시고 사는 자입니다. 그리스도의 복음만을 전하는 자입니다. 주님의 발자취만 따라가는 자입니다. 주님이 내 생애의 전부가 됩니다. 주님을 위하여 몸과 마음을 바치는 자입니다. 아니, 생명까지 바치는 자입니다. 날마다 죽는 자입니다(고전 15:31). 그리고 오직 주님의 영광만을 위하여 사는 자입니다(고전 10:31).

폴 와턴(Paul Wharton)은 예수님께서 그의 현대판 제자들을 선택하는 재미있는 예화 하나를 다음과 같이 소개하였습니다.

> 어느 날 예수님께서는 12제자를 선택하기로 작정하셨다. 예수님은 신문에 광고를 내는 것으로는 무엇인가 부족하다고 생각하셨다. 그래서 그분은 올림픽 경기를 열어 12제자를 선택하기로 작정하셨다. 그때 동서 사방에서 수많은 사람들이 모여 왔고, 경쟁도 매우 치열하였다. 그리고 경기의 심판은 예수님이 직접 맡으셨다.
>
> 첫 번째는 기도 대회를 개최하였다. 참석한 사람들은 모두 다 기도를 잘하였다. 말도 유창하였다. 어떤 사람들은 그들의 말 속도를 정확하게 측정하였다. 어떤 사람은 기도의 주제가 너무 높은 비전을 가지고 소리쳤다. 그런데 예수님은 우승자를 뽑지 못하셨다. 왜냐하면 그들의 기도가 예수님의 마음에 들지 않았기 때문이었다.

두 번째는 예배 대회가 열렸다. 이 경기에 참가한 모든 사람들은 역시 준비를 잘하였다. 어떤 사람은 아름다운 의복으로 잘 단장하였다. 어떤 사람은 향을 많이 사용하였다. 어떤 사람은 음악을 더욱 강조하였다. 어떤 사람은 몸짓을 많이 사용하였다. 그런데 예배의 우승자는 나오지 아니하였다. 왜냐하면 그들의 행동이 예수님의 마음에 들지 않았기 때문이었다.

세 번째는 교육 대회가 열렸다. 이 경기에는 잘 준비된 사람들만 참여하였다. 어떤 사람은 정성을 들여 만든 포스터를 가지고 왔다. 어떤 사람은 소그룹을 동원하여 연구 수업을 하였다. 그런데 이번에도 우승자가 없었다. 왜냐하면 예수님의 마음에 들지 않았기 때문이었다.

이렇게 하여 모든 경기가 다 끝났다. 그러나 우승자는 한 사람도 나오지 않았고 제자도 뽑지 못하였다. 오랜 시간 피곤에 지친 예수님께서는 강가로 나가서 머리를 식히고 잠시 휴식을 취하고 계셨다. 그런데 기적이 일어났다. 예수님은 강가에서 고기를 잡는 사람들을 쳐다보고 계셨다. 그들은 고기 잡는 일에만 전심전력하면서 온 마음과 정성을 다 쏟아 붓고 있었다. 그때 예수님은 그들을 불러서 그분의 제자로 선택하셨다.

20세기 최고의 기독교 사상가인 C. S. 루이스(C.S. Lewis)는 대학 기숙사에서 인간의 이성과 경험으로 하나님을 발견하려고 씨름하다가, 지적으로 정직한 자세를 취할 때 결국 하나님을 믿을 수밖에 없다는 결론을 내렸습니다. 그리고 마침내 그에게 찾아오신 하나님을 하나님으로 인정하였습니다! 항복하였습니다! 무릎을 꿇고 엎드려 간절히 기도드렸습니다!

이후 기독교로 회심한 루이스는 무신론자였던 자기 자신의 경험을 바탕으로 하여 기독교에 대해 의심을 품은 수많은 현대인들을 향하여 기독교의 신학과 교리를 변증하였습니다. 그들에게 시집과 문학, 우화, 과학 소설, 일반 소설 및 아동 도서로 기독교의 복음 진리를 설파하였습니다.

그래서 루이스는 "하나님이 없다!" 고 부르짖던 "회의론자의 사도" 에서 "하나님이 있다!" 고 명쾌하게 외치고 변증하는 하나님의 종이 되었습니다. 예수 그리스도의 복음 증거자가 되었습니다. 그리고 '작은 그리스도' 라는 별명을 얻게 되었습니다.

2. 사도직의 목표

> "하나님이 택하신 자들의 믿음과 경건함에 속한 진리의 지식과 영생의 소망을 위함이라"(1:1–2).

본문에서 사도 바울은 자신에게 주어진 사도직은 하나님의 택하심을 받은 자들의 믿음에 의해 규정된 것이 아니라, 온전히 하나님의 부르심에 따른 것이라고 교훈하고 있습니다.

사도란, 예수 그리스도께서 직접 부르시고 선택한 사람을 가리킵니다. 그리스도의 공생애 사역과 십자가의 고난과 부활, 승천을 목격한 자를 의미합니다.

그리고 사도직(apostleship)이란, 예수 그리스도의 위대한 지상 명령과 그의 복음 전파를 위하여 사역하는 일을 의미합니다. 세계적인 영성 지도자 데이비드 왓슨(David Watson)은 "제자도란 예수님 자체를 아는 것이며, 예수님을 사랑하고 믿으며 헌신하는 것이다"라고 정의하였습니다.

사도 바울은 그의 사도직에 대해 말하기를, 이것은 사람에게서 온 것이 아니라 살아 계신 하나님께로부터 직접 받은 것이라고 선언하였습니다.

주경 신학자 윌리엄 바클레이(William Barclay)는 "사도 바울은 자기 자신을 예수 그리스도의 복음을 증거하는 하나님의 종으로서 사도직의 위대한 계승자"라고 말하였습니다.

계속하여 사도 바울은 에베소 교회의 장로들에게 고별 설교를 할 때 그의 사도직과 사명 완수에 대하여 다음과 같이 신앙 고백을 하였습니다.

> "내가 달려갈 길과 주 예수께 받은 사명 곧 하나님의 은혜의 복음을 증언하는 일을 마치려 함에는 나의 생명조차 조금도 귀한 것으로 여기지 아니하노라"(행 20:24).

본문은 사도 바울 자신에게 주어진 사도직은 하나님의 택하심을 받은 그리스도인들의 믿음과 진리의 지식을 증진시키는 목적을 두고 있다고 주장하였습니다.

이것은 곧 (1) 하나님의 선택받은 자들의 믿음을 위하여, (2) 경건하게 살아가는 진리를 가르치기 위하여, (3) 영원한 생명에 대한 소망을 갖기 위함에 근거하고 있습니다.

이 점에 대하여, 현대인의 성경(Korean Living Bible, 생명의말씀사)은 다음과 같이 잘 설명해 주고 있습니다.

> "하나님의 종이며 예수 그리스도의 사도인 나 바울은 같은 믿음을 가진 나의 진정한 아들 디도에게 하나님 아버지와 우리 주 예수 그리스도의 은혜와 평안이 함께하시기를 기도합니다. 나는 하나님께서 선택하신 사람들을 믿게 하고 그들에게 경건하게 사는 진리를 가르치기 위해 사도가 되었습니다. 믿음과 진리는 영원한 생명에 대한 희망에 근거하고 있습니다"(딛 1:1-2).

1) 사도직의 첫째 목표는, 하나님의 택한 자들에게 믿음을 전하는 것입니다

만일 어떤 사람이 자기가 소유하고 있는 것을 소중하고 고귀한 것으로 생각하지 않는다면, 인정하지 않는다면, 중요한 가치를 모른다면, 그리고 바로 느끼지 못한다면, 이것은 정말 불행한 일입니다! 슬픈 일입니다!

사도의 중요한 의무 가운데 하나는, 복잡한 사람들의 마음속에 믿음을 깨우쳐 주는 것입니다. 바로잡아 주는 것입니다. 증진케 해주는 것입니다. 그리하여 그들이 절대적으로 하나님을 신뢰케 하는 것입니다.

또한 사도직의 중요한 의무는 자기 자신의 믿음에 대한 진리를 잘 모르는 자들이나, 깨닫지 못한 자들이나, 영적으로 체험하지 못한 자들에게 바른 진리를 가르치며 믿음을 심어주는 일입니다.

그리고 사도직의 중요한 의무는, 믿는 자들의 구원은 처음부터 하나님께로부터 시작하여 마지막까지 하나님에 의해 이루어졌다고 교훈하는 것입니다.

베이커 성경 주석(The Preacher's Complete Homilectic Commentary)에서는 인간을 향한 하나님의 구원 계획을 다음과 같이 잘 설명해 주고 있습니다.

> 어느 날 어떤 사람이 지난 주일에 들었던 설교 말씀 때문에 마음이 불안하여 목사님께 찾아가서 어떻게 하면 구원을 받을 수 있겠느냐고 물었다. 그 경건한 하나님의 사람은 그에게 다음과 같이 대답하였다. "죄의 삯은 사망입니다!"
>
> 이 말을 들은 그는 부르짖었다. "그럼, 나는 버림받은 자로군요?"
>
> 그 쓰라린 번민의 부르짖음에 목사님은 꼭 그런 결말을 초래하는 것만은 아니라고 했다. 그 이유는 하나님이 죄에 대한 대가를 이미 받으셨기 때문이라고 말해 주었다. 그리고 계속하여 이렇게 말하였다. "하나님께서는 그의 무한하신 사랑과 자비로 말미암아 죄인들을 구원하기 위한 하나의 계획을 세워 놓으셨습니다. 그 계획은 죄인들을 불쌍히 여기시는 그의 자비의 보고를 열어 보여주는 반면, 죄에 대한 그의 영원한 증오가 분명히 드러나게 합니다."
>
> 그는 계속하여 전체 구원, 즉 갈보리 언덕의 십자가에 달린 그의 사랑하는 아들의 찢겨진 몸에서 완성된, 하나님께서 준비하신 구원의 방주에 대해 상세하게 설명을 해주었다. 이 말을 듣자마자 그는 기뻐하며 탄성을 질렀다. 그는 부르짖었다. "그게 정말입니까? 구원의 방주가 있단 말입니까?" "예! 있습니다. 성경은 하나님께서 주

신 말씀입니다. 하나님 외에는 누구도 그와 같은 것을 생각해 낼 수 조차 없습니다."

위대한 독일 철학자 이마누엘 칸트(Immanuel Kant)는 구원에 대한 방법을 찾은 결과, 가장 순박한 농부의 자리가 지름길이라고 하였습니다다. 즉 "그것은 마음 깊은 곳으로부터 들리는 하나님의 음성을 의지하는 길밖에 없다"고 고백하였습니다.

복음 전도자 무디(Dwight L. Moody)는 그의 아들에게 믿음의 뜻을 가르쳐 주기 위하여 높은 곳에 데리고 가서, "아들아! 이 아래로 뛰어내려라!"라고 말하였습니다. 그런데 아들은 겁이 나고 두려워서 뛰어내리지 못하였습니다. 그러던 중에 아버지 무디는 아들을 향하여 두 팔을 벌리면서 "아들아! 나만 보고 뛰어내려라!"고 외칠 때, 아들은 그 음성을 듣고 안심하고 뛰어내렸습니다. 그때 아버지는 아들을 받아 품에 끌어안았습니다.

그러므로 구원의 확신과 삶은 사도 바울의 말처럼 '믿음은 들음에서 나며 들음은 그리스도의 말씀으로 말미암습니다' (롬 10:17).

2) 사도직의 둘째 목표는, 하나님의 택한 자들에게 경건에 이르게 하는 진리의 지식을 전하는 것입니다

하나님의 부르심을 받아 선택하심을 받은 그리스도인의 믿음은 '진리의 지식' (the knowledge of the truth)과 깊은 관계를 가지고 있습니다. 그리고 이 지식은 복음의 진리에 대하여 온전한 인식을 시켜줍니다. 바르게 이해하도록 만들어 줍니다.

그리스도인의 믿음은 복음의 진리에 대한 마음의 응답입니다. 이

믿음은 하나님을 기쁘시게 해야 합니다. 그리고 지적으로 무지한 가운데 머물러 있어도 결코 안 됩니다.

또 한편으로 하나님은 그리스도인의 삶 속에서 윤리적, 도덕적 성결을 요구하고 계십니다. 그것은 바로 '경건함에 속한'(leads to godliness) 것입니다. 즉 이것을 문자적으로 표현한다면 '경건함을 따라' 사는 삶을 의미합니다.

'경건' 은 바울 서신 가운데 기본어입니다. 이 단어는 믿음의 별명이기도 하고, 진리의 별명이기도 합니다.

사도 바울은 "우리가 모든 경건과 단정함으로 고요하고 평안한 생활을 하려 함이라"(딤전 2:2)고 교훈하였습니다.

여기에서 '경건' 은 무엇입니까? 이 단어는 헬라어로 '유세베이아' (εύσεβεία)로, 전능하신 하나님을 향한 예배나 헌신을 뜻합니다. 그리고 이것은 하나님을 아는 지식으로부터 오는 하나님에 대한 경외심입니다.

'단정' 은 무엇입니까? 이 단어는 헬라어로 '셈노테티' (σεμνοτητι)로, 내적인 생각과 외적인 행동을 지배하는 도덕적 진지함과 삶의 고결함을 의미합니다. 이것을 달리 표현한다면 그리스도인의 신앙심과 고상한 품성, 그리고 도덕적인 덕행이 포함된 포괄적인 개념입니다.

그러므로 경건과 단정은 그리스도인의 영적 경건과 성결을 온전히 지키게 합니다. 그리고 수준 높은 도덕성과 윤리성을 유지하도록 만듭니다.

더 나아가서 경건과 단정은 그리스도인들로 소금과 빛의 사명을 감당할 수 있도록 만듭니다. 주위에 있는 많은 사람들에게 그리스도의 향기를 나타낼 수 있도록 만듭니다. 그리고 지구촌 어디에서든 예수 그리스도의 복음을 증거할 수 있도록 역사합니다.

종교 개혁자 존 칼빈(John Cakvin)의 영성을 한마디로 요약한다면 '경건 영성' 입니다. 이것은 이후 칼빈 신학의 뼈대가 되었습니다

칼빈이 주장한 경건 영성은 무엇입니까? 이것은 하나님이 주시는 사랑과 은총 속에서 나오는 하나님 아버지를 향한 경외감과 두려움, 그리고 경건한 삶을 의미합니다.

칼빈은 일상생활에서 칭찬받을 만한 검소하고 절제하는 청빈된 삶을 살았습니다. 그는 건강이 좋지 않았고, 건강 관리도 잘하지 못하였습니다. 그래서 그는 항상 코감기를 비롯하여 천식, 관절염, 궤양성 치질, 결석병, 악성 폐렴, 늑막염 등 각종 질병에 시달렸으며 아픔과 고통 속에서 살았습니다.

그러나 칼빈은 여러 가지 질병의 악조건 속에서도 하루에 여덟 시간씩이나 말씀 연구와 기도 생활에 충실하였습니다. 경건한 삶을 살았습니다! 그래서 그의 삶 자체가 곧 경건이었습니다.

이로 말미암아 칼빈은 탁월한 경건 영성을 통하여 개혁주의 신학의 주춧돌이 되었으며, 종교 개혁 운동을 성공적으로 일으키는 원동력이 되었습니다.

그러면 하나님의 택하심을 받은 그리스도인들은 어떻게 하면 복음의 진리 안에서 경건한 모습으로 살아갈 수 있겠습니까?

감리교 창설자 존 웨슬리(John Wesley)는 경건한 생활을 하기 위해서는 다음과 같은 일곱 가지 질문을 자신에게 던지라고 제안하였습니다.

첫째는, 너는 항상 기도하고 있는가?

둘째는, 너는 매 순간 하나님 앞에서 즐거워하고 있는가?

셋째는, 너는 모든 경우에 항상 감사하고 있는가?

넷째는, 너는 욕심을 내는 것이 없는가?

다섯째는, 너는 두려워하는 어떤 일이 없는가?

여섯째는, 너는 네 중심에 연속적으로 하나님의 사랑을 항상 느끼고 있는가?

일곱째는, 무슨 말이나 행동을 하든지 그것이 하나님을 기쁘시게 한다고 자신 있게 대답할 수 있는가?

3) 사도직의 셋째 목표는, 하나님의 택한 자들에게 영생의 소망을 갖게 하는 것입니다

사도 바울은 자신에게 주어진 사도직은 하나님의 예정과 섭리 가운데 부르심을 받아 택하심을 받은 자들에게 하늘나라의 영생과 소망을 주기 위함이라고 고백하였습니다.

다른 말로 표현한다면, 사도 바울의 사도직의 사명과 임무는 영생의 소망에 근거를 두고 있다는 뜻입니다.

'영생의 소망' 은 그리스도인의 믿음과 삶 속에서 세워지는 것입니다. 그리고 이 소망 가운데 그리스도인의 믿음과 삶의 뿌리가 견고해져 가는 것입니다.

이러한 가운데 '소망' 은 영생이 실현될 것을 확신하며 기대하는 것입니다. 그런데 하나님께서는 그의 부르심을 받아 복음의 진리를 믿는 자에게는 이미 영생을 주셨습니다,

"내가 진실로 진실로 너희에게 이르노니 내 말을 듣고 또 나 보내신 이를 믿는 자는 영생을 얻었고 심판에 이르지 아니하나니 사망에서

생명으로 옮겼느니라"(요 5:24).

그런데 이것의 온전한 실현은 만왕의 왕이시며 생명의 근원 되신 예수 그리스도께서 구름 타시고 재림하실 때 완전히 이루어집니다.

이 점에 대하여 히브리서 기자는 히브리서 6장 17-18절에서 다음과 같이 분명하게 설명하고 있습니다.

"하나님은 약속을 기업으로 받는 자들에게 그 뜻이 변하지 아니함을 충분히 나타내시려고 그 일을 맹세로 보증하셨나니 이는 하나님이 거짓말을 하실 수 없는 이 두 가지 변하지 못할 사실로 말미암아 앞에 있는 소망을 얻으려고 피난처를 찾은 우리에게 큰 안위를 받게 하려 하심이라"(히 6:17-18).

그러므로 하나님의 영생의 소망을 약속하신 그의 불변성, 즉 하나님의 영생의 분명한 확실성입니다.

영국 스코틀랜드에 있는 한 공동묘지의 묘비에는 다음과 같은 글이 기록되어 있습니다.

내일까지 안녕! 하나님의 자녀들은 기쁨이 충만하여 큰소리로 이렇게 노래할 수 있을 것이다. 우리는 잠시 후 저 아름다운 땅에서 다시 만나게 되리라.

3. 영생 복락

"이 영생은 거짓이 없으신 하나님이 영원 전부터 약속하신 것인데" (1:2).

앞에서는 사도직의 세 번째 목표, 즉 하나님께서 부르시고 택하신 그의 자녀들에게는 영생의 소망을 갖게 하신다고 하였습니다. 그리고 본문에서는 이것에 대한 설명을 자세히 하고 있습니다.

1) 영생이란 무엇입니까?

'영생' 이란 히브리말로 '올람'(עולם)으로 '영원히 산다' 라는 뜻입니다. 즉 '과거는 물론이거니와 더 나아가 미래까지 계속적으로 영원한 생명을 가진다' 는 의미입니다.

신약성경에서 '영생' 이란 헬라어로 '영원'(아이오니오스, *αίωνιος*)과 '생명'(조에, *ζωη*)이라는 두 단어의 합성어로, '영원한 생명'(아이오니오스 조에, *αίωνιος ζωη*)이라는 의미를 가지고 있습니다.

그래서 영생은 정신적이며 영적인 인간의 생명을 의미합니다. 그리고 이 영생은 예수 그리스도 안에서만 이루어지는 영원한 새 생명을 가리킵니다.

영생은 주위에 있는 모든 죄악들을 버리는 행위에서부터 시작되어야 합니다! 모든 죄를 인식해야 합니다! 죄를 깨끗이 씻어야 합니다! 모든 죄 덩어리를 불에 바싹 태워야 합니다!

"만일 네 발이 너를 범죄하게 하거든 찍어버리라 다리 저는 자로 영생에 들어가는 것이 두 발을 가지고 지옥에 던져지는 것보다 나으니라"(막 9:45).

영생은 예수 그리스도를 믿을 때 얻는 것을 가르쳐 주고 있습니다. 누구든지 예수 그리스도를 믿는 자들에게 영생 복락을 누릴 수 있습니다. 이것은 하나님의 크신 은혜입니다! 축복입니다!

"내가 진실로 진실로 너희에게 이르노니 내 말을 듣고 또 나 보내신 이를 믿는 자는 영생을 얻었고 심판에 이르지 아니하나니 사망에서 생명으로 옮겼느니라"(요 5:24).

영생을 얻은 자에게는 예수 그리스도의 살과 피를 통하여 죄를 깨끗하게 씻게 하고 영을 살리도록 역사합니다. 충만케 합니다! 건강케 합니다!

"나는 하늘에서 내려온 살아 있는 떡이니 사람이 이 떡을 먹으면 영생하리라 내가 줄 떡은 곧 세상의 생명을 위한 내 살이니라 하시니라"(요 6:51).

"예수께서 이르시되 내가 진실로 진실로 너희에게 이르노니 인자의 살을 먹지 아니하고 인자의 피를 마시지 아니하면 너희 속에 생명이 없느니라 내 살을 먹고 내 피를 마시는 자는 영생을 가졌고 마지막 날에 내가 그를 다시 살리리니 내 살은 참된 양식이요 내 피는 참된 음료로다"(요 6:53–55).

영생을 얻은 자에게는 예수 그리스도께서 부활하신 것처럼, 마지막 날에 죽은 자라 할지라도 영원히 죽지 않고 다시 살아납니다! 일어납니다! 승리합니다! 부활합니다!

> "내 아버지의 뜻은 아들을 보고 믿는 자마다 영생을 얻는 이것이니 마지막 날에 내가 이를 다시 살리리라 하시니라"(요 6:40).

그러므로 영생이란 예수 그리스도 안에서 주어지는 영원한 생명입니다. 이 생명은 영을 살리는 영적 생명을 의미합니다. 이 영적 생명은 예수 그리스도의 부활처럼 육체적인 상태를 훨씬 뛰어넘어 영화로운 몸으로서의 영원한 삶을 가리킵니다.

이 영원한 부활의 몸으로서의 영적인 몸은 첫 번째로 예수 그리스도의 재림 전에 먼저 죽은 그리스도인에게 주어집니다. 다음은 우리 주 예수 그리스도께서 강림하실 때 영광스러운 모습으로 변화하는 그리스도인에게 주어집니다.

이것이야말로 구원의 은총이 아니겠습니까! 부활의 기쁨과 축복이 아니겠습니까! 이것이 바로 바른 영생 복락관입니다!

2) 영생은 영원 전부터 약속하신 것입니다

위의 본문에서 "이 영생은 거짓이 없으신 하나님이 영원 전부터 약속하신 것인데"(1:2)라고 하였습니다. 이것은 영생에 대한 하나님의 불변성을 강조하는 말입니다.

하나님의 구원 계획은 영원 전부터 그의 뜻과 경륜 속에서 이루어졌습니다. 이것을 신학적으로 표현한다면 '속죄의 언약'(the covenant of redemption)이라고 부릅니다.

이 속죄의 언약은 한순간에 이루어진 것이 아닙니다. 갑작스럽게 나타난 것도 아닙니다. 우연히 이루어진 것도 결코 아닙니다. 막연하게 성취된 것도 결코 아닙니다.

이것은 창세전에 하나님의 뜻 가운데서 이루어진 영원한 약속입니다! 예정입니다! 언약입니다! 그리고 거짓이 없으신 하나님의 진실하심입니다!

사도 바울은 에베소 교회를 향하여 고백하였습니다. 나 자신은 하나님의 예정과 그의 기뻐하심 가운데 예수 그리스도의 사도가 되었다고 하였습니다. 그리고 예수 그리스도의 속죄의 피로 말미암아 하나님 아버지의 자녀가 되었다고 하였습니다.

> "찬송하리로다 하나님 곧 우리 주 예수 그리스도의 아버지께서 그리스도 안에서 하늘에 속한 모든 신령한 복을 우리에게 주시되 곧 창세전에 그리스도 안에서 우리를 택하사 우리로 사랑 안에서 그 앞에 거룩하고 흠이 없게 하시려고 그 기쁘신 뜻대로 우리를 예정하사 예수 그리스도로 말미암아 자기의 아들들이 되게 하셨으니 이는 그가 사랑하시는 자 안에서 우리에게 거저 주시는 바 그의 은혜의 영광을 찬송하게 하려는 것이라 우리는 그리스도 안에서 그의 은혜의 풍성함을 따라 그의 피로 말미암아 속량 곧 죄 사함을 받았느니라"(엡 1:3–7).

그러므로 오늘날 그리스도인들은 창세전부터 하나님의 기쁘신 뜻과 예수 그리스도의 보혈의 은총으로 택함받았다는 구원의 진리와 은총 속에서 영생 복락을 소망하면서 살아가야 할 것입니다.

카우맨(L.B. Cowman)은 하나님의 부르심을 받아 택함을 받은 그리스도인의 참된 자유와 삶에 대해 다음과 같이 설명하였습니다.

어느 유명한 의사가 임종이 가까워지자 이런 말을 하였다. "나는 내가 의지하는 것을 잊어버리지 않고 살아왔습니다. 그 때문에 나는 행복을 발견하였습니다."

참 행복은 하나님의 뜻에 합당하게 행하는 일 속에서 찾을 수 있다. 하나님의 뜻에 합당한 삶을 기뻐하시는 예수 그리스도께서는 제자들에게, "뜻이 하늘에서 이룬 것같이 땅에서도 이루어지이다" 라고 기도를 가르쳐 주셨다. 기계도 적당한 제동이 있을 때 잘 움직인다. 제동이 없으면 기계, 혹은 힘은 파괴적이 된다. 인간의 품성도 이와 같은 법칙에 의해서 지배된다. 즉 하나님의 뜻을 따라 살아갈 때 진정한 자유를 누릴 수 있고 참 행복을 얻을 수 있다. " '주여! 나를 포로로 삼아주소서!' 라는 기도가 자유를 희망하는 우리의 참된 신앙 고백이 될 것이다."

4. 말씀을 전도로!

"자기 때에 자기의 말씀을 전도로 나타내셨으니 이 전도는 우리 구주 하나님이 명하신 대로 내게 맡기신 것이라"(1:3).

본문은 하나님의 영원하신 구원 계획과 약속은 예수 그리스도의 복음의 진리 안에 명백하게 나타났으며, 입증되었다는 사실을 강조하고 있습니다.

그리고 이 사실은 두 가지 수단을 통하여 나타났다고 가르치고 있습니다.

1) 자기의 말씀을 전도로 나타내셨습니다

여기에서 "자기의 말씀"(로곤 아우투, λόγον αυτοῦ)이란 무엇을 의미합니까?

이것은 인격적인 그리스도, 즉 로고스(Logos)가 아니라 복음의 구원의 메시지를 의미합니다. 이 메시지는 '전도' (케뤼그마, κήρυγμα, evangelism)라는 수단을 통하여 전파되었습니다. 그리고 이것은 성육신하여 친히 이 땅에 오신 예수 그리스도를 통하여 성취되었습니다.

그래서 예수 그리스도는 살아 계신 하나님의 말씀을 선포하셨습니다. 예수님은 모든 자들을 향하여 하늘나라의 진리를 전파하셨습니다. 하나님의 은혜와 사랑을 베풀어 주셨습니다.

예수 그리스도는 공생애 사역을 통하여 주위에 있는 배고프고 굶주린 자들에게 배부름을 주셨습니다. 헐벗은 가난한 자들에게 부유함으로 풍성하게 채워 주셨습니다. 절망으로부터 포기하고 낙심한 자들에게 소망과 비전을 불어넣어 주셨습니다. 악하고 부정적인 자들에게 착하고 선한 마음을 심어주셨습니다. 질병 속에서 고통을 받는 자들을 깨끗하게 치료해 주셨습니다. 사망 권세와 흑암의 세력으로부터 고통받으며 포로 된 자들을 죄악의 구렁텅이에서 건져주셨습니다. 그리고 억압당하고 눌린 자들에게 자유함을 누리게 하셨습니다.

> "주의 성령이 내게 임하셨으니 이는 가난한 자에게 복음을 전하게 하시려고 내게 기름을 부으시고 나를 보내사 포로 된 자에게 자유를,

눈먼 자에게 다시 보게 함을 전파하며 눌린 자를 자유롭게 하고 주의 은혜의 해를 전파하게 하려 하심이라 하였더라"(눅 4:18-19).

이 땅에 오신 예수 그리스도의 삶을 한마디로 표현한다면 복음의 진리였습니다! 생명이었습니다! 빛이었습니다! 소망이었습니다! 그리고 예수님의 삶 자체는 곧 하나님의 아가페 사랑이었습니다.

영국 케임브리지 대학교의 존 실리(John Seely) 교수는 소크라테스와 예수 그리스도의 유사점 및 다른 점을 각각 구별하여 다음과 같이 발표하였습니다.

그들은 둘 다 선생님이었고, 막대한 영향력을 가지고 있었으며, 순교를 당하였다. 소크라테스와 예수는 훌륭한 사상을 말하였고, 훌륭한 삶을 살았다. 그렇다면 그들의 다른 점은 무엇인가? 소크라테스는 그의 삶에 의해서가 아닌 그의 사상에서, 그러나 예수 그리스도는 그의 사상이 아닌 그의 삶 속에서 역사를 남겼다.

2) 전도는 사도에게 위탁된 하나님의 명령입니다

본문에서 사도 바울은 하나님의 구원 계획과 복음의 진리를 전파하는 예수 그리스도의 사역이 하나님의 절대적인 명령에 의하여 사도직을 가진 자신에게 주어진 것이라고 강조하고 있습니다.

또한 그는 이러한 막중한 사명이 개인적인 차원에서 주어진 것이 아니라 하나님의 권위에 의해 주어졌다고 단언하였습니다

그러면 본문에서 말하는 "내게 맡겨진" 것은 무엇을 의미합니까? 이것은 바로 예수 그리스도의 복음의 메시지를 가리킵니다. 이 메시

지는 하나님의 절대적인 명령입니다! 신적인 권위입니다!

첫째로, 바울이 전하는 복음에서 메시지의 순결성을 강조하고 있습니다. 그리고 둘째는, 바울의 불타는 사명감을 강조하고 있습니다. 이것은 예수 그리스도의 복음에 대한 사도 바울의 신앙 고백입니다.

사도 바울은 고린도 교회를 향하여 십자가에 못 박히신 그리스도의 복음을 증거할 때에는 자신의 학식과 지식으로 전하지 아니하고 오직 성령의 능력으로 전하였습니다.

> "내 말과 내 전도함이 설득력 있는 지혜의 말로 하지 아니하고 다만 성령의 나타나심과 능력으로 하여 너희 믿음이 사람의 지혜에 있지 아니하고 다만 하나님의 능력에 있게 하려 하였노라"(고전 2:4-5).

또한 사도 바울은 골로새 교회를 향해서는 하나님의 진리의 말씀을 증거하기 위하여 먼저 성령의 능력과 인도하심을 받아야 하며, 이를 위하여 기도로 준비하라고 교훈하였습니다.

> "기도를 계속하고 기도에 감사함으로 깨어 있으라 또한 우리를 위하여 기도하되 하나님이 전도할 문을 우리에게 열어 주사 그리스도의 비밀을 말하게 하시기를 구하라 내가 이 일 때문에 매임을 당하였노라"(골 4:2-3).

어느 날 존 웨슬리는 성공회 신부의 아들로 태어났지만 자신이 목회자의 아들로서 믿음이 없는 것을 고민하였습니다. 그러던 중 그는 미국 조지아 지역에 선교사로 파송되었습니다. 그러나 그는 특별한 선교의 열매를 얻지 못하고 집으로 돌아왔습니다.

웨슬리는 자신의 믿음 없음을 꾸짖고 개탄하면서 "나는 아메리카 인디언들을 회개시키러 갔지만 과연 누가 나를 회개시킬 것인가?" 하면서 고민하고 있을 때, 모라비안 선교사로 미국으로 가는 뵐러 선교사를 런던에서 만나게 되었습니다.

그때 뵐러 선교사는 웨슬리에게 "믿음이 없으면 믿음을 갖기 위하여 전도하고, 믿음이 있으면 믿음으로 전도하라!"고 충고하였습니다. 그 이후 웨슬리는 큰 충격과 도전을 받고 열심히 전도하였습니다. 그리고 어느 날 모라비안 집회에 참석하여 뜨거운 영적 체험을 하였습니다.

거기서 웨슬리는 "나는 믿습니다"라고 큰소리로 자신의 신앙 고백을 외쳤습니다. 그때부터 웨슬리는 영적 복음 운동을 일으키는 위대한 능력의 사람이 되었습니다.

정말 그렇습니다! 전도는 인간의 힘으로 안 됩니다! 지혜로도 안 됩니다! 지식으로도 안 됩니다! 힘과 능력으로도 안 됩니다! 이것은 오직 하나님이 주시는 믿음으로만 됩니다! 성령의 인도하심으로 됩니다! 곧 성령 충만입니다!

그러므로 이제 그리스도인들은 하나님이 주신 명령과 사명을 감당하기 위하여 먼저 주님을 만나고, 주님께로부터 믿음 충만함을 받아야 될 것입니다. 그리고 성령의 권능과 성령의 충만함을 받아야 할 것입니다.

5. 나의 참 아들 디도

"같은 믿음을 따라 나의 참 아들 된 디도에게 편지하노니 하나님 아버지와 그리스도 예수 우리 구주로부터 은혜와 평강이 네게 있을지어다"(1:4).

본문에서는 사도 바울과 동역자 디도의 믿음의 관계를 잘 설명해 주고 있습니다. 사도 바울은 동료이며 동역자인 디도를 향하여 무엇이라고 불렀습니까?

1) 바울은 디도를 향하여 나의 참 아들이라고 불렀습니다

사도 바울은 디도를 향하여 "나의 참 아들"(my true son)이라고 불렀습니다. 이것은 사도 바울과 동역자 디도와의 관계가 육적인 관계가 아니라 영적인 부자 관계임을 의미하고 있습니다.

이러한 호칭 사용 문제는 디모데에게도 마찬가지였습니다. 바울은 디모데를 향하여 "믿음 안에서 참 아들"(딤전 1:2)이라고 불렀습니다.

또 사도 바울은 자신이 개종시킨 사람들을 향하여 이 호칭을 사용하였습니다. "내가 너희를 부끄럽게 하려고 이것을 쓰는 것이 아니라 오직 너희를 내 사랑하는 자녀같이 권하려 하는 것이라"(고전 4:14).

그런데 본문을 잘 살펴보면 "같은 믿음을 따라"(in our common faith)라는 말을 첨가했습니다. 이 말은 무엇을 의미합니까?

이것은 서로 함께 나누는 믿음을 의미합니다. 하나님의 택하신 자들의 상호적인 믿음을 뜻합니다. 그리고 사도 바울과 디도의 믿음의 관계가 저자와 수신자 이상임을 강조하는 장면입니다.

이러한 교훈 속에서 오늘 택하심을 받은 그리스도인들에게 다른 사람들과의 믿음의 관계가 얼마나 중요한가를 가르치고 있습니다.

만약 믿음의 관계가 아름답지 못한 경우라면 어떻게 되겠습니까? 그들의 관계를 통하여 하나님의 영광을 가리게 됩니다. 이는 예수 그리스도의 복음을 증거하는 일에 큰 장애물이 될 것입니다. 이로 말미암아 서로 간에 상처를 받으며 고통을 느끼게 될 것입니다. 의심과 불신을 낳을 수도 있을 것입니다.

만약 믿음의 관계가 아름답게 되는 경우라면 어떻게 되겠습니까? 그들의 관계를 통하여 하나님의 영광이 나타날 것입니다. 예수 그리스도의 복음이 더욱 왕성하게 전파될 것입니다. 그리스도의 향기가 아름답게 나타날 것입니다. 서로 간에 신뢰 관계가 더욱 두터워질 것입니다. 존경과 사랑으로 가득 채워질 것입니다.

그렇다면 진정한 믿음의 관계는 어떤 것입니까?

이것은 진실해야 합니다! 변하지 말아야 합니다! 피차간에 믿고 신뢰하며 오해하지 말아야 합니다! 서로 상대방을 존경하며 사랑해야 합니다.

그리고 어떠한 어려움이 닥쳐온다 할지라도, 무서운 환난과 불같은 시험거리가 불어닥친다 해도 오직 하나님 아버지께 전폭적으로 맡기고 신뢰해야 합니다.

택함받은 하나님의 자녀들이 오직 하나님 아버지를 신뢰하듯이, 택함받은 참된 그리스도인들은 주위에 있는 형제자매들과 이웃과 사회로부터 신뢰받을 수 있도록 먼저 그들에게 진실과 믿음을 보여주어야 합니다. 예수 그리스도의 삶을 나타내어야 합니다

그때 수직적으로는 하나님 아버지와 택함받은 하나님의 자녀로서의 바른 관계가 이루어질 것입니다. 그리고 수평적으로는 요나단과 다윗의 관계처럼 택함받은 참된 그리스도인으로서 주위에 있는 형제

자매들을 비롯한 불신자와 신자, 이웃과 사회에서 상대방을 서로 신뢰하는 믿음의 관계가 이루어질 것입니다.

나이트(W.B. Knight)의 예화집에서 믿음의 관계를 다음과 같이 설명하고 있습니다.

어느 날 어린 아들이 오래 묵은 사과나무 위에 올라갔다. 아버지는 나무 아래서 아들이 올라가는 모습을 지켜보고 있었다. 그런데 그 나무가 나이가 너무 많아서인지 아들의 몸무게를 이기지 못하고 휘어지며 부러지기 시작하였다.

그때 아버지는 아들이 곤경에 빠진 것을 보고 두 팔을 벌리며 소리쳤다. "아들 바디야! 어서 뛰어내려라! 아빠가 받을 테니 걱정하지 말고 뛰어내려라!"

아들은 잠시 아래를 쳐다보더니 이렇게 외쳤다. "아빠! 나는 무엇이든지 할 수 있어요. 그렇죠? 아빠, 나는 아빠를 믿어요!" 그러고 난 후에 아들은 안전하게 아버지의 두 팔을 향해 뛰어내렸다.

그때 아버지는 아들의 말을 듣는 순간 하나님께서 어떤 메시지를 전하고 있는 듯한 느낌을 받았다. "하나님 아버지! 저는 무엇이든지 할 수 있습니다. 저는 하나님 아버지를 믿습니다." 그리고 아버지는 우리가 필요한 모든 것을 채워주신다는 사실을 믿게 되었다.

2) 고린도후서 8장 23절에서 사도 바울은 고린도 교회에 디도를 무엇이라고 소개하였습니까?

당시 사도 바울은 고린도 교회에 복음의 동역자요 참 아들인 디도를 보낼 때 네 가지 호칭를 사용하면서 추천하였습니다. 즉 디도는 바울의 동료요, 동역자요, 교회의 사자요, 그리고 그리스도의 영광이라고 소개하였습니다.

> "디도로 말하면 나의 동료요 너희를 위한 나의 동역자요 우리 형제들로 말하면 여러 교회의 사자들이요 그리스도의 영광이니라"(고후 8:23).

사적인 관계에서 디도는 그의 아들입니다. 그러나 공적인 일에서는 함께 복음을 증거하는 복음의 동료(partner)요, 동역자(fellow worker)임을 가리키고 있습니다. 그리고 개인적인 일과 공적인 일을 분명히 구별하는 모범을 보여주고 있습니다.

'사자'(the messenger)는 예수 그리스도의 복음 전파를 위하여 파송된 '사신'이며 '사절'을 뜻합니다. 그래서 디도는 마게도냐 지역에 있는 여러 교회들에 파송된 사신이며, 특별히 동역자 디도를 비롯한 다른 두 사람은 마게도냐 교회들이 사도 바울의 복음 전파를 위한 모금 사역을 돕은 일에 파송한 대리자들이요, 사자들입니다.

그리고 그들을 향하여 "그리스도의 영광"(the glory of Christ)이라고 불렀습니다. 그 이유는 사도 바울이 그들의 지위와 사역의 본질이 조금도 부족함이 없다는 믿음과 확신을 고린도 교회 교인들에게 알려 주기 위함이었습니다.

정말 디도와 다른 동역자들은 하나님의 부르심을 받은 신실한 그리스도의 일꾼들입니다! 청지기들입니다! 사자들입니다!

하나님은 그들을 통하여 하나님 나라와 의를 확장하시려고 사용하십니다. 그리고 예수 그리스도의 복음 사역을 위하여 귀하게 사용하십니다. 결과적으로 그들을 통하여 하나님의 크신 영광이 나타나며, 땅 끝까지 복음 진리가 전파되는 것입니다.

존 칼빈은, "오직 예수 그리스도만이 그리스도인의 영광이므로 예수 그리스도께서는 신실한 그리스도인을 통하여 영광을 받으신다"고 하였습니다.

제3강 청지기 장로의 세움과 자격

제3강

청지기 장로의 세움과 자격(1:5-9)

"내가 너를 그레데에 남겨 둔 이유는 남은 일을 정리하고 내가 명한 대로 각 성에 장로들을 세우게 하려 함이니(5절)

책망할 것이 없고 한 아내의 남편이며 방탕하다는 비난을 받거나 불순종하는 일이 없는 믿는 자녀를 둔 자라야 할지라(6절)

감독은 하나님의 청지기로서 책망할 것이 없고 제 고집대로 하지 아니하며 급히 분내지 아니하며 술을 즐기지 아니하며 구타하지 아니하며 더러운 이득을 탐하지 아니하며(7절)

오직 나그네를 대접하며 선행을 좋아하며 신중하며 의로우며 거룩하며 절제하며(8절)

미쁜 말씀의 가르침을 그대로 지켜야 하리니 이는 능히 바른 교훈으로 권면하고 거슬러 말하는 자들을 책망하게 하려 함이라(9절)."

사도 바울은 믿음의 참 아들이요, 동료요, 동역자인 디도에게 그레데 섬에 있는 많은 교회들의 사역을 맡겼습니다. 그리고 계속적으로 그 교회들의 형성과 조직에 필요한 부분을 수행하고 완성하도록 지시하였습니다. 특별히 그것은 하나님의 청지기요 교회의 감독인 장로를 세우는 일이었습니다.

1. 그레데 섬에 남아 있는 디도

> "내가 너를 그레데에 남겨 둔 이유는 남은 일울 정리하고 내가 명한 대로 각 성에 장로들을 세우게 하려 함이니"(1:5).

사도 바울은 가장 두터운 신임을 받고 있던 동역자 디도를 그레데 섬에 남겨 놓고 떠났습니다. 그것은 두 가지 이유에서였습니다.

1) 첫째는 남은 일을 정리하기 위함이었습니다

사도 바울은 동역자 디도를 그레데 섬에 남겨 두면서 부탁하기를, "남은 일을 정리하라"고 지시하였습니다.

그러면 "남은 일을 정리한다"는 것은 무엇을 뜻합니까? 이것은 한글개역성경의 표현대로 "부족한 일을 바로잡고"라는 말과 같은 의미입니다.

그 이유는 당시 사도 바울의 선교 사역을 통하여 그레데 섬에 많은 교회들이 세워졌습니다. 그러나 많은 교회들은 거짓 교사들 때문에 교리와 신앙 문제에 많은 혼란과 어려움을 겪게 되었습니다. 그리고 많은 교회들이 이미 세워졌지만 교회 형성과 조직 면에서는 매우 미흡하였습니다.

그래서 사도 바울은 디도에게 그레데 섬에 있는 교회들의 부족한 점들이나 혹은 비성경적이고 비신앙적인 일들을 바로잡고 가르치라고 지시하였습니다.

이것은 양적인 문제, 즉 얼마나 크냐 적으냐가 아니라, 질적인 문제입니다. 잘잘못을 분별하는 일입니다. 질서 있게 바르게 잡고 수정하는 일입니다.

오늘날 성장하고 부흥하는 교회들의 모습은 두 가지 일들을 통하여 나타납니다.

첫째는, 영적 훈련을 통한 내적인 성장입니다.

이것은 개인적인 영적 훈련을 통하여 이루어집니다. 그래서 말씀과 기도의 훈련을 해야 합니다. 헌신과 섬김의 훈련을 해야 합니다. 절제와 순종의 훈련을 해야 합니다. 감사와 찬양의 훈련을 해야 합니다. 그리고 성령 충만함을 통하여 성령의 아홉 가지 열매를 맺어야 합니다.

미국의 영성 신학자 리처드 포스터(Richard Foster)는 그의 저서 《영적 훈련과 성장》(*Celebration of Discipline*)에서, 영적 훈련은 "하나님의 은혜의 통로라!" 하면서 영적 훈련의 필요성을 다음과 같이 주장하였습니다.

> 영적 훈련은 성령을 위하여 씨를 뿌리는 일과 같다. 그 훈련은 우리를 땅속에 심는 하나님의 방법이다. 그 훈련은 하나님이 우리 속에서 일하실 수 있고, 우리를 변화시킬 수 있는 곳에 우리를 심는다.

> 영적 훈련은 그 자체만으로는 아무것도 이룰 수 없다. 단지 그것은 무엇인가가 달성될 수 있는 곳에 우리를 가져다 놓을 뿐이다. 영적 훈련은 하나님의 은혜의 통로이다. 우리가 추구하는 내적 의는 우리의 머리 위에 부어지는 것이 아니다. 하나님께서 영적 삶의 훈련을 통로로 정하셨는데, 우리는 그 통로로 말미암아 하나님이 우리를 축복하실 수 있는 곳에 놓이게 된다.

둘째는, 영적 훈련을 통한 외적인 성장입니다.

이것은 외적으로 나타나는 그리스도인의 인격과 삶의 모습에서 발견할 수 있습니다. 그래서 복음을 알지 못하는 영혼들에게 말씀을 증거해야 합니다. 주위에 있는 형제자매들과 이웃을 향하여 그리스도의 향기를 나타내야 합니다. 굶주리고 배고픈 자들에게 그리스도의 사랑을 베풀어야 합니다. 병들고 절망한 자들에게 소망과 비전을 주어야 합니다. 거짓 교사나 이단들을 향하여 하나님의 전신 갑주를 입고 싸워 이겨야 합니다. 그리고 지구촌을 향하여 그리스도의 복음을 들고 나가 방방곡곡 다니면서 복음을 증거하며 선교해야 합니다.

요즈음 미국에서 크게 성장하는 교회 가운데 하나인 조지아 페리미터 장로교회(Perimeter Presbyterian Church, Georgia)는 장로교 신학의 뿌리를 가진 복음적인 교회입니다. 이 교회의 핵심 사역은 오직 선교입니다. 담임목사 랜디 포프(Rev. Randy Pope)는 교회 성장에 있어서 선교의 중요성을 다음과 같이 말하였습니다.

> 우리는 일정한 모범이나 기준에 관해서는 그렇게 많이 생각하지 않습니다. 우리는 언제나 선교 차원에서 생각합니다. 모든 면에서

선교를 최우선순위에 놓고 모든 것을 거기에다 맞춥니다.

좀 극단적인 표현이지만, 어떤 성공한 목회자의 말에 의하면, "선교하지 않는 교회는 교회가 아니다. 그리고 그 교회는 이미 죽은 교회이다!" 라고 언성을 높였습니다.

미국에서 성장 부흥하는 10대 교회들 가운데 하나인 캘리포니아 샌디에이고 호라이즌 크리스천 펠로우십 교회(Horizon Christian Fellowship Church, Sandiego)는, 그리스도인들이 세상에서 살아갈 때 영적 싸움에서 승리해야 할 것을 강조하고 있습니다. 특별히 세속에서 방황하는 현대 젊은이들의 사역을 위하여 심혈을 기울이며 힘쓰고 있습니다.

담임목사 마이클 매킨토시(Michael K. Mackintosh)는 "누가 교회를 21세기로 인도해야 할 것인가?" 라고 질문하면서, 현재 미국의 세속 문화 속에서 병들고 있는 젊은이들을 위한 목회 사역의 필요성을 강조하고 있습니다.

매킨토시는 미국 땅에서 살고 있는 현대 젊은이들을 위한 특별 목회 사역의 중요성을 다음과 같이 외쳤습니다.

오늘날 이 땅을 살펴볼 때 마귀가 이 나라의 많은 젊은이들을 지옥으로 끌고 가고 있는 것을 봅니다. 누군가가 그들을 변화시킬 수 있는 메시지를 가지고 그들을 위해서 새로운 아이디어, 새로운 프로그램, 새로운 비전을 생각해 내어야 합니다. 현재 미국 젊은이들이 직면하고 있는 가장 중대한 문제 중 하나는 마약 문화입니다. 젊은 세대의 상당수가 마약을 흡입하게 하는 음악을 듣고 마약을 권장하는 영화를 보고 있습니다. 아무도 젊은이들을 위해서 마귀와 투쟁하려고 하지 않습니다. 그러나 나는 도전할 것입니다!

"근신하라 깨어라 너희 대적 마귀가 우는 사자같이 두루 다니며 삼킬 자를 찾나니 너희는 믿음을 굳건하게 하여 그를 대적하라"(벧전 5:8-9).

2) 둘째는 장로들을 세우기 위함이었습니다

당시 그레데는 지중해의 가장 큰 섬 중의 하나였습니다. 이 섬은 대부분 산으로 이루어졌으며 유럽과 아시아와 아프리카의 중간 지점에 위치했기 때문에 지중해 무역의 중심 지역이었습니다.

또한 그레데 섬에 살고 있는 사람들의 평판은 그리 좋지 않았습니다. 그리고 여러 나라에서 온 사람들 때문에 인종 간의 갈등과 문제가 심했던 곳입니다.

비록 이곳에 복음 전파를 통하여 많은 교회들이 세워졌지만, 아직까지도 미조직 교회들이 많았고, 거짓 교사들의 잘못된 가르침과 교리를 통하여 영적인 혼란과 문제들이 많이 발생되었습니다.

이러한 가운데 사도 바울은 동역자 디도에게 그레데 교회들을 바르게 조직하고, 바른 교리 가운데 질서를 잡으라고 지시하였습니다. 아울러 성공적인 교회 사역을 위하여 하나님의 청지기로서의 장로들을 세우라고 지시하였습니다.

그러므로 디도에게 주어진 중요한 사역 가운데 하나는 '각 성에 장로들을 세우는 일' 이었습니다.

하나님의 나라가 확장되고 지구촌 방방곡곡에 진리의 복음이 전파되어 주님의 몸 된 교회가 세워지고 부흥 성장하기를 소원하시는 하나님께서는 그의 청지기인 일꾼들을 사용하시며, 그들을 통하여 일을 하도록 원하십니다.

'교회' 는 무엇입니까?

사도 바울은 '그리스도의 몸이라' 고 정의하였습니다(고전 4:12-31).

몸이 그 기능을 감당하기 위하여 뼈대와 지체들을 반드시 가져야 되는 것처럼, 교회도 효율적인 사역을 위해서는 머리뿐만 아니라 손과 발이 꼭 필요합니다.

몸으로서의 교회는 살아 있는 유기체입니다. 동시에 교회는 하나의 조직체입니다. 그래서 영적인 공동체로서의 교회가 유기적이라면, 기능적인 기관으로서의 교회는 조직적입니다

주님 교회의 조직은 목적이 될 수 없고, 하나의 수단에 불과합니다. 교회의 조직 안에는 반드시 직분이 수반되어야 합니다. 왜냐하면 하나님은 사람을 통하여 일하시고 역사하시기 때문입니다.

개혁자 칼빈은 "하나님은 하늘나라의 천사들을 시켜서 일을 할 수 있지만, 교회의 직분을 수단으로 삼아 일하게 하신다. 하나님은 그 직분을 가장 존귀하게 여긴다" 고 말하였습니다.

하나님은 성경의 역사나 기독교 역사의 흐름 속에서 필요할 때마다 사람을 부르시고, 세우시며, 일을 하도록 역사하셨습니다.

구약 시대에는 모세를 통하여 이스라엘 백성을 애굽에서 구원시키셨습니다. 신약 시대에는 사도 바울을 통하여 이방 선교에 앞장서게 하셨습니다. 마르틴 루터를 통하여 부패한 중세 교회를 개혁하도록 하셨습니다. 존 웨슬리를 통하여 병든 영국 사회를 개혁하도록 하

셨습니다. 윌리엄 캐리(W. Carey)를 통하여 아시아를 향한 선교의 첫 포문을 열도록 하셨습니다.

리빙스턴(D. Livingstone)을 통하여 검은 대륙 아프리카에 복음의 씨앗을 뿌리게 하셨습니다. 윌리엄스 대학(Williams College)의 뒷동산에 모인 서너 명의 대학생들이 '세계 선교'를 위해 무릎 꿇고 간절히 기도한 것이 오늘날 미국을 제1의 세계 선교 대국으로 만드는 데 주춧돌이 되었습니다. 그리고 젊은 토머스 선교사의 순교를 통하여 삼천리 금수강산 대한민국에 복음의 씨앗을 뿌리게 하셨습니다.

하나님은 시대마다 그의 종이요, 청지기요, 일꾼인 사람을 부르시고 선택하여 복음을 전파하도록 역사하셨습니다. 이 점에 대하여 종교 개혁가 루터는 다음과 같이 아름답게 묘사하였습니다. "하나님께서는 당신을 통하여 소의 젖을 짜기까지 하신다. 소에는 많은 양의 젖이 있지만 누군가가 그것을 짜지 않으면 그것은 우리에게 아무런 도움이 되지 못한다."

그렇다면, 하나님께서 사람을 부르시고 택하셔서 그의 직분을 주신 목적은 무엇입니까?

그것은 사도 바울이 에베소서 4장 11-13절에서 교훈한 것처럼 첫째는, 성도를 온전케 하기 위함입니다. 둘째는, 봉사의 일을 하게 하는 것입니다. 그리고 셋째는, 예수 그리스도의 몸을 세우시려고 하는 것입니다.

2. 장로의 자격(1) "한 아내의 남편"

"책망할 것이 없고 한 아내의 남편이며 방탕하다는 비난을 받거나 불순종하는 일이 없는 믿는 자녀를 둔 자라야 할지라"(1:6).

본문의 앞 절에서 그레데 교회들을 향하여 장로들을 세우는 필요성을 강조하면서 본문에 와서는 장로들의 자격에 대하여 구체적인 내용들을 제시하고 있습니다.

1) 장로는 책망할 것이 없어야 합니다

이것은 장로의 도덕적 인격을 가르쳐 주고 있습니다. "책망할 것이 없다"는 말은 "공격을 받지 않는다"는 말과 맥이 통하는 것입니다.

권투 선수나 레슬링 선수는 공격하는 상대방 선수에게 자신의 약점을 노출시켜서는 안 됩니다. 만약 노출시키게 된다면 그것을 통하여 경기에서 패배할 수 있습니다.

그러므로 하나님의 청지기요, 교회의 지도자로서의 장로는 윤리적으로나 도덕적으로 흠 잡을 곳이 없어야 합니다. 주위에 있는 사람들을 향하여 문제를 일으키지 말아야 합니다. 그리고 공격과 비난의 대상이 되지 말아야 합니다.

한 외국 교회 예화집에서, 미국 교회에서 술집을 경영하는 어느 장로님의 이야기를 다음과 같이 기록하였습니다.

미국의 어느 교회에 장로님 한 사람이 있었다. 그는 예배당도 짓고, 교회의 경비 일체를 드렸다. 그런데 그 장로님은 술집을 경영하고 있었다. 그동안 그 교회에는 여러 목사님들이 부임을 해왔지만 그 장로가 술집을 하는 것이 잘못되었다고 훈계하는 사람이 아무도 없었다.

그런데 한 목사님이 그 교회에 새로 부임하여 교회 사정을 살펴보았다. 교회가 술집 하는 장로님의 헌금으로 운영된다는 사실을 발견하였다. 그때 목사님은 이 사실에 대해 너무나 안타까워하였다. 그래서 그는 자기가 어떠한 태도를 취해야 하는가에 대해 기도하기 시작하였다. 기도하던 중 목사님은 교회에서 쫓겨나더라도 옳은 말을 해야 되겠다고 결심하였다.

주일날 예배드리는 중 헌금 시간이 되었다. 마침내 헌금 주머니가 술장사 하는 장로 앞에 이르자, 그 장로는 돈을 듬뿍 집어 헌금 주머니에 넣으려고 하였다. 이 모습을 강단에서 보고 있던 목사님은 크게 소리를 질렀다. "형제여, 거기에 돈을 넣지 마십시오. 하나님께서는 술장사 해서 번 돈을 원하지 않으십니다!"

이것은 청천벽력 같은 소리였다. 그 장로님은 너무나 화가 났다. "조용히 불러서 권면을 하든지 하지, 이렇게 많은 사람들 앞에서 망신을 주다니 어디 한번 두고 보자!"

그 장로님은 벌떡 일어나서 교회당 밖으로 나가 버렸다. 그리고 다음 주부터 교회에 나오지 않았다. 교회의 모든 재정을 담당하던 장로님이 나오지 않으니 교회는 큰 걱정거리가 생겼다. 그래서 교인들이 목사님께 찾아와 그 장로님과 감정을 풀라고 권면을 하였다.

그러나 목사님은 강경하게 말했다. "그 장로님이 진심으로 회개하기 이전에는 절대로 그를 만날 이유가 없습니다!" 얼마 후 그 장로님은 목사님에게 찾아와 눈물을 흘리면서 말하였다. "목사님! 너무나 고맙습니다. 목사님은 내 생명의 은인입니다. 우리 교회에 여러 목사님들이 거쳐 가셨지만, 자기 위치가 위태로워서 한 사람도 나에게 술장사를 하지 말라고 한 사람이 없었습니다. 그런데 목사님께서는 나에게 정면 공격을 하셨습니다. 처음에는 인간 된 마음에서 화가 나 섭섭한 생각이 들었습니다. 그런데 집에서 기도하는 중 목사님의 책망이 바로 하나님의 책망이라는 사실을 알게 되었습니다. 만일 그 책망을 바로 받지 아니하면 나는 영원히 망하는 사람이 되겠구나 하는 생각이 들어 하나님께 철저히 회개 자복하고, 이제 목사님께 자복하려고 이렇게 왔습니다. 이제부터 술장사를 그만 두겠습니다."

이후 그 장로님은 즉시 술장사를 그만두었고 다른 영업을 시작하였다. 그리고 살아 계신 하나님이 그 장로님의 새 사업을 크게 축복하셔서 더욱 많은 물질을 봉헌하도록 하셨다.

2) 장로는 한 아내의 남편이어야 합니다

이것은 장로의 결혼 생활에 대한 거룩성을 가르쳐 주고 있습니다. 즉 결혼 관계에 대한 신성 불가침의 거룩성입니다.

당시 유대인들과 로마인들은 무절제한 가정생활을 하였습니다. 이로 말미암아 그들은 이혼 관습을 가졌습니다. 그리고 일부다처제 관습도 가졌습니다.

이러한 상황 속에서 사도 바울은 결혼의 거룩성을 강조하였습니다. 그리고 사도 바울은 장로는 '어떤' (a) 아내가 아니라, '한' (one) 아내를 가지라고 역설하였습니다. 즉 일부일처입니다.

성경은 '일남 일녀' 의 창조 개념을 가르치고 있습니다. 창조주 하나님은 아담과 하와를 창조하시고, "남자가 부모를 떠나 그의 아내와 합하여 둘이 한 몸을 이룰지로다"(창 2:24)라고 하시면서 '일부일처' 를 선언하였습니다.

'일부일처' 를 선언하신 하나님은 에덴동산에서 벌거벗은 두 영혼이 연합하여 하나가 되도록 결혼의 축복을 주셨습니다. 하나님은 생육하고 번성하여 땅을 다스리도록 '연합' 하게 하셨습니다.

창조주 하나님이 연합을 만드신 것은 남자와 여자가 아름다운 형태로 참된 연합을 통하여 하나님의 뜻을 이루도록 하려는 데 목적이 있습니다. 이 목적은 사도 바울이 말하듯이 '경건한 자손' 을 얻기 위함입니다. 그리고 그들이 경건한 생활을 하기 위함입니다(고전 7:2-9).

이러한 사실을 인간적인 관점에서는 발견할 수 없지만 영적인 관점에서는 이해할 수 있습니다.

'하나 플러스 하나는 하나' (1+1=1)라는 개념은 수학적으로 모순 개념입니다. 그러나 성경적 결혼이라는 차원에서 본다면 이해할 수 있습니다. 왜냐하면 그것은 일부일처로 연합하는 '하나' 의 개념이기 때문입니다.

요즈음 미국에 있는 많은 사람들은 동성 결혼을 지지하고 있습니다. 이처럼 전통적인 결혼관이 점점 위기를 맞고 있는 실정입니다. 미국 대통령을 역임한 빌 클린턴(Bill Cliton) 대통령은 "누군가의 결혼을 저지하는 것은 잘못된 일이라고 생각한다" 고 하면서 동성 결혼을 공개적으로 지지하였습니다. 오바마(Obama) 현 미국 대통령도 동성애자들의 권리 문제에 있어서 애매모호한 입장을 취하고 있습니다. 그리고 미국 CBS방송의 설문 조사에 의하면, "미국인들의 33%가 동성 결혼을 지지한다" 고 발표하였습니다.

이러한 가운데 놀라운 사실은, 미스 캘리포니아 USA 결선에 올랐던 캐리 프리진(Carie Prejean, 21) 양은 세상의 아름다운 미(beauty)보다 성경 말씀인 진리(truth)를 선택하였습니다. 미스 USA대회에서 질의와 응답 도중에 "몇 주에서 합법화된 동성애자들의 결혼 권리를 어떻게 생각하느냐?" 라는 질문에 대하여 그녀는 말하기를, "결혼은 한 남성과 한 여성 사이에서 이루어져야 한다고 믿는다" 고 대답하였습니다.

그때 동성애 옹호론자들은 그녀를 향하여 욕설과 야유를 보냈지만, 진실하고 용기 있게 대답한 그녀의 성경적인 바른 신앙관에 수많은 미국인들은 뜨거운 찬사를 보냈습니다. 이로 말미암아 프리진 양은 비록 우승은 놓쳤지만, 현재 샌디에이고 교회의 예배에 열심히 참여하며 성경 공부에도 충실하고 있습니다. 그리고 미국 전국결혼기구(NOM)의 대변인으로도 활동하고 있습니다.

창세기 4장에 나오는 교만한 인간 라멕으로부터 일부일처 제도는 무너지고 일부다처의 결혼 제도는 인간을 도덕적으로 부패하게 만들었습니다. 성적으로 타락하게 만들었습니다. 마침내 하나님 앞에 저주와 심판을 받는 중요한 원인이 되고 말았습니다.

그러므로 일부일처가 하나님의 은혜와 축복이라면 일부다처는 하나님의 멸망과 심판입니다. 일부일처가 이삭의 자손들의 결혼이라면, 일부다처는 이스마엘의 자손의 결혼입니다. 그리고 오늘날 일부일처의 결혼 제도가 하나님의 자녀들의 신앙적인 결혼 스타일이라면, 일부다처의 결혼 제도는 이방 사람들의 세속적인 결혼 스타일입니다.

3) 장로는 방탕과 비난, 불순종하는 일이 없는 믿는 자녀들을 두어야 합니다

이것은 장로 가족 전체의 바른 신앙생활을 가르쳐 주고 있습니다. 하나님의 청지기로서 장로는 그의 직분을 잘 수행하기 위하여 무엇보다도 가족 전체의 올바른 믿음 생활이 요구되고 있습니다. 그것은 바로 자녀의 믿음 교육입니다.

디모데전서에서 사도 바울은, 하나님의 청지기인 감독은 "자기 집을 잘 다스려 자녀들로 모든 공손함으로 복종하게 하는 자"(딤전 3:4)라고 가르쳤습니다.

감독은 하나님께서 자기에게 주신 가정의 훌륭한 가장으로서 자녀들을 잘 가르치고 보살펴야 합니다. 그래서 그들이 그들의 믿음을 통하여 부모님을 공경해야 합니다. 그리스도인으로서의 예의범절을 잘 지켜야 합니다. 그리고 주위에 있는 다른 사람들에게 신앙의 본이 되어야 합니다.

만약 장로의 자녀들이 신앙생활을 바르게 한다면 주위의 많은 사람들에게 은혜가 되고 영적인 영향을 끼칠 수 있습니다. 그리스도의 향기를 나타내고 소금과 빛의 사명을 감당하여 많은 사람들에게 예수 그리스도의 복음을 전파하며 하나님의 영광을 나타낼 수 있습니다.

그러나 만약 장로의 자녀들이 신앙생활을 바르게 하지 못한다면 주위의 많은 사람들에게 은혜가 될 수 없고, 예수 그리스도의 복음을 증거하는 데 장애가 될 것이며, 하나님의 영광을 가리게 됩니다.

그러므로 사도 바울은 장로의 자녀들을 향하여 두 가지 윤리적인 요구를 제시하고 있습니다.

첫째, 장로의 자녀들은 방탕하다는 비방을 듣지 않아야 합니다.

이것은 하나님의 자녀 된 장로의 자녀들은 무절제한 생활을 하지 말아야 할 것을 의미합니다. 세속적인 쾌락을 즐기지 말아야 하며, 육체적인 욕망을 추구하지 말아야 할 것을 가르치고 있습니다.

영국 구세군의 창시자 윌리엄 부스(W. Booth)는 네 자녀를 두었습니다. 당시 영국에서는 국민 교육 제도가 없었던 때였습니다.

그런데 부스 부부는 네 자녀들을 하나님의 말씀과 기도로 양육하였습니다. 신앙적으로 잘 가르쳤습니다. 영적으로 훈련시켰습니다.

그래서 장남은 8세 때에 중생을 체험하고 제2대 구세군 대장이 되었습니다. 큰딸은 제4대 대장이 되었습니다. 그리고 다른 딸과 아들은 프랑스와 스위스에 가서 구세군을 개척하며 하나님의 말씀과 사랑을 베풀면서 성공적인 목회 사역을 담당하였습니다.

그런데 요즘 시대는 부모들이 자녀들을 믿음으로 교육하기가 매우 힘든 때입니다. 어디에서부터 시작하여 어디까지 해야 할지 모릅니다. 어떻게 가르쳐야 할지 특별한 대책이 없습니다.

최근 한국 신문의 보도에 의하면, 요즈음 한국 청소년들은 입에 밴 욕설을 저절로 쉽게 내뱉고 있으며, 몸에 밴 폭력을 서슴지 않고 휘두르고 있다고 합니다.

청소년들의 욕설은 높은 수위에 올라갔습니다. 그들의 성적인 묘사 역시 노골적으로 대범합니다. 그들이 보내는 문자에는 협박과 공갈, 거짓과 충동, 저주와 욕설들로 가득 차 있습니다. 그래서 한국 청소년들을 통제 불능의 시한 폭탄으로 비유하면서 'Bomb 세대' 라고 부르고 있습니다.

미주 땅에 살고 있는 청소년들은 어떠합니까?

일반적으로 이민 1.5세대나 2세대들은 한인 이민 2세 청소년이라고 부릅니다. 좀더 정확히 말해서 이민 2세란, 한인 부모 1세들의 자녀들로 미국에서 출생한 2세들이며, 영어를 쓰고 한국 문화에 이질감을 느끼는 한인 2세들입니다.

그리고 한인 1.5세란 한인 부모 1세들과 함께 이민 왔으며 한국에서 태어난 1세들, 즉 1세도 2세도 아닌 그 중간 세대인 1.5세대를 가리킵니다. 이들은 한국의 전통적 문화 유지를 위해 싸워야 하고, 동시에 한국계 미국인으로서 미국 사회에 잘 적응하기 위하여 문화적인 갈등을 가져야 합니다.

이러한 사회적, 문화적 갈등과 상황 속에서 잘 극복하여 성공한 한인 1세나 1.5세대가 있는가 하면, 그렇지 못한 경우에는 탈선하여 인생을 망치는 경우가 있습니다.

그러므로 하나님의 일꾼이요 청지기로서의 장로는 자녀들을 말씀과 기도로 양육해야 합니다! 그들을 향하여 믿음의 본을 보여주어야 합니다!

그리고 칼빈주의(Calvinism)의 교육 원리인 "성경을 기초로 한 하나님 중심 사상"과 벤자민 프랭클린(B. Franklin)의 "윤리적 도덕 교육은 부모가 반드시 행해야 할 의무이다"라는 말을 그들의 마음판에 꼭 새겨야 할 것입니다.

둘째, 장로의 자녀들은 불순종하지 않아야 합니다.

하나님의 자녀인 장로의 자녀들은 순종해야 합니다. 믿음은 순종과 깊은 관계를 가지고 있습니다. 그래서 믿음의 사람은 순종하는 사람입니다. 그러나 순종하지 않는 사람은 믿음이 없는 사람입니다.

사도 바울은 에베소의 거짓 교사들을 향하여 하나님의 말씀에 복종치 아니하며 불법을 행하는 자(딤전 1:9)라고 책망하였습니다.

본문에서 장로의 자녀들은 '불순종하는 일이 없는' 자라야 된다고 가르쳤습니다. 이 말은 하나님의 말씀에 복종치 않는 자와 같은 사람들입니다.

그래서 불순종하는 사람들은 하나님의 말씀에 불복종하는 자입니다. 하나님 앞에 고의적으로 죄를 범합니다. 하나님의 법이라는 테두리 안에서 기회만 있으면 이탈하려고 합니다. 그리고 하나님의 말씀과 명령을 무시하고 자신의 뜻과 생각으로 결정하여 무슨 일을 하려고 합니다.

그러므로 하나님과 교회 앞에서와 부모와 형제자매 앞에서 순종하는 일은 하나님을 향한 축복의 통로가 될 수 있으며, 불순종하는 일은 저주와 멸망으로 가는 출입문이 될 것입니다.

《베이커 성경 주석》에서는 "순종의 의무"라는 한 흑인 목회자의 설교를 다음과 같이 소개하였습니다.

> 만일 주님께서 성경을 통해 내가 돌담을 뛰어넘어가야 한다고 말씀하신다면, 나는 그대로 순종할 것이다. 이는 뛰는 것은 내가 할 일이고, 넘게 해주시는 것은 하나님께 속한 일이기 때문이다.
>
> 모세는 홍해를 건너라는 명령을 받았다. 그의 의무는 순종이었고, 하나님의 약속은 구원이었다.
>
> 스위스의 개혁자 츠빙글리(H. Zwingli)도 마찬가지로 생각하였다. 앞으로 나아가는 일은 무섭게 보였지만 하나님께서는 순종을 요구하셨다. 그는 하나님의 섭리의 손길이 그를 데려다 놓으신 곳, 즉 홍해 가장자리에 서 있었다. 추격하는 애굽인들과 마찬가지로 로마 교황청의 앞잡이들이 그의 뒤를 바짝 쫓아오면서 그의 생명을

위협하였다.

그러나 그들이 바다가 베어 놓은 먹이를 달려가서 잡으려는 순간, 그 군대는 혼란에 빠졌다. 그리고 물이 양편에 벽을 이루었을 때, 그 열정적이고 숭고한 정신을 지닌 스위스인은 바다를 지나 복음의 진리 안으로 들어갔다.

3. 장로의 자격(2) "청지기로서의 감독"

"감독은 하나님의 청지기로서 책망할 것이 없고 제 고집대로 하지 아니하며 급히 분내지 아니하며 술을 즐기지 아니하며 구타하지 아니하며 더러운 이득을 탐하지 아니하며"(1:7).

본문은 계속하여 하나님의 청지기로서의 장로의 자격에 대해 교훈하고 있습니다.

1) 장로는 하나님의 청지기로서 책망받지 않는 감독이어야 합니다

'장로' 의 헬라어 '프레스뷔테로스' (*πρεσβῦτερος*, elder)는 히브리어 '자켄' (זָקֵן)을 번역한 단어로 '턱' 혹은 '수염' 을 의미하는 어근에서 파생된 말입니다.

그래서 구약적인 장로의 의미는 먼저 어른을 지칭합니다. 고대 씨족 사회에서는 가정이나 공동체 안에서 인격적인 존경을 받는 나이 많은 남자를 가리키고 있습니다.

또 장로는 통속적인 치리자를 가리키고 있습니다. 구약성경에서는 '방백' (prime)으로 번역하였습니다. 그리고 왕정 이전 시대에는 치리자를 장로와 같은 사람으로 취급하였습니다(삿 5:15, 8:6-16; 욥 29:9).

신약적인 장로의 기원은 신약성경에 자세하게 기록되어 있지 않습니다. 그러나 주후 44년 예루살렘 교회에서 이미 장로 제도가 시행되었음을 간주할 수 있습니다.

"바나바와 사울의 손으로 장로들에게 보내니라"(행 11:30).

사도행전 14장에서 사도 바울은 루스드라와 이고니온, 안디옥에 있는 교회 공동체에서 장로들을 세우면서 금식 기도를 하였다고 했습니다(행 14:23).

감독의 헬라어 '에피스코페스' (ἐπισκοπής, overseer)는 '돌보아준다'는 뜻을 가지고 있습니다. 신약성경에서는 9번 기록되었습니다(눅 19:44; 행 1:20, 20:28; 빌 1:1; 딤전 3:1, 2; 딛 1:7; 벧전 2:12, 25).

감독의 직분은 높은 교권적인 위치가 아니라 섬기는 자로 교우들을 보살펴주는 직책을 의미합니다.

존 칼빈은 감독은 하나님의 집인 교회를 관리하고 통치하는 직분이라고 하였습니다.

그러면 장로와 감독은 서로 어떤 관계를 가지고 있습니까?

성경에서 장로와 감독은 동의어로 사용되고 있습니다. 예를 들면, 사도행전 20장 17절에서 사도 바울은 밀레도에서 에베소 교회 장로들을 청하고 그들을 향하여 말하기를, "여러분은 자기를 위하여 또는 온 양 떼를 위하여 삼가라 성령이 그들 가운데 여러분을 감독자로 삼고 하나님이 자기 피로 사신 교회를 보살피게 하셨느니라"(행 20:28)고 하였습니다.

또한 사도 바울은 본문 1장 5절에서 '장로' 를 7절에서는 '감독' 이라는 명칭으로 바꾸어 사용하였습니다.

이러한 가운데 교회의 장로가 유대적 배경을 가지고 있는 공동체 교회의 지도자로 사용되었다면, 감독은 신약 시대의 헬라 사회에서 보살피며 다스리는 자로 사용되었습니다.

교회의 장로가 지위를 강조한다면, 감독은 그 직분의 기능을 말합니다. 그러므로 '장로' (elder)나 '감독' (overseer)은 동일한 직분을 의미합니다. 감독이나 장로는 하나님의 청지기로서 책망을 받지 말아야 합니다.

청지기란 헬라어로 '오이코노모스' (*οίκονόμος*)인데, 이는 '주인의 재산을 관리하는 종' 이라는 의미로 남의 재산을 맡아 주인의 지시대로 관리하는 사람을 말합니다. 청지기는 영어로 'steward' 인데 '집사', '지배인', '접대원', '회계원' 으로 번역되고 있습니다.

이러한 어원적 의미에서 청지기는 자신에게 있는 모든 것이 자신의 소유가 아니며 하나님께서 자신에게 맡겨 주신 하나님의 소유임을 인정해야 합니다. 청지기는 주인 되신 하나님의 뜻에 따라 맡겨진 모든 것을 잘 관리하는 사람입니다.

사도 바울은 고린도 교회 교인들을 향하여 "사람이 마땅히 우리를 그리스도의 일꾼이요 하나님의 비밀을 맡은 자로 여길지어다"(고전 4:1)라고 하였습니다.

이 구절을 헬라어 원문으로 말하면, '사람이 우리를 이렇게 그리스도의 종들과 하나님의 비밀들의 청지기들처럼 간주하라' 고 직역할 수 있습니다.

그래서 그리스도의 일꾼은 종들을 뜻합니다. 그리고 하나님의 비밑을 맡은 자는 주인 되신 하나님의 청지기를 의미합니다. 종(노예)은 자기 뜻이나 자유가 없습니다. 다만 주인의 뜻에 복종해야 합니다. 청지기는 자기 재산이 없습니다. 다만 주인의 재산을 맡은 자입니다. 그러므로 주인의 재산을 잘 관리해야 합니다. 주인에게 유익하도록 책임을 져야 합니다.

청지기의 정신적인 자세는 항상 다음과 같은 세 가지를 가지고 있어야 합니다. 첫째는, 하나님의 위탁권입니다. 주인 되신 하나님께서는 자신의 뜻에 따라 자신의 모든 것을 청지기에게 맡기십니다. 이것은 하나님의 주권 행위입니다.

둘째는, 하나님의 회수권입니다. 이것은 청지기인 나에게 맡겨진 하나님의 소유물을 언제라도 주인 되신 하나님께서 필요하시다면 다시 가져가실 수 있다고 인정하는 것입니다.

셋째는, 주인 되신 하나님께서 청지기에게 맡겨 두신 것을 언제 어느 때라도 항상 사용할 수 있다는 권리입니다. 하나님의 사용권을 인정하는 청지기는 절대로 위탁물을 남용하지 않습니다. 독점하지 않습니다. 마음대로 출납하지 않습니다.

그러므로 교회 공동체의 감독이요 장로는 하나님의 청지기 사역을 잘 감당해야 합니다. 그리고 장로의 도덕적, 인격적인 면에 책망할 것이 없어야 합니다. 또한 상대방에게 흠 잡힐 데가 없어야 합니다.

2) 장로는 제 고집대로 하지 아니하며 급히 분내지 말아야 합니다

하나님의 청지기인 장로의 자격에 대해서는 두 가지로 교훈하고 있습니다.

첫째, 장로는 제 고집대로 하지 말아야 합니다.

여기서 "고집대로 하지"에 해당되는 헬라어 '아우다데'(αύθαδη)는 '자기 만족을 즐기는' 혹은 '거만함'을 뜻합니다. 이것은 자기 만족을 위해서 상대방을 희생시키는 것이며, 하나님께 대한 교만과 무시를 의미합니다.

'고집스럽다'는 표현은 완고하고 사나우며 무자비함을 가리킵니다. 그래서 이러한 사람은 다른 사람의 의견을 듣지 않습니다. 상대방의 주장을 완전히 무시해 버립니다.

교만하고 오만한 지도자는 다른 사람에게 좋은 영향을 줄 수 없습니다. 그래서 교회의 지도자는 겸손해야 합니다. 상대방의 간청을 받아들일 수 있어야 합니다.

교회 지도자의 위치는 중지를 모으는 자리입니다. 자신의 뜻을 관철하기보다는 상대방의 뜻을 더 존중해야 합니다. 고집을 부리지 말아야 합니다.

겸손의 반대는 자신의 뜻과 주장을 고집하는 교만함입니다. 겸손과 교만의 차이점은 무엇입니까? 그것은 자기의 뜻을 내세우는가, 아니면 하나님의 뜻을 내세우는가 하는 것입니다.

자기 자신의 뜻을 먼저 내세우면 교만한 사람이 됩니다. 그러나 하나님의 뜻을 먼저 내세우면 겸손한 사람이 됩니다.

중세 시대의 토마스 아 켐피스(Thomas à Kempis)는 경건 문학의 백미인 그의 책 《그리스도를 본받아》(*The Limtation of Christ*)에서, 영적 생활에 유익한 겸손에 대해 말했습니다. "겸손은 자기 자신에 대해 소홀하고, 단지 천기의 운행만을 파악하고자 애쓰는 교만한 철학자보다는 하나님을 섬기는 겸손한 농부가 훨씬 낫다"라고 하였습니다.

기도의 사람 조지 뮬러(G. Müller)는 매우 겸손한 사람이었습니다. 그는 전 생애 동안 항상 섬기는 마음으로 일하였습니다. 자신의 의를 조금이라도 나타낸 흔적을 찾아볼 수 없습니다. 오직 주님께만 영광과 감사를 돌렸습니다. 하나님께로부터 5만 번씩이나 응답과 축복을 받은 뮬러의 기도 비밀은 무엇입니까? 그것은 바로 겸손이 그의 마음속 깊은 곳에 깔려 있었기 때문입니다.

미국의 초대 대통령 조지 워싱턴(George Washington)은 대통령 임기를 다 마치고 시골 농장에 머물고 있었습니다. 이후 수많은 사람들이 워싱턴에게 찾아와 '대통령!' 이라고 불렀습니다. 그때 워싱턴은 "대통령은 백악관에 있는데 왜 나를 대통령이라고 부르냐? 나는 신성한 농민으로서 머물고 싶다"고 말하였습니다.

정말 워싱턴은 대통령직에서 퇴임한 후 한 농민의 임무에 충실하였습니다. 그리고 그는 주위에 있는 모든 사람들에게 겸손한 자세로 대하였습니다.

나이트(W.B. Knight)는, "성장하는 그리스도인은 교회의 뾰족탑과 같다. 하늘에 가까워지면 가까워질수록 점점 더 겸손해져야 한다"고 말하였습니다.

구약 시대의 미가 선지자는, 하나님의 백성들은 그 삶 속에서 정의를 드러내야 하며, 다른 사람들을 향해서는 자비와 은혜를 베풀어야 하고, 하나님 앞에서는 겸손하라고 외쳤습니다.

> "사람아 주께서 선한 것이 무엇임을 네게 보이셨나니 여호와께서 네게 구하시는 것은 오직 정의를 행하며 인자를 사랑하며 겸손하게 네 하나님과 함께 행하는 것이 아니냐"(미 6:8).

둘째, 장로는 급히 분내지 말아야 합니다.

"분내지"에 해당되는 헬라어 '오르길론'(ὀργίλον)은 '쉽게 흥분하는' 혹은 '성마르고 신랄한' 이라는 의미를 가지고 있습니다.

장로는 자기 자신의 감정을 자제할 줄 알아야 합니다. 그리고 성내기를 더디 해야 합니다. 즉 감정 조절을 잘해야 한다는 말입니다.

몽고 제국의 시초 칭기즈칸(Genghis Khann)은 항상 사냥하러 갈 때 자신이 아끼고 사랑하는 매를 데리고 다녔습니다.

어느 날 사냥을 끝내고 집으로 돌아오는 길이었습니다. 그는 심히 목이 마른지라 손에 들고 있는 매를 날려 보내고 자신은 물을 찾았습니다. 오랜 가뭄으로 개울물은 다 말라 버렸고, 바위틈에서 똑똑 떨어지는 샘물을 발견하였습니다. 그가 바위틈으로 떨어지는 물을 잔에 받아 마시려는 순간, 어디선가 자신의 매가 잽싸게 날아오더니 그의 손을 쳐서 들고 있던 잔을 땅에 떨어뜨렸습니다. 간신히 물을 받아 마시려고 할 때마다 매가 못 마시게 방해하자, 칭기즈칸은 매우 화가 났습니다. 그래서 그는 칼로 매를 내리쳤습니다.

칭기즈칸은 죽은 매를 치우면서 바위 위를 쳐다보게 되었습니다. 그 위에는 죽은 독사의 시체가 샘물 안에서 썩고 있었습니다. 그때 그는 자신의 분노와 행동이 어리석었음을 후회하였습니다.

영국의 수필가 토머스 퀸시(Thomas Quincey)는 "인간의 모든 감정 가운데서 가장 필요한 것은 무엇이겠는가? 사람이 잠자리에 들기 전에 자기의 분노를 잊는 것이야말로 가장 필요한 일이다"라고 하였습니다.

터키 격언에 "노함이 있는 곳에는 독이 있다"는 말이 있습니다.

사도 야고보는 "사람이 성내는 것이 하나님의 의를 이루지 못함이라"(약 1:20)고 교훈하였습니다.

그러므로 하나님의 청지기요 감독인 교회의 장로는 항상 상대방을 향하여 분노해서도 안 됩니다! 화를 내서도 안 됩니다! 흥분해서도 안 됩니다! 소리를 질러도 안 됩니다! 싸워도 결코 안 됩니다!

하나님 앞에서와, 교회와, 모든 성도를 향하여 항상 자신을 낮추고 낮아져야 합니다. 겸손해야 합니다.

오늘날 현대 그리스도인들은 날마다 겸손한 삶을 살아야 하는데, 이것은 C.S. 루이스의 말처럼 "겸손의 첫걸음은 바로 자신이 교만하다는 사실을 깨닫는 데서부터 시작된다"는 말을 기억해야 할 것입니다.

3) 장로는 술을 즐기지 아니하며 구타하지 말아야 합니다

첫째, 장로는 술을 즐기지 않아야 합니다.

여기에서 "술을 즐기지 아니하며"라는 말은 문자적 의미로 '술을 따라가지 않는' 이라는 뜻입니다. 이것을 다른 말로 좀더 강하게 표현한다면, '술 좌석에 앉지 말라' 는 것입니다.

이와 반대로 '술을 즐긴다' 는 말에 대하여 칼빈은, "헬라인들은 이 단어를 사용해서 술 취할 뿐만 아니라 술을 무절제하게 마시는 모든 행위를 표현한다" 고 주석하였습니다.

하나님의 청지기로서 장로는 약간의 술을 즐겨도 된다는 것이 아니라 술을 마셔서는 안 된다는 뜻입니다. 장로는 술을 통하여 마음의 안위와 쾌락을 누려서는 결코 안 될 것입니다.

술은 어떠합니까? 술은 정신을 혼란케 합니다! 병들게 합니다! 몸을 해칩니다! 허랑방탕하게 합니다! 죄악의 구렁텅이로 빠지게 합니다!

요즈음 한국에서 취업난을 풍자한 재미난 말 가운데 '이태백' 이 있는데, 이 말은 이십대 태반이 백수 건달이라는 뜻입니다. 그리고 사

람의 몸을 병들게 하고 건강에 좋지 않다고 하여 '술을 마신다!' 하지 않고 '술을 처먹는다!' 고 비아냥거리면서 표현합니다.

신구약성경에서 말하는 술은 주로 포도주(wine)를 말합니다. 구약 시대의 노아는 포도주를 너무 과음하여 벌거벗은 자신의 몸과 추태를 아들들에게 보여주었습니다(창 9:20-27). 이사야 선지자는 술에 빠져 헤어나지 못한 사람들을 향하여 책망하였습니다(사 5:11). 제사장들은 일을 하고 있는 중에는 술을 마실 수 없었습니다(사 10:9; 겔 44:21). 잠언 기자는 무절제하게 술을 마시는 자들을 향하여 강력하게 경고하였습니다(잠 20:1). 하나님의 사람인 나실인에게는 포도주와 포도나무의 소산을 먹는 것을 금지하였습니다(민 6:3). 그리고 레갑 사람들은 조상의 유전을 따라 포도주를 마시지 않고 집도 짓지 않았습니다(렘 35:6).

신약 시대의 세례 요한은 포도주와 독한 술을 마시지 않았습니다(눅 1:15). 사도 바울은 술 취하지 말며, 방탕하지 말고, 오직 성령으로 충만함을 받으라고 하였습니다(엡 5:18).

아라비아에서 전해 내려오는 술에 대한 재미있는 이야기 하나를 소개하겠습니다.

어느 날 악마가 어떤 사람에게 나타났다. "이제 너에게 죽을 시간이 닥쳐왔다. 내가 세 가지를 제시할 테니 그중에 어떤 것이든지 한 가지만 실행하면 너는 살 수 있다. 네 어미를 죽이든지, 네 누이를 팔든지, 그렇지 않으면 큰 술잔으로 술 열 잔을 먹든지, 어느 것이든지 선택하라!"

그때 그 사람은 "우리 어머니를 죽여? 내 누이를 팔아? 어떻게 그렇게 악한 짓을 하겠느냐? 내가 술 열 잔을 먹겠다!"고 하였다.

이후 그는 술을 먹고 집에 돌아갔으나 술에 취하여 제 누이를 팔아 버렸고 나중에는 제 어머니까지 죽였다.

둘째, 장로는 구타하지 말아야 합니다.

여기에서 "구타한다"는 것은 '구타하는 사람'(striker)을 가리킵니다. '구타'(violent)는 주위에 있는 사람을 향하여 실제적으로 때리는 행위이며, 언어적인 폭력을 의미합니다.

이러한 사람은 자제력이 부족한 사람으로 상대방에게 주먹을 휘두릅니다. 칼이나 흉기를 빼들기도 합니다. 거칠게 행동합니다. 이런 사람들은 무사적이며 폭군적인 행동을 하기 때문에 하나님의 교회에서 지도자의 사명과 책임을 결코 감당할 수 없습니다.

상대방을 때리고 구타하며 폭력을 휘두르는 것은 주위를 혼란케 하며 자신을 망하게 합니다. 그리고 궁극적으로는 자기를 죽이는 자살 행위입니다.

독일의 독재 정치가 아돌프 히틀러(Adolf Hitler)는 수많은 유대인들에게 폭력과 고통을 주었고, 마침내 그들을 죽게 만들었습니다. 그중에 유대인인 아인슈타인(A. Einstein)도 고통과 박해 속에 추방을 당하고 말았습니다.

아인슈타인은 독일을 떠나 미국으로 망명하여 당시 미국 대통령 루스벨트(D. Roosevelt)에게 원자폭탄을 제조할 수 있다고 편지를 보냈습니다. 그는 최초로 원자폭탄을 만드는 데 크게 공헌하였습니다. 드디어 원자폭탄이 일본 히로시마에 처음으로 투하되었고, 독일에 있는 히틀러에게도 떨어졌습니다. 이로 말미암아 앞으로 1,000년간을 지배하겠다고 호언장담하던 히틀러의 허황된 꿈은 한순간에 파괴되고 말았습니다.

4) 장로는 더러운 이득을 탐하지 말아야 합니다

"더러운 이득을 탐하지 아니하며"라는 말은 문자적으로 '부끄러운 이익을 열망하지 않는다' 는 말과 맥이 통합니다.

이 말씀은 하나님의 청지기로서 장로는 자기 직무를 부정 축재의 수단으로 사용해서는 결코 안 된다는 뜻입니다.

디모데전서 3장에서는 감독의 자격을 15가지로 논하고 있습니다. 그중 하나는 "돈을 사랑하지 아니하며"(딤전 3:3)입니다.

'돈을 사랑하는것' 은 그리스도인의 성품이 심각하게 결여되어 있음을 보여주는 척도입니다. 왜냐하면 그리스도인은 세상에 목표를 두고 사는 자들이 아니기 때문입니다. 재물이 삶의 목적이 아니기 때문입니다. 부정적인 방법으로 재물을 모아서는 결코 안 되기 때문입니다.

그래서 사도 바울은 믿음의 아들 디모데에게 탐욕을 갖지 말라고 권면하였습니다. "돈을 사랑함이 일만 악의 뿌리가 되나니 이것을 탐내는 자들은 미혹을 받아 믿음에서 떠나 많은 근심으로써 자기를 찔렀도다"(딤전 6:10).

그러므로 하나님의 청지기인 장로는 돈과 돈에 대한 욕심에서 초연해야 합니다.

그러면 하나님의 청지기요 교회의 지도자인 장로와 그리스도인들은 어떠한 재물관을 가져야 합니까?

첫째, 인간이 가지고 있는 모든 소유물은 하나님께로부터 왔다

는 것을 기억하고 믿어야 합니다.

성경은 "네게 있는 것 중에 받지 아니한 것이 무엇이냐"(고전 4:7)고 말하고 있습니다. 이처럼 인간이 가지고 있는 모든 재물과 돈은 하나도 빠짐없이 다 하나님께로부터 왔으며, 인간은 오직 그것을 사용하는 재물의 관리자밖에 되지 않는다는 사실을 우리 삶의 제1원리로 삼아야 합니다.

미국 지폐 속에 있는 '우리는 하나님을 신뢰한다'(In God we trust)는 말처럼, 우리가 가진 재물 가운데 이렇게 하나님을 신뢰하는 믿음이 있어야 할 것입니다.

둘째, 인간은 두 주인(하나님과 돈)을 동시에 섬길 수 없으며, 하나님보다 돈을 결코 더 사랑해서는 안 되는 것입니다.

예수님께서는 "너희가 하나님과 재물을 겸하여 섬기지 못하느니라"(마 6:24)고 분명하게 재물관에 대해 가르치셨습니다. 그리고 사도 바울이 "돈을 사랑하지 말라"(딤전 6:10)고 한 것은 오늘부터 돈을 죄악시하라는 뜻이 아닙니다! 돈이 악의 뿌리가 되기 때문에 돈을 미워하라는 것이 아닙니다! 멀리하라는 것이 아닙니다! 돈을 벌지 말라는 것이 아닙니다! 소유하지 말라는 것이 아닙니다!

이것은 하나님보다 돈을 더 사랑하지 말라는 뜻입니다. 그리고 하나님보다 돈을 더 섬기지 말라는 뜻입니다. 섬기는 그 자체가 나쁘다는 것입니다.

셋째, 돈은 목적이 아니라 수단으로 사용되어야 합니다.

돈은 목적이 아니라 수단입니다. 결코 수단이 우선이 될 수 없습니다.

우리의 인생살이에서 삶의 우선순위는 매우 중요합니다. 만약 삶의 우선순위가 뒤바뀌게 되면 모든 것이 복잡해집니다! 꼬이게 됩니다! 다 망가지게 됩니다!

우리가 옷을 입을 때 먼저 와이셔츠를 입고, 넥타이를 매고, 양복을 입고, 마지막으로 구두를 신습니다. 그런데 와이셔츠를 입기 전에 넥타이를 먼저 매고 양복을 입고, 구두를 신거나 양말을 신기 전에 구두를 먼저 신거나, 세수하기 전에 먼저 안경을 꼈다고 생각해 봅시다. 아마 모든 일이 뒤죽박죽이 되어 엉망이 되고 맙니다.

인간에게나 그리스도인에게나 그리고 모든 사람들에게는 돈이 매우 중요합니다. 돈이 있어야 합니다. 돈을 열심히 벌어야 합니다.

그러나 이 돈은 삶의 목적이 아니라 수단으로 사용되어야 합니다. 만약 우리가 돈을 수단으로 사용하면 돈을 지배할 수 있습니다. 그러나 돈이 목적이 되어 돈에 사로잡히게 되면 결국 우리는 돈의 노예밖에 될 수 없습니다.

우리가 '어떻게 돈을 사용하느냐?' 에 따라서 돈이 '약' 이 될 수도 있고 '독' 이 될 수도 있습니다. 그리고 돈을 소유한 사람이 선한 주인이 될 수도 있고, 나쁜 주인이 될 수도 있습니다.

인도의 간디(Gandhi)는 "돈의 노예가 되지 말라. 물질의 종이 되지 말라. 우리는 돈과 물질의 주인이 되어야 한다" 고 외쳤습니다.

4. 장로의 자격(3) "나그네 대접과 선행"

"오직 나그네를 대접하며 선행을 좋아하며 신중하며 의로우며 거룩하며 절제하며"(1:8).

본문은 계속하여 하나님의 청지기로서의 장로의 자격을 교훈하고 있습니다.

1) 장로는 오직 나그네를 대접하며 선행을 좋아해야 합니다

첫째, 하나님의 청지기인 장로는 오직 나그네를 대접해야 합니다.

인생이란 일반적으로 나그네라고도 부릅니다. 나그네는 자신의 고향 땅을 떠난 자입니다. 정처없이 여기저기 떠돌아다니는 자입니다. 그리고 거지는 아니지만 거지처럼 여기저기에서 얻어먹기도 합니다.

그리스도인의 삶은 무엇입니까? 거지처럼 떠돌아다니는 나그네가 아니라, 구약시대에 나오는 히브리인처럼 순례자입니다. 순례자는 하나님의 부르심을 받아 이곳저곳에서 나그네의 삶을 살다가 궁극적으로 하나님의 나라, 즉 하늘나라 본향(히 11:16)에 들어가는 자입니다.

> "이 사람들은 다 믿음을 따라 죽었으며 약속을 받지 못하였으되 그것들을 멀리서 보고 환영하며 또 땅에서는 외국인과 나그네임을 증언하였으니 그들이 이같이 말하는 것은 자기들이 본향 찾는 자임을 나타냄이라 그들이 나온 바 본향을 생각하였더라면 돌아갈 기회가 있었으려니와 그들이 이제는 더 나은 본향을 사모하니 곧 하늘에 있는 것이라 이러므로 하나님이 그들의 하나님이라 일컬음 받으심을 부끄러워하지 아니하시고 그들을 위하여 한 성을 예비하셨느니라"(히 11:13-16).

본문에서 "나그네를 대접하며"라는 헬라어는 '필록세논'(φιλόξενον)으로, 이는 '필로스'(φίλος, 사랑하는)와 '크세노스'(ξένος, 나그네)의 합성어입니다.

이 말의 문자적인 의미는 '나그네를 사랑하는'이라는 뜻입니다. 그래서 내 집에 찾아오는 낯선 사람이나 나그네나 여행 중인 성도나 순회 전도자들을 기쁨으로 맞이하며 환영하고 대접해야 한다는 것입니다.

1세기 당시에는 그리스도인들이 여행을 할 때 다른 지역에 있는 이교도들의 위협과 두려움 때문에 여관이나 주막에서 하룻밤을 유숙하기를 꺼려 하였습니다. 그래서 그들은 그리스도인들의 가정을 찾아 다니곤 하였습니다.

그리고 그들은 멀리 떨어져 있는 다른 지역의 그리스도인들을 만나서 사랑으로 교제하며 말씀을 나누고 기도하며, 떡을 떼고 서로 위로하며 격려하였습니다. 이런 사랑의 교제는 초기 기독교 교회 안에서 아름다운 미덕 중 하나였습니다.

만약 나그네와 여행하는 그리스도인들이 자기 집에 오는 것을 싫어하든가, 문전 박대를 하든가, 혹은 문을 잠그고 어디론가 피해 버린다면 장로의 자격이 부족한 것입니다.

그러나 나그네들을 영접하며 대접하기를 좋아할 뿐만 아니라 정성껏 대접하고 물심양면으로 도와주는 사람은 장로로서의 자격을 갖춘 사람입니다.

외국 교회의 예화집에서, 한 종업원이 밤늦게 찾아온 손님을 잘 대접하고 환영하여 이후에 유명한 호텔의 매니저가 된 것을 소개하였습니다.

어느 날 필라델피아에서 비바람이 몰아치던 한밤중에 어느 노인 부부가 머물 곳을 찾고 있었다. "웬만한 여관이나 호텔엔 사람들이 꽉 차 있더군요. 혹시 우리가 머물 방이 있습니까?"

여관 안내인은 이 도시에 3개의 큰 총회가 열리는 관계로 빈 방이라고는 어디에도 없을 것이라고 알려주었다. "객실은 찼습니다. 그러나 이렇게 늦은 시간에 비가 쏟아지는 거리로 당신들같이 멋진 부부를 쫓아내고 싶지 않군요. 누추한 제 방이 있는데 거기에서라도 쉬었다 가시면 어떨까요? 제 걱정은 안 하셔도 좋습니다."

다음날 아침, 노신사 부부는 방값을 지불하면서 그 안내인에게 이렇게 말했다. "당신은 미국에서 가장 훌륭한 호텔 주인이 될 만한 사람입니다. 언젠가 내가 당신에게 그런 호텔 하나를 지어드리겠소!"

안내인은 그 말에 웃기만 했다. 이후 2년 뒤에 뉴욕행 왕복 기차표와 초청장이 동봉되어 왔을 때도 그는 그냥 웃어 버렸다.

그러나 노신사는 거대한 도시 뉴욕에서 그 젊은 안내인을 데리고 5번가와 34번 거리로 가서 하늘 높이 있는 새로운 빌딩을 가리켰다. "저것이 바로 내가 자네에게 운영하라고 지어주는 호텔일세!"

노신사는 바로 윌리엄 왈도로 후아스톨이었고, 그 호텔의 이름은 당시 가장 유명했던 왈도로 후아스톨리아 호텔이었다.

둘째, 하나님의 청지기인 장로는 선행을 좋아해야 합니다.

"선행을 좋아하며"라는 헬라어는 '필라가돈'(*φιλάγαθον*)으로, 이는 '선행을 사랑하는' 이란 의미이며 '선행을 사랑하는 사람'(a lover of goodness)을 가리키고 있습니다.

이러한 의미 가운데서 교회 지도자인 장로는 항상 선한 일을 행해야 합니다. 선한 일을 통하여 자신을 즐겁게 여겨야 합니다. 그리고 선한 일을 행하기 위해 노력하며 헌신하고 땀을 흘리며 희생을 해야 합니다.

우리가 '선한 일'을 행하며 베푼다는 것은 결코 쉬운 일이 아닙니다. 선을 행할 때에는 사람을 바라보지 말고 오직 그리스도만을 바라보면서 행해야 합니다. 주님의 말씀과 사랑으로 베풀어야 합니다. 주님의 이름으로 아무 조건 없이 거저 주어야 합니다.

예수님께서 말씀하시기를, "너희가 거저 받았으니 거저 주라"(마 10:8)고 하셨습니다.

이탈리아가 낳은 백의의 천사로 유명한 나이팅게일(F. Nightingale)은 어려서부터 마음이 착했습니다. 그래서 사람은 물론이거니와 짐승들까지도 그 착한 마음을 알아주었습니다.

어느 날 한 마리의 개가 동네 아이들이 던진 돌멩이에 맞아 다리를 다쳤습니다. 그때 나이팅게일은 개에게 뛰어가서 찜질을 하고 약을 발라서 붕대로 감아주었습니다.

당시 크리미아 전쟁이 일어났을 때 나이팅게일은 전쟁터에 자원하여 조금도 두려워하지 않고 수많은 부상병들을 찾아가서 간호하며 치료해 주었습니다. 이렇듯 그녀는 아름답고 착한 일을 행했습니다. 이로 말미암아 마침내 나이팅게일은 적십자사의 창시자가 되었습니다.

선한 청지기인 그리스도인들이 하나님의 선한 일을 할 때에는 한 가지 중요한 일을 명심해야 합니다. 그것은 바로 선한 일을 하다가 중간에 낙심해서는 결코 안 된다는 것입니다! 실망해서도 안 됩니다! 그리고 결단코 포기해도 안 됩니다! 주님께서 항상 우리와 함께하시기 때문입니다. 지금도 동행하고 계시기 때문입니다.

사도 바울은 말하기를, "우리가 선을 행하되 낙심하지 말지니 포기하지 아니하면 때가 이르매 거두리라"(갈 6:9)고 교훈하였습니다.

더 나아가서 하나님의 청지기로서의 그리스도인들은 착한 일을 할 때나 선한 일을 행할 때 토마스 아 켐피스의 "자신의 선행을 자랑하지 않도록 하나님의 은밀한 심판을 두려워하라"는 교훈을 항상 마음판에 되새겨야 할 것입니다.

2) 장로는 신중하며 의로워야 합니다

첫째, 하나님의 청지기인 장로는 신중해야 합니다.

"신중하며"라는 헬라어 '소프로나'(*σώφρονα*)는 '건전한 정신', '자제하는', '차분한' 이라는 의미를 가지고 있습니다. 헬라어 '소프로나'는 개역한글에서는 '근신하며'로 번역하였고, 개역개정에서는 '신중하며'로 번역하였고, 그리고 영어 성경에서는 '자신의 마음을 조절하는'(self-controlled, NIV)으로 번역하였습니다. 이것은 자신의 마음과 감정을 조절하는 것을 의미합니다.

〈한글 대사전〉에 의하면, '근신'은 말과 행동에 있어서 조심하며 반성하는 자세이며, '신중'은 말과 행동에 있어서 매우 조심스러움을 가지는 자세라고 설명하고 있습니다.

그러므로 하나님의 청지기이며 교회의 지도자인 장로는 말과 행동에 있어서 조급해서는 안 됩니다! 오만 무례하게 행동해서도 안 됩니다! 고집불통이어서도 안 됩니다! 망령과 허풍을 떨어서도 안 됩니다!

또한 교회 공동체의 감독인 장로는 언행 심사로도 다른 사람에게 본이 되어야 합니다! 아름다워야 합니다! 진실해야 합니다! 겸손해야 합니다! 사랑해야 합니다! 좋은 영향을 끼쳐야 합니다. 소금과 빛의 역할을 해야 합니다! 예수님의 향기를 나타내어야 합니다.

사도 바울은 고린도 교회 교인들에게 "우리는 구원받는 자들에게나 하나님 앞에서 그리스도의 향기니"(고후 2:15)라고 하였습니다.

사도 바울은 에베소 교회 교인들에게 "분을 내어도 죄를 짓지 말고 해가 지도록 분을 품지 말고"(엡 4:26)라고 하였습니다.

이처럼 자신의 감정을 조절하는 일이나 혹은 상대방을 향하여 그리스도인의 아름다운 모습을 보여줄 수 있는 유일한 방법은 "너희 안에 이 마음을 품으라 곧 그리스도 예수의 마음이니"(빌 2:5)입니다.

《감리교의 뿌리》(*The Root of Methodism*)라는 책에서는 감리교의 창설자요 지도자인 존 웨슬리의 마음과 인격에 대해 다음과 같이 기록하였습니다.

> 웨슬리의 마음속에서는 이상하게 따뜻함을 느꼈다. 그의 마음은 50년 이상이나 따뜻한 온기를 유지해 왔다. 웨슬리는 영국 전체에 걸쳐서 그의 따뜻한 온기를 나타내었으며, 그의 영적인 열정으로부터 끓어오르는 대개혁을 일으키는 파괴적인 영력과 힘은 영국을 구원하는 데 힘썼다. 그는 항상 마음속에 온화함을 유지했으며 자신의 감정을 나타내는 것을 평소의 일과로 삼았다.

둘째, 하나님의 청지기인 장로는 의로워야 합니다.

"의로우며"라는 헬라어인 '디카이온'(*σίκαιον*)은 상대방과의 관계에서 올바른 기준을 가지고 행동하는 것을 의미합니다. 즉 이것은 사람과의 아름다운 관계입니다.

오스트리아 비엔나 출신인 마르틴 부버(Martin Buber)는 그의 책 《나와 너》(*I and You*)에서 현대의 정신세계에 큰 충격과 도전을 주었습니다.

부버는 모든 인간관계를 두 가지로 분류하였습니다. 하나는 '나와 너'(I and You)의 관계입니다. 이것은 사람이 인격 대 인격으로 만나는 것입니다. 즉 내가 존귀한 존재라고 생각하면 상대방도 귀하게 여기며 존중하는 자세입니다. 그래서 이것은 나와 상대방 간의 아름다운 관계를 말합니다.

다른 하나는 '나와 그것'(I and It)의 관계입니다. 이것은 '나와 너', 그리고 '나와 그것' 사이에 욕심이 끼어들게 됩니다. 그 욕심을 통하여 '너'(you)라는 인격이 수단과 이용 가치가 있는 하나의 물건, 즉 '그것'(it)으로 취급하게 됩니다. 그래서 그것을 통하여 이루어지는 관계입니다.

그러므로 부버는 현대인의 인격이 인격적으로나, 정신적으로나, 혹은 영적으로 이루어지는 것이 아니라 물질적으로 취급되는 것을 강력하게 경고하고 있습니다. 즉 사람과 사람의 관계는 '나와 그것이' 아닌, '나와 너'의 관계로 이루어져야 합니다.

성경 다음으로 지구촌 전역에 널리 알려진 《그리스도를 본받아》에서 토마스 아 켐피스는 상대방을 향하여 "너의 눈을 너 자신에게 돌리고서 남의 행위를 비판하지 않도록 조심하라"고 권면하였습니다.

예수님께서도 사람과의 관계에서 상대방의 약점이나 실수를 용서하지 못하고, 율법적이고 바리새적인 비판을 삼가라고 다음과 같이 경고하였습니다.

"어찌하여 형제의 눈 속에 있는 티는 보고 네 눈 속에 있는 들보는 깨닫지 못하느냐 보라 네 눈 속에 들보가 있는데 어찌하여 형제에게 말하기를 나로 네 눈 속에 있는 티를 빼게 하라 하겠느냐 외식하는 자여 먼저 네 눈에서 들보를 빼어라 그 후에야 밝히 보고 형제의 눈 속에서 티를 빼리라"(마 7:3-5).

3) 장로는 거룩하며 절제해야 합니다

첫째, 하나님의 청지기인 장로는 거룩해야 합니다.

"거룩하며"라는 헬라어 '호시온'(*ὅσιον*)은 하나님과의 관계에서 올바른 기준을 가지고 행동하는 것을 의미합니다. 즉 이것은 하나님과의 바른 관계입니다.

그래서 하나님의 청지기요 교회 공동체의 감독인 장로는 먼저 하나님과 '거룩한 관계', 즉 '믿음의 관계'가 이루어져야 합니다. 이것은 하나님과의 절대적인 신앙의 관계입니다. 하나님을 전적으로 신뢰해야 합니다! 믿고 의지해야 합니다. 100퍼센트 붙잡고 살아야 합니다!

먼저 하나님의 교회의 지도자가 되는 장로는 하나님과 의로운 믿음의 관계가 이루어져야 합니다.

미국의 흑인 민권 운동가로 노벨 평화상을 받은 마틴 루터 킹 목사는 무엇보다도 하나님을 먼저 찾았고, 하나님을 전적으로 신뢰하였으며, 하나님께만 소망을 두었습니다.

마틴 루터 킹 목사가 전한 설교 한 토막을 소개하겠습니다.

무엇보다도 하나님을 찾으라. 그의 영이 당신의 삶 속을 파고 들게 하라. 삶의 난관과 도전에 답하기 위해 당신은 하나님을 필요로

> 하게 될 것이다. 당신의 인생이란 배가 마지막 항구에 도달하기까지는 거센 폭우와 무서운 바람, 그리고 강인한 심장을 멈추게 하는 폭악한 파도가 있을 것이다. 하나님을 믿고 깊고 강인한 신앙이 없다면 불가피하게 몰아닥칠 절망과 패배에 대해 당신은 속수무책일 것이다. 하나님이 없다면 결정적인 장면이 빠져버린 드라마처럼 당신의 인생은 무의미해진다.
>
> 그러나 하나님과 함께라면, 우리는 긴장 가득한 골짜기를 벗어나 내면의 평화가 깃들어 있는 숭엄한 정상으로 날아오를 수 있으며, 가장 고통스러운 인생의 밤 한가운데서도 반짝이는 희망의 빛을 찾아낼 수 있다. "하나님은 당신을 위해 우리를 지으셨나이다. 우리의 심령은 당신 안에서 평안을 발견하기까지 결코 잠잠할 수 없나이다"라고 성 어거스틴이 말하였다.

다음으로는 하나님의 청지기요 교회 공동체의 감독인 장로는 하나님과 아가페적인 사랑의 관계가 이루어져야 합니다.

20세기 최고의 기독교 사상가 C.S. 루이스는 《최대 이혼 사건》(*Great divorce*)이라는 그의 책에서, 하나님과 사람 사이에서 이혼 사건이 벌어졌다고 묘사하였습니다.

깊은 사랑의 관계를 가졌던 부부가 헤어지는 것은 이혼입니다. 이것은 무(無) 관계가 아니라, 사랑의 관계가 원수의 관계로 변하는 것입니다. 사람은 도저히 사랑을 유지할 수 없는 시점에 도달하게 되면 이혼하게 됩니다. 아직도 약간의 희망이 남아 있다면 이혼을 안 하게 됩니다. 그러나 두 사람이 극한 상황에까지 도달하게 되든가 혹은 도저히 감당할 수 없는 막바지까지 가게 되면 결국 이혼하게 됩니다.

그러나 하나님과 인간의 관계는 사람과 같이 이혼하는 관계가 아니라 영원한 아가페의 사랑의 관계로 이루어지는 것입니다.

둘째, 하나님의 청지기인 장로는 절제해야 합니다.

"절제하며"라는 헬라어 '엥크라테'('*έγκρατη*)는 '소프로나'(*σώφρονα*, '근신' 혹은 '신중')보다 더 강력한 것으로, 자기 자신의 욕망을 통제하고 억제하는 것을 의미합니다. 즉 이것은 자신의 성욕, 식욕, 물욕에 대한 욕망을 억제하는 것입니다.

고대 그리스 철학자 플라톤(Platon)은 인간의 이성을 두 가지로 표현하였습니다. 하나는 흰말로서의 이성입니다. 다른 하나는 검은 말로서의 욕망과 본능입니다. 그런데 이성의 흰말이 수레를 끌어야 인생이 무너지지 않는다고 하였습니다.

마태복음 4장에서 예수님은 사십 일 동안 밤낮으로 금식하신 후에 마귀에게 세 가지 시험을 받으셨습니다.

처음에는, 물욕입니다. 이것은 인간의 시험거리에서 첫째되는 것입니다. 왜냐하면 먹는 문제이기 때문입니다. 먹고사는 것이 근본적인 문제이기 때문입니다. 이 문제에 대하여 마귀는 예수님을 향하여 "네가 만일 하나님의 아들이어든 이 돌들로 떡덩이가 되게 하라"고 시험하였습니다. 그때 예수님은 "사람이 떡으로만 살 것이 아니요 하나님의 입으로 나오는 모든 말씀으로 살 것이라"(마 4:4)고 대답하시면서 마귀를 물리치셨습니다.

다음은, 명예욕입니다. 이것은 성전 꼭대기에서 수많은 사람들을 향하여 단번에 얻을 수 있는 명예입니다. 이 문제에 대하여 마귀는 예수님에게 "네가 만일 하나님의 아들이거든 뛰어내리라"고 시험하였습니다. 그때 예수님은 "주 너의 하나님을 시험하지 말라"고 대답하시면서 마귀를 이기셨습니다.

마지막으로, 권력욕입니다. 이것은 마귀에게 경배함으로써 일시에 세상의 권력을 차지할 수 있는 것입니다. 이 문제에 대하여 마귀는 예수님을 향하여 "만일 내게 엎드려 경배하면 이 모든 것을 네게 주리라"고 시험하였습니다. 그때 예수님은 "사탄아 물러가라 기록되었으되 주 너의 하나님께 경배하고 다만 그를 섬기라"고 대답하시면서 마귀에게 승리하셨습니다.

그러므로 항상 자기 자신에게 다가오는 명예욕과 물질욕, 성욕과 식욕을 억제하고 절제하는 일은 교회 장로의 자격에서 필수 요건입니다. 또한 이것은 성령의 아홉 가지 열매(갈 5:23) 가운데 하나이기도 합니다. 그리고 성령 충만한 그리스도인의 참 모습이기도 합니다.

5. 장로의 자격(4) "가르침과 권면, 책망"

"미쁜 말씀의 가르침을 그대로 지켜야 하리니 이는 능히 바른 교훈으로 권면하고 거슬러 말하는 자들을 책망하게 하려 함이라"(1:9).

본문은 마지막으로 하나님의 청지기인 장로의 자격을 계속적으로 교훈하고 있습니다.

1) 장로는 미쁜 말씀의 가르침을 그대로 지켜야 합니다

하나님의 청지기인 장로는 교회의 신앙에 충실해야 합니다. 그리고 신앙의 교훈에 바로 서야 합니다. 이렇게 하기 위해서는 무엇보다

도 본문의 가르침대로 '미쁜 말씀의 가르침을 그대로 지키는 자' 가 되어야 합니다,

'미쁜 말씀' 은 무엇입니까? 이 말은 헬라어로 '피스투 로구' (πιστοῦ λογου)로 '참된 말씀' 혹은 '신실한 말씀' 이라는 의미를 가지고 있습니다. 즉 이것은 66권 신구약 말씀입니다.

여기에서 미쁜 말씀이란 사도 바울이 로마서에서 말한 "너희에게 전하여 준 바 그 교훈의 본"(롬 6:17)과 "너희가 배운 교훈"(롬 16:17)을 가리키고 있습니다. 그리고 사도 바울의 목회 서신에서 상호 교환적으로 사용한 "바른 교훈"(딤전 1:10), "바른 말"(딤후 1:13), "나의 교훈"(딤후 3:10)을 가리키기도 합니다.

따라서 하나님의 미쁜 말씀은 기독교의 복음으로서 온전히 신뢰할 수 있다는 것입니다. 그리고 완전히 확신할 수 있다는 것입니다

그러므로 하나님의 청지기요 감독인 장로는 성경 말씀이 가르치는 교훈을 본인 스스로 지키고 행해야 할 뿐만 아니라 더 나아가서 거짓 이단의 공격으로부터 파수할 수 있어야 합니다.

나이트 예화집에서는 일평생 동안 성경 말씀만을 사랑하며 살아온 훌륭한 어느 장로님을 다음과 같이 소개하고 있습니다.

> 어느 날 한 젊은이가 그 교회의 훌륭한 장로님의 집에 초대를 받았다. 그분은 슬픔과 고난의 길을 수없이 걸어온 분이었다. 이제는 노인이지만 모든 역경을 넘어 그분의 인격은 더욱 빛났다.
>
> 식사가 끝나고 성경책에 대한 이야기를 하게 되었는데, 장로님은 젊은이의 성경책을 이리저리 뒤적거려 보았다. 그것은 아주 깨끗하고, 소중히 잘 간직된 책이었다. 그때 장로님은 "이건 너무 깨

끗해!"라고 말한 후, 자기의 성경책을 젊은이에게 보여주었다.

그것은 줄이 그어져 있는 손때 묻은 것이었다. 그는 조용히 말했다. "이것은 내 힘의 샘터이지! 성경을 애용한 표적을 갖고 있어야 하는 거야! 성경은 빛이기 때문이지!"

불후의 명작 《벤허》(*Ben Hur*)를 남긴 작가 루 월리스(Lew Wallace)는 철저한 무신론자였습니다. 월리스는 어려서부터 불신자였으며 기독교가 필요없다고 공격하였습니다. 그래서 그는 성경의 허구성을 파헤치고 기독교를 반박하기 위해 성경을 읽게 되었습니다.

그런데 놀라운 사실은 월리스가 성경을 읽으면 읽을수록 마음속에서 놀라운 변화의 역사가 일어나기 시작한 것입니다. 성경 말씀 속에 있는 하나님의 능력이 그의 마음을 사로잡고 녹이기 시작했습니다. 마침내 그는 예수 그리스도가 인류의 모든 죄를 대속하시고 험한 십자가를 지시고 죽으셨다는 사실을 발견하고 고꾸라져 회개하였습니다.

이후 기독교를 비판하려던 월리스의 붓이 꺾이고 하나님의 말씀과 영감으로 만민의 심금을 울린 불후의 명작 《벤허》를 기록하게 되었습니다.

사도 바울은 사랑하는 믿음의 아들이요, 교회의 지도자요, 목회자인 디모데에게 성경 말씀을 배우고 확신하며 지키고 거하는 데 전심전력을 다하라고 가르쳤습니다.

"또 어려서부터 성경을 알았나니 성경은 능히 너로 하여금 그리스도 예수 안에 있는 믿음으로 말미암아 구원에 이르는 지혜가 있게 하느니라 모든 성경은 하나님의 감동으로 된 것으로 교훈과 책망과 바르게 함과 의로 교육하기에 유익하니 이는 하나님의 사람으로 온전하게 하며 모든 선한 일을 행할 능력을 갖추게 하려 함이라"(딤후 4:15–17).

2) 장로는 바른 교훈으로 권면해야 합니다

이것은 교회 공동체의 감독이요 하나님의 청지기인 장로가 하나님의 말씀을 잘 지키고 준수해야 할 첫 번째 목적입니다.

하나님의 청지기로서의 장로는 능히 바른 교훈으로 권면해야 합니다. 그리고 바른 가르침으로 권면하고 훈계하여 교인들에게 불건전한 교리에 빠지지 않도록 유의시켜야 합니다. 거짓 교훈에 유혹받지 않도록 잘 보살펴야 합니다. 양들의 영성이 건강하도록 잘 가르치고, 권면하고, 훈계해야 합니다

만약 한 마리의 양이 여기저기 방황하며 길을 찾지 못하고 있을 때, 참 목자는 잃어버린 양을 찾아서 잔잔한 물가로 인도해야 합니다. 만약 어떤 사람이 술에 만취되어 허랑방탕하게 살면서 죄악의 구렁텅이로 빠지게 될 때, 진정한 지도자는 바른길로 인도해야 합니다. 만약 순수한 교인이 거짓 선생이나 이단에 빠져 유혹을 받을 때 올바른 목회자는 찾아가서 진리의 말씀을 잘 가르치고 교훈하여, 영적으로 건강한 삶을 살 수 있도록 권면해야 합니다.

이것이야말로 참된 목자요, 위대하고 훌륭한 지도자요, 참 목자상입니다.

미국 남북전쟁의 승리를 통해 노예 해방을 시킨 에이브러햄 링컨(Abraham Lincoln) 대통령이 죽고 난 후, 링컨을 칭찬하는 말들이 다음과 같이 기록되었습니다.

나도 일찍이 링컨을 보았기에 잠시 말하리라. 남북전쟁 당시 우리는 한창 혈기왕성한 시절인 까닭에 동료 몇 사람과 함께 술을 마시려고 어느 동네의 술집을 찾아 들어가려고 하는데, 마침 그 문 앞에 웬 키 큰 사람이 서서 우리를 향해 있기에 쳐다보니 링컨 대통령이었소.

링컨이 우리를 쳐다보고 말하기를, "정규 군인 복장을 입은 사람들이 이런 집에 들어감은 실로 통분할 일이오!"라고 하였소.

그때 나는 그 말을 듣고 매우 부끄러워 그 술집에 들어가지 않았을 뿐만 아니라 오늘날까지 한 번도 술집에 출입하지 않았소. 이처럼 링컨은 지위가 높은 대통령이지만 비천한 일개 병정을 구원하기 위하여 그만큼 애를 썼으니, 우리도 악한 것을 금지하기 위하여 힘써 봅시다.

3) 장로는 거슬러 말하는 자들을 책망해야 합니다

이것은 교회 공동체의 감독이요 하나님의 청지기인 장로가 하나님의 말씀을 잘 지키고 준수해야 할 두 번째 목적입니다.

여기에서 "거슬러 말하는 자"란 어떤 사람입니까? 이 사람은 거짓 교사들을 가리킵니다. 그래서 이런 사람들은 하나님의 말씀을 잘못 가르칩니다! 거짓으로 가르칩니다! 혼란케 만듭니다! 왜곡하게 합니다! 그리고 사도의 가르침에 반대하는 자들입니다.

교회의 감독인 장로는 이러한 자들을 향하여 징계하고 회개하도록 만들 뿐만 아니라 교회의 양들을 잘 보호하고, 지키고, 다스려야 하는 일이 그들의 중요한 기능이요, 사명입니다.

존 칼빈은 교회의 감독인 목사의 이중 사역의 성격을 다음과 같이 주석하였습니다.

목사에게는 두 가지 목소리가 필요하다. 하나는 양을 모으는 것이고, 다른 하나는 이리와 도둑을 쫓아내는 것이다. 성경은 이 둘을 다 행할 수 있는 수단을 그에게 제공한다. 따라서 성경을 통해 바른 가르침을 받는 사람은 배우려는 마음을 가진 사람들을 다스릴 수 있고, 진리의 원수를 물리칠 수 있다. 사도 바울은 반박하는 사람들을 권면하는 일과 가책을 느끼게 하는 일을 모두 할 수 있어야 한다고 말하면서 성경은 이 두 가지 효용을 염두에 두고 있다.

요한복음 10장에서 예수님께서는 양을 위한 선한 목자와 삯꾼을 비교하면서 다음과 같이 말씀하였습니다.

"나는 선한 목자라 선한 목자는 양들을 위하여 목숨을 버리거니와 삯꾼은 목자가 아니요 양도 제 양이 아니라 이리가 오는 것을 보면 양을 버리고 달아나나니 이리가 양을 물어 가고 또 헤치느니라 달아나는 것은 그가 삯꾼인 까닭에 양을 돌보지 아니함이나 나는 선한 목자라 나는 내 양을 알고 양도 나를 아는 것이 아버지께서 나를 아시고 내가 아버지를 아는 것 같으니 나는 양을 위하여 목숨을 버리노라"(요 10:11-15).

교회의 감독이요, 하나님의 청지기인 장로는 어떻게 하면 하나님의 말씀을 잘 가르치고 지키며 살 수 있겠습니까? 그리고 주위에 있는 거짓 교사들과, 원수 마귀와 싸워서 승리할 수 있겠습니까?

이 질문에 대한 분명한 해답은 "하나님의 전신 갑주를 취하라"(엡 6:13)는 사도 바울의 교훈의 말씀인 줄 믿습니다.

제4강 거짓 이단의 특성과 경계

제4강
거짓 이단의 특성과 경계(1:10-16)

"불순종하고 헛된 말을 하며 속이는 자가 많은 중 할례파 가운데 특히 그러하니(10절)

그들의 입을 막을 것이라 이런 자들이 더러운 이득을 취하려고 마땅하지 아니한 것을 가르쳐 가정들을 온통 무너뜨리는도다(11절)

그레데인 중의 어떤 선지자가 말하되 그레데인들은 항상 거짓말쟁이이며 악한 짐승이며 배만 위하는 게으름뱅이라 하니(12절)

이 증언이 참되도다 그러므로 네가 그들을 엄히 꾸짖으라 이는 그들로 하여금 믿음을 온전하게 하고(13절)

유대인의 허탄한 이야기와 진리를 배반하는 사람들의 명령을 따르지 않게 하려 함이라(14절)

깨끗한 자들에게는 모든 것이 깨끗하나 더럽고 믿지 아니하는 자들

에게는 아무것도 깨끗한 것이 없고 오직 그들의 마음과 양심이 더러운 지라(15절)

그들이 하나님을 시인하나 행위로는 부인하니 가증한 자요 복종하지 아니하는 자요 모든 선한 일을 버리는 자니라(16절)."

사도 바울은 지금까지 교회의 행정적인 지시, 즉 하나님의 청지기인 장로를 세우는 일에 대해 언급하였습니다. 그리고 계속하여 믿음의 아들이며 교회의 지도자인 디도를 향하여 교리적인 지시, 즉 이단들의 특성을 폭로하면서 그들의 거짓 가르침에 현혹되지 않고 경계해야 할 것을 교훈하고 있습니다.

1. 할례파들이여!

"불순종하고 헛된 말을 하며 속이는 자가 많은 중 할례파 가운데 그러하니"(1:10).

본문에서 말하는 "할례파"(circumcision group)는 누구입니까? 당시 로마에서는 유대인들이 많이 살고 있었습니다. 그리고 그레데 지역을 중심으로 하여 지중해의 중요한 여러 섬들에도 유대인들이 많이 살고 있었습니다. 할례파는 유대인들 가운데 기독교로 개종한 사람들로, 할례를 반드시 받아야만 구원을 받는다고 주장하는 사람들입니다.

사도 바울은 그들의 잘못된 구원관을 지적하면서 두 가지 바른 교훈을 다음과 같이 가르쳤습니다.

1) 구원은 할례를 통하여 받는 것이 아니라 오직 믿음으로 받는 것입니다

당시 할례파 유대인들은 이방인들도 유대인들과 같이 할례를 받아야 한다고 주장하였습니다. 이 점에 대해 사도 바울은 그들을 향하여 논박하였습니다. 즉 구원을 받는 것은 할례를 받음으로써 얻는 것이 아니라 오직 예수 그리스도를 믿음으로 받는 것이라고 주장하였습니다.

"네가 만일 네 입으로 예수를 주로 시인하며 또 하나님께서 그를 죽은 자 가운데서 살리신 것을 네 마음에 믿으면 구원을 받으리라 사람이 마음으로 믿어 의에 이르고 입으로 시인하여 구원에 이르느니라" (롬 10:9-10).

"우리가 성령으로 믿음을 따라 의의 소망을 기다리노니 그리스도 예수 안에서는 할례나 무할례나 효력이 없으되 사랑으로써 역사하는 믿음뿐이니라"(갈 5:5-6).

그러므로 인간이 구원을 받을 수 있는 길은 할례나 율법의 행위로 얻는 것이 아니라 오직 믿음으로만 의롭게 되는 것입니다. 할례는 옛 언약으로서 장차 나타날 새 언약을 상징하기도 합니다. 율법(할례)은 예수 그리스도(말씀)께로 인도하는 몽학선생과 같습니다. 초등 교사와도 같습니다(갈 3:24).

2) 구원은 육체의 할례를 통하여 이루어지는 것이 아니라 마음의 할례를 받아야 합니다

'할례'(circumcision)는 세상에 태어난 남자 아이를 6일 만에 남성의 표피를 절제하는 것입니다. 이것은 구약 시대에 하나님에 의해서 하나님과 아브라함과 그의 후손들 사이에 언약의 증표로 제정된 거룩한 의식입니다(창 17:10).

그래서 이 할례 언약은 하나님이 이스라엘의 하나님이시고, 이스라엘은 하나님께 속했다는 뜻입니다. 그들은 오직 하나님만을 섬기며 순종하겠다는 것입니다.

그런데 신약 시대에 와서는 어떠하였습니까? 당시, 예루살렘 총회는 기독교 최초의 모임이었습니다. 이 총회는 할례받는 문제로 인하여 소집되었습니다. 바리새파들은 이방인들이 할례를 받아야 구원받는다고 주장하였습니다. "너희가 모세의 법대로 할례를 받지 아니하면 능히 구원을 받지 못하리라"(행 15:1).

예루살렘 총회의 결정은 어떻게 되었습니까? 이 총회의 결정은 결국 주 예수 그리스도의 은혜로만 구원을 받는다는 기독교의 기본 진리가 확인되었습니다. 어떤 선행도 안 되고, 외적인 표식도 아닌, 믿음으로만 됩니다. '오직 믿음'(*sola fide*)의 핵심 교리가 공식적으로 선언되었습니다.

사도 바울은 할례가 아니라 믿음으로 구원받는다고 주장하면서 그것은 육체의 할례가 아니라 마음의 할례, 곧 '그리스도의 할례'라고 가르쳤습니다.

사도 바울은 골로새 교회를 향하여 "그 안에서 너희가 손으로 하지 아니한 할례를 받았으니 곧 육의 몸을 벗는 것이요 그리스도의 할례니라"(골 2:11)라고 하였습니다.

당시 그레데 섬에 있는 영지주의자들, 자칭 그리스도인이라 부르는 유대인들은 어떠하였습니까? 그들은 거짓 이단들로서 할례의 영적인 중요성을 알지 못하였습니다. 그리고 모세의 율법, 즉 할례 자체 의식만을 주장하였습니다.

그래서 거짓 이단들은 잘못되고 헛된 교리를 가르쳤습니다. 하나님의 말씀에 불순종하였습니다! 거짓 가르침을 가지고 교회 안에 들어오려고 애썼습니다. 그들은 외적으로는 기독교를 유대교의 여러 양상 안에 묶어두려고 노력하였습니다. 그들은 철학적 통찰력을 내용으로 가르쳤습니다. 그래서 그들의 교리는 혼합주의였습니다.

'혼합주의' (syncretism)란 무엇입니까?

이것은 진리와 교리와 신조를 혼합하는 절충주의입니다. 이것을 신학적으로 표현한다면, 소위 신학적 혼합주의 운동을 말합니다! 기독교와 비기독교 간의 조화입니다! 기독교를 비롯하여 불교, 천주교, 힌두교, 유대교, 이슬람교와 함께 가지는 소위 '신앙의 축제' (The festival of faith)입니다.

요즈음 흔히들 "기독교는 구교가 있고 신교가 있는데 구교나 신교나 종교는 다 같다!" 고 말합니다. 그러나 그것은 큰 오해입니다! 착각입니다! 하나는 진리라면, 다른 하나는 비진리입니다. 그리고 하나는 바벨론적 이방 종교라면, 다른 하나는 하나님의 신구약성경 위에 기초한 구원의 종교입니다.

예수님께서는 혼합적인 신앙을 가지고 하나님을 믿으면서도 우상숭배를 하며 행음하고 우상 제물을 먹는 발람과 니골라당의 교훈을 따랐고 지켰던 버가모 교회를 향하여 책망하였습니다.

"그러므로 회개하라 그리하지 아니하면 내가 네게 속히 가서 내 입의 검으로 그들과 싸우리라"(계 2:16).

2. 무너지는 가정들

"그들의 입을 막을 것이라 이런 자들이 더러운 이득을 취하려고 마땅하지 아니한 것을 가르쳐 가정들을 온통 무너뜨리는도다"(1:11).

본문에서 사도 바울은 그레데 섬에 살고 있으며, 자칭 그리스도인이라 하며 혼합주의적인 유대인 거짓 이단들에 대하여 경계할 것을 강조하고 있습니다.

그럼 어떻게 거짓 이단을 경계해야 합니까?

1) 거짓 이단들의 입을 막아야 합니다

먼저 거짓 선지자들의 입을 막아야 합니다. 왜냐하면 더 이상 거짓 이단 교리와 헛된 가르침이 퍼져 나가지 않도록 하기 위함입니다.

여기서 "입을 막을 것이라"는 헬라어 '에피스토미제인'(ἐπιστομίζειν)은 '입에 재갈을 물리다'는 뜻을 가지고 있습니다.

그리고 거짓 이단들의 입을 막는 것은 '출교'와 '정죄'를 통하여 이루어집니다. 정죄는 그 사람이 거짓이 있고 죄가 있다는 것을 공식적으로 알리는 것입니다! 선언하는 것입니다! 그리고 출교는 한 공동체 안에서 그 사람을 삭제하는 일입니다. 특별히 이것은 이단자들에게 행하는 벌이요 견책입니다.

그래서 이단자들의 입을 확실하게 막아야 될 뿐만 아니라 그들의 잘못된 교리와 거짓 가르침을 분명하게 지적, 비평하고 바른 진리의 교훈으로 확실하게 가르쳐 주어야 합니다. 선명하게 교훈해야 합니다.

이 점에 대하여 주경 신학자 와이트(White)는 "그들의 입을 정통 교리 선포자의 불가항변적 이론으로 막아야 한다"고 주석하였습니다.

인간의 육체에서 말을 하는 혀는 매우 중요한 지체 가운데 하나입니다. 그 이유는 사람의 입에서 나오는 말이 아름답고 바른 말을 하게 되면 "말 한마디에 천냥 빚을 갚는다"는 격언처럼 상대방에게 유익을 주고 빚을 갚을 수 있기 때문입니다! 또 혀는 좋은 교훈을 줍니다! 힘과 용기를 줍니다! 꿈과 비전을 줍니다! 그리고 사람을 살립니다!

그러나 사람의 입에서 나오는 말이 추하고 악한 거짓말이라면 "혀는 악이요 죽이는 독이라"(약 3:8)는 말씀처럼 상대방에게 상처와 아픔을 줍니다! 근심과 걱정을 줍니다! 절망과 포기를 줍니다! 병들게 합니다! 그리고 사람을 죽입니다.

야고보 사도와 잠언 기자는 혀의 권세에 대해 다음과 같이 기록하였습니다.

> "혀는 곧 불이요 불의의 세계라 혀는 우리 지체 중에서 온몸을 더럽히고 삶의 수레바퀴를 불사르나니 그 사르는 것이 지옥 불에서 나느니라"(약 3:6).
>
> "온순한 혀는 곧 생명 나무이지만 패역한 혀는 마음을 상하게 하느니라"(잠 15:4).

나이트 예화집에 의하면, 혀에 대한 이야기를 다음과 같이 기록하였습니다.

한 그리스 철학자가 그의 하인에게 세상에서 가장 훌륭한 요리를 해오라고 시켰다. 그러자 하인은 혀로 만든 요리를 준비해 와서 주인에게 말했다. "나리, 모든 요리 중에 이 요리가 최고입니다. 왜냐하면 이 혀 때문에 우리 인간들이 기뻐할 수 있고 행복을 나눌 수 있기 때문입니다. 그뿐만이 아닙니다. 슬픔을 몰아낼 수도, 실의에 빠진 자에게 용기를 줄 수도 있습니다. 그리고 수천의 각기 다른 사람들을 한 인류로 만들 수도 있습니다."

며칠 후, 철학자가 그 하인에게 이번에는 가장 나쁜 요리를 해오라고 시켰다. 그런데 이번에도 혀로 만든 요리였다. "나리, 이 혀가 바로 최악의 요리입니다. 왜냐하면 이것은 사람의 마음을 아프게 하고 불안하게 만듭니다. 또 다른 사람의 명예를 헐뜯고 무질서와 소요를 일으킵니다. 또 사회와 가족과 국가들 사이에 전쟁을 일으키는 원인이 되기도 합니다." 정말, 이 하인은 실로 현명한 자였다.

2) 거짓 이단들은 가정을 무너뜨립니다

거짓 이단들은 허탄한 말과 가르침을 통하여 많은 사람을 혼란케 합니다. 죄악의 구렁텅이로 빠지게 합니다. 멸망의 길로 인도합니다.

거짓 교훈을 가르치는 거짓 교사들의 표면적인 목적은 바른 진리와 교리를 가르치는 목적이 있는 것같이 행동합니다. 그리고 그들의 내면적인 목적은 상대방을 속이고 희생시켜서 부당한 이익을 취하는 데 있습니다. 그래서 그들은 전적으로 이기적이면서 돈과 명성만을 얻는 데 목적을 두고 있습니다. 이로 말미암아 본문이 기록한 대로 "가정들을 온통 무너뜨리는도다"라는 결과를 얻게 됩니다.

여기서 "무너뜨리다"는 헬라어로 '아나트레푸신'(*ἀνατρέπουσιν*)

입니다. 이것은 '전복하다', '뒤엎다' 라는 뜻을 가지고 있습니다. 그래서 온 집안을 뒤집어 엎어버린다는 말입니다. 거짓 이단의 특징 가운데는 여러 가지가 있는데 그중 하나는 가정의 파괴입니다.

거짓 이단들은 상식적으로 이해할 수 없는 부도덕하고 비윤리적인 교리를 주장하여 합리화합니다. 잘못되고 헛된 교리와 가르침을 가지고 자기 자신을 추하게 하고 난잡한 윤리적 생활을 합니다. 또 이뿐인가요? 주위에 있는 여러 사람들과 그들의 가정을 병들게 하고 망하게 합니다. 나라와 사회 앞에 지탄의 대상이 됩니다.

예를 들면, 통일교의 '혈통 복귀 원리' 와 '혼음 교리' 는 성적으로 문란케 합니다. 용화교 교주인 서백일은 '음영도수' 라는 명목으로 여 신도들과 함께 간음케 합니다. 전도관의 박태선의 섹스 안찰이나 일월산 기도원의 김종규는 여 신도들에게 비윤리적인 행위를 자행합니다. 그리고 동방교의 교주 노광공은 변태 성욕자로서 부도덕한 행동을 합니다.

이러한 거짓 선지자들의 허황된 거짓 교리와 비윤리적이고 비도덕적인 행동은 마침내 한 영혼을 죽이고, 지옥 불에 가게 하며, 한 가정을 파탄시키는 결과를 낳게 합니다.

사도 바울은 이러한 거짓 선지자들의 추하고 더러운 행동이 다음과 같은 육체의 일과 같다고 지적하면서 책망하였습니다.

> "육체의 일은 분명하니 곧 음행과 더러운 것과 호색과 우상 숭배와 주술과 원수 맺는 것과 분쟁과 시기와 분냄과 당 짓는 것과 분열함과 이단과 투기와 술 취함과 방탕함과 또 그와 같은 것들이라 전에 너희에게 경계한 것같이 경계하노니 이런 일을 하는 자들은 하나님의 나라

를 유업으로 받지 못할 것이요"(갈 5:19-21).

예수님께서도 이러한 거짓 선지자들에게 "불법을 행하는 자들아 내게서 떠나가라"(마 7:23)고 명령하셨습니다. 그리고 그들을 향하여 다음과 같이 심판하시겠다고 경고하셨습니다.

"불의를 행하는 자는 그대로 불의를 행하고 더러운 자는 그대로 더럽고 의로운 자는 그대로 의를 행하고 거룩한 자는 그대로 거룩하게 하라 보라 내가 속히 오리니 내가 줄 상이 내게 있어 각 사람에게 그가 행한 대로 갚아 주리라 나는 알파와 오메가요 처음과 마지막이요 시작과 마침이라"(계 22:11-13).

3. 그레데인들은?

"그레데인 중의 어떤 선지자가 말하되 그레데인들은 항상 거짓말쟁이며 악한 짐승이며 배만 위하는 게으름뱅이라 하니"(1:12).

본문에서 사도 바울은 거짓 그레데인들의 여러 가지 포악성과 사기성, 불신앙과 비도덕성을 지적하면서 비판하고 있습니다.

거짓 그레데인들이 비판받아야 할 세 가지 이유는 무엇입니까?

1) 그레데인들은 항상 거짓말쟁이입니다

본문은 말하기를, "그레데인 중의 어떤 선지자가 말하되"라고 기록하였습니다. 여기서 "어떤 선지자"는 누구를 가리킵니까?

고대 교부인 크리소스톰(Chrisostom)과 제롬(Jerom)에 의하면, "이 선지자는 주전 659년경에 그레데의 페스터스(Phaestus)에서 태어난 에피메니데스(Epimenides)이다. 그는 당시 그레데 사람들에게 추앙을 받으며 큰 영향을 끼친 신화적인 인물"이라고 하였습니다.

그런데 에피메니데스를 선지자라고 함은 구약에 나오는 선지자와 같은 의미를 가진 것은 아닙니다. 그 이유에 대하여 존 칼빈은 말하기를, "당시 로마 사회에서는 그를 선지자라고 부르는 기록이 있었기 때문에 단순하게 그런 표현을 따를 뿐이었다"라고 설명하였습니다.

전설에서는 에피메니데스를 다음과 같이 기록하고 있습니다

> 에피메니데스는 어릴 때 아버지의 명령을 받고 영을 찾으러 가서 어떤 동굴 안에서 잠이 들어 무려 50년간 잠을 잤다고 한다. 잠이 깨었을 때 긴 머리와 흰 수염을 휘날리며 동굴에서 나왔고, 그때부터 의학과 자연 역사에 걸쳐서 놀라운 지식을 보였다. 그는 아테네로 불려 가서 병을 고쳤다(행 17:23). 그는 도로를 포장하고 정치적인 문제를 해결해 주었다. 그는 아테네 사람들의 모든 보상과 영예를 거절하고 다만 아테네와 자기의 고향인 그레데 간의 영구적인 평화와 약속을 요구하였다. 그는 157년을 살았다. 그가 죽은 후 그레데 사람들로부터 신으로 숭배되었다. 이후 철학자 플라톤은 에피메니데스를 신인(divine person)이라고 불렀다.

그레데인들은 '그레데'라는 말뜻 그대로 '거짓말'을 잘하는 거짓말쟁이입니다. 이것은 그레데인들의 '거짓과 사기성'을 보여줍니다.

그 당시에는 '그레데인들' 하면 거짓말쟁이로 통하였습니다. 그

레데인들의 거짓말은 가끔이나 다급할 때만 거짓말을 하는 것이 아니라 항상 습관적으로 거짓말을 하였습니다.

거짓말은 어떠합니까? 시인 바이런(G. Byron)은 "거짓말은 가면을 쓴 진실"이라고 하였습니다. 유럽 격언에 "거짓은 도둑이라"고 하였습니다. 셰익스피어(Shakespeare)는 "거짓된 얼굴의 모습과 행동은 마귀에게 아첨하는 것이다"라고 하였습니다. 스페인 속담에 "거짓말을 자주 하는 자는 사람을 속일 수 있는 사람이다"라고 하였습니다. 극작가 드라이든(J. Dryden)은 "거짓말은 훗날에 도둑으로 변한다"라고 하였습니다. 철학자 플라톤은 "거짓말은 죄악 자체요, 영혼을 더럽힌다"라고 하였습니다. 그리고 성경은 말하기를, "마귀는 거짓말쟁이요 거짓의 아비라"(요 8:41)고 지적하였습니다.

정말 그렇습니다! 거짓말은 사람을 속입니다! 더럽힙니다! 진실치 못하게 합니다! 썩게 합니다! 병들게 합니다! 도둑으로 만듭니다! 잘못된 길로 인도합니다! 멸망의 구렁텅이로 빠뜨립니다! 결국, 사람을 망하게 하고 죽입니다!

왜 그럴까요? 거짓말의 배후는 바로 마귀이기 때문입니다. 그는 죄악의 길로 인도하는 조종자입니다. 기름지고 깨끗한 옥토에다 가라지를 심는 원수입니다. 그는 거짓말쟁이입니다. 그리고 그는 거짓의 아비입니다.

> "너희는 너희 아비 마귀에게서 났으니 너희 아비의 욕심대로 너희도 행하고자 하느니라 그는 처음부터 살인한 자요 진리가 그 속에 없으므로 진리에 서지 못하고 거짓을 말할 때마다 제 것으로 말하나니 이는 그가 거짓말쟁이요 거짓의 아비가 되었음이라"(요 8:44).

미국 콜로라도에 가면 나무들 가운데 거목의 잔해가 있습니다. 그 나무는 엄청나게 컸기 때문에 자동차로 드라이브하다가도 바로 눈에 띄게 되며, 그곳에 멈추어서 잠시 명상에 잠기게도 합니다.

식물학자에 의하면, 이 나무의 연륜이 400년 정도라고 합니다. 신대륙을 발견한 콜럼버스(C. Columbus)가 미국 땅에 도착했을 때 이 나무는 떡잎이 나온 상태였으며, 영국의 청교도들이 이곳에 이주했을 때 이 나무는 사람들의 평균 키보다 작았다고 합니다.

지난 4세기 동안 폭풍과 산사태와 열 네번씩이나 벼락이 내리칠 때마다 주위에 있는 수많은 나무들이 쓰러졌지만, 이 나무만큼은 쓰러지지 않고 굳건히 살아 남았습니다.

그런데 어느 날 이 나무도 결국 쓰러지고 말았습니다. 그 이유는 큰 문제가 아니라 하찮은 작은 문제였습니다. 수많은 작은 딱정벌레들이 그 나무속 깊은 곳까지 들어가서 줄기차게 공격하며 속을 갉아먹어, 마침내 그 나무는 생명력이 파괴되어 쓰러지고 만 것입니다.

그렇습니다! 거짓말은 바로 딱정벌레와 같습니다. 얼핏 눈에는 잘 보이지 않지만 거대한 나무를 쓰러뜨릴 수 있습니다. 육신을 썩게 할 수 있습니다. 심령을 병들게 할 수 있습니다. 한 공동체와 사회, 그리고 나라와 민족까지도 망하게 할 수 있습니다. 이것이야말로 바로 거짓말의 속성이 아니겠습니까?

2) 그레데인들은 악한 짐승입니다

여기서 말하고 있는 "악한 짐승"이란 무슨 뜻입니까? 이것은 헬라어 '카카 데리아'(*κακά θηρία*)로, '포악하고 광포한 맹수'라는 의미를 가지고 있습니다.

이것은 그레데인들의 '포악성'을 보여줍니다. 그들은 자신의 목적과 이익을 위해서 상대방의 희생을 아랑곳하지 않고 잔인하게 행동합니다. 수단과 방법을 가리지 않습니다. 교묘한 생각을 가지며 잔꾀를 부립니다. 이것은 그레데인의 악한 본성을 보여주는 단면이기도 합니다.

고대 사회에서 악명 높은 것으로 이름난 '3C'가 있었습니다. 그레데 사람들의 영성은 악하고 포악했습니다. 길리기아 사람들(Cilicians)은 지중해 연안을 통과하는 상선을 탈취하거나 해안 주변에 있는 사람들에게 피해를 끼치며 불안케 한 해적과 같은 자들이었습니다. 그리고 갑바도기아 사람들(Cappadocians)은 오랫동안 소아시아 지역의 산간 벽지를 떠돌아다니면서 망명 생활을 했기 때문에 영성이 밝지 못하고 거칠었습니다.

고대 그리스에서 아테네 의회가 개최되었습니다. 그런데 의회 중에 새 한 마리가 의사당 안에 들어와 한 의원의 품속에 안겼습니다. 그때 그 의원은 그 새를 잡아 쥐면서 돌 위로 내팽개쳐 죽여 버렸습니다.

이런 잔악한 행동을 지켜보고 있던 다른 의원들이 분개하여 부르짖었습니다. "다급한 새가 품속에 든 것을 불쌍히 여기는 마음이 없이 냉정하고 포악한 짓을 저질렀으니, 이런 무자비한 자에게 어찌 아테네의 정사를 맡기리요!" 하면서 성토하였습니다. 그리고 그 의원을 만장일치로 즉시 아테네 의회장에서 추방시켜 버렸습니다.

로마 제국의 폭군 네로(Nero)는 잘 알려진 역사적 인물 가운데 한 사람입니다. 폭군 네로는 초기의 통치 기간 동안에는 바르고 정직하게 잘하여 로마 원로원과 국민들로부터 칭송을 받아 인기를 누렸습니다.

그러나 후기의 네로의 정치는 어떠하였습니까? 그는 악해지고 거칠어져서 포악한 정치를 하였습니다. 어느 날 네로는 "내가 죽을 때 이 땅이 화염에 싸이게 하라"는 희랍의 시 한 편을 들었습니다. 그때 그는 "죽어서가 아니라 내가 살아 있는 동안에 그렇게 하리라"고 악한 마음을 가졌습니다. 그러고는 마침내 로마 대경기장(Circus Maximus) 대화재 사건의 점화자가 되었습니다.

이 대화재에 대하여 로마의 고대 역사가들은 말하기를, "로마 대경기장은 삽시간에 불바다가 되었고, 그 불길은 주위에 있는 14개 도시 가운데 7개 도시를 완전히 불태워 버렸고, 나머지 7개 도시도 부분적으로 불타게 하여 도시들을 파괴시켰다"라고 기록하고 있습니다.

이뿐입니까? 네로는 이 화재 사건의 범인을 죄 없는 기독교인에게 돌리고, 초기 그리스도인들에게 고통을 주며 박해하였고, 마지막에는 그들을 비참하게 죽였습니다.

대로마 제국의 멸망은 바로 네로 황제의 포악성과 잔인성 때문이었습니다. 그리고 그의 부하들이 가슴속에 품고 있었던 욕심과 탐욕이 결국 국민들에게 고통을 주었고, 과중하게 부과된 세금의 결과를 낳게 만들었습니다.

그러므로 포악한 마음을 가진 사람은 자신을 죄 짓게 만듭니다. 망하게 합니다. 그리고 주위 사람들에게 피해와 상처를 주어 멸망의 길로 인도합니다.

시편 기자는 이런 포악하고 악한 사람들을 향하여 슬퍼하며 노래하였습니다.

> "아, 슬프도다 사람은 입김이며 인생도 속임수이니 저울에 달면 그들은 입김보다 가벼우리로다 포악을 의지하지 말며 탈취한 것으로 허

망하여지지 말며 재물이 늘어도 거기에 마음을 두지 말지어다"(시 62:9-10).

"남을 해친 재난이 저에게로 돌아가고 남에게 휘두른 폭력도 제 정수리로 돌아간다"(시 7:16, 표준새번역).

3) 그레데인들은 게으름뱅이입니다

본문에서 그레데 사람들은 '배만 위하는 게으름뱅이라' 고 말하였습니다. 이것은 그레데인들의 '탐욕과 나태성' 을 보여줍니다.

그들은 일도 하지 않고 욕심과 탐욕만으로 가득 차 있습니다. 그들은 어떤 이익이나 불이익을 추구해도 결코 치욕을 당하지 않습니다. 그들은 열심히 일도 하지 않고 땀도 흘리지 않으면서도 자기 자신의 쾌락과 만족을 추구하는 탐욕스러운 관능주의자들입니다.

세속적인 사람은 자신의 부귀영화와 영광을 위해 사는 자입니다. 욕망과 탐욕으로 가득 차 있습니다. 이것을 추구하기 위해 일을 합니다! 땀을 흘립니다! 노력합니다! 수단과 방법을 가리지 않습니다! 오직 자신의 영광에 초점을 맞춥니다. 자신의 부귀영화를 누리기 위해 삽니다.

"내가 내 영혼에게 이르되 영혼아 여러 해 쓸 물건을 많이 쌓아 두었으니 평안히 쉬고 먹고 마시고 즐거워하자 하리라 하되"(눅 12:19).

그러나 하나님은 그들을 향하여 "어리석은 자여 오늘밤에 네 영혼을 도로 찾으리니 그러면 네 준비한 것이 누구의 것이 되겠느냐"(눅 12:20)라고 질문하십니다.

결과적으로 욕망과 탐욕으로 가득 찬 세속적인 사람은 마치 데마(Demas, 딤후 4:10)와 같이 세상을 너무 사랑하여 하나님의 말씀을 멀리하였습니다. 동역자 바울을 떠나 버렸습니다. 궁극적으로는 자신을 망하게 만듭니다.

영적인 그리스도인들은 어떠합니까? 그들의 삶의 목적은 하나님의 나라와 그의 영광을 나타나는 데 있습니다.

> "너희는 먼저 그의 나라와 그의 의를 구하라"(마 6:33).

이 일을 위하여 열심히 땀 흘리며 일합니다. 욕심을 내지 않고 탐욕하지 않습니다. 오히려 하나님께로부터 받은 축복의 열매들을 하나님의 영광과 그의 나라를 확장하기 위하여 사용합니다. 예수 그리스도의 복음 증거를 위하여 드립니다. 주위에 불쌍하고 가난한 자들에게 베풀어 주고 나누어 줍니다.

아프리카에서 원숭이를 잡는 재미있는 이야기를 하나 소개해 드리겠습니다. 아프리카 토인들이 원숭이를 잡을 때, 가죽으로 만든 자루에 원숭이가 제일 좋아하는 바나나를 넣어 나뭇가지에 단단히 매달아 놓습니다. 가죽자루 입구는 매우 좁아서 원숭이의 손이 겨우 들어갈 정도밖에 되지 않습니다. 이러한 가죽자루를 나무에 매달아 놓고 기다리면 영락없이 원숭이가 찾아와 성급하게 자루 속에 손을 집어넣습니다. 그리고 바나나를 손으로 움켜쥐고서는 흐뭇해합니다.

그런데 원숭이가 이렇게 가죽자루 속에 손을 집어넣는 순간 영리한 원숭이의 운명도 끝장 나고 맙니다. 왜냐하면 바나나를 잔뜩 움켜진 원숭이는 아무리 기를 써봐도 그 가죽자루 속에서 손을 빼낼 수 없기 때문입니다. 손을 펴서 바나나를 버리기만 하면 예전처럼 자유롭게 숲 속을 누비며 살 수 있는데, 영리한 것 같지만 실제로 어리석은 원숭이는 바나나에 대한 욕심 때문에 절대로 이 가죽자루 속에 있는 자신의 손을 빼지 않습니다. 바로 그 순간에 아프리카 토인들이 빨리 뛰어와서 원숭이를 사로잡는다고 합니다.

문제의 핵심은 바로 욕심과 탐욕입니다. 이것은 모든 문제의 원인을 제공합니다. 문제의 발원지가 됩니다. 결국 욕심과 탐욕의 결과는 궁극적으로 어떻게 나타납니까?

사도 야고보는 대답하기를, "오직 각 사람이 시험을 받는 것은 자기 욕심에 끌려 미혹됨이니 욕심이 잉태한즉 죄를 낳고 죄가 잉태한즉 사망을 낳느니라"(약 1:14-15)고 가르쳤습니다.

4. 그들을 엄히 꾸짖으라!

> "이 증언이 참되도다 그러므로 네가 그들을 엄히 꾸짖으라 이는 그들로 하여금 믿음을 온전하게 하고"(1:13).

본문에서 사도 바울은 왜 디도에게 그레데인들을 엄히 꾸짖으라고 명령하였습니까? 그것은 다음과 같은 두 가지 이유 때문이었습니다.

1) 첫째 이유는 증언이 참되기 때문입니다

여기서 말하는 "증언"은 무엇을 의미합니까? 이것은 칼빈의 말처럼, "모든 진리는 하나님께 속하였다"는 것이 아니라, '격언의 말로서의 진리'를 말하고 있습니다.

그런데 격언(proverb)과 진리(truth)는 다른 의미를 가지고 있습니다. 우리말 〈한글대사전〉에 의하면, "격언은 속담과 같이 사리에 꼭 들어맞는 것이며 교훈이 될 만한 말"이라고 정의하였습니다.

그래서 격언은 일시적이지만, 교훈적입니다. 충고이며, 훈계적입니다. 그리고 그 결과는 진리를 바로 깨닫게 하고 진리의 길로 걸어가도록 인도합니다.

유대인의 《탈무드》(Talmud)에 나오는, 질그릇 항아리 속의 포도주라는 교훈적인 얘기를 다음과 같이 소개하겠습니다.

> 랍비 여호수아(Joshua)가 그의 초라한 겉모습 때문에 황제의 딸로부터 항상 조롱을 받았다. 그러자 그가 조용히 미소를 지으며 황제의 포도주가 담긴 질그릇 항아리를 가리켰다. 그것을 본 공주는 화를 내면서 술을 은항아리에 옮겨 부었다. 결국 그 포도주는 신맛으로 변하고 말았다. 그러자 랍비는 비천한 질그릇 항아리가 때로는 가장 고상한 지혜를 담을 수도 있다는 사실을 그녀에게 상기시켜 주었다.

진리는 어떠합니까? 〈한글대사전〉에 의하면, "진리는 참된 것이며, 참된 진실이며, 참된 도리"라고 정의하고 있습니다. 그래서 진리는 변하지 않습니다. 확실하게 믿을 수 있습니다. 구원의 길로 인도합니다. 영원 불변합니다.

체코슬로바키아의 수도 프라하의 광장에는 전 국민들로부터 추앙받는 후스(Huss)의 동상이 세워져 있습니다. 이 동상 앞면에는 "진실을 배우며, 진실을 사랑하며, 진실을 말하며, 진실을 양보하지 않으며,

죽을 때까지 진실을 지키라"는 말이 새겨져 있습니다.

후스는 프라하 대학교의 교수로서, 종교 개혁을 주도하다가 그의 반대 세력으로부터 화형을 당하고 말았습니다. 비록 그는 죽었지만 그의 입에서 외쳤던 진리는 지금도 죽지 않고 살아 있습니다. 그것은 수많은 사람들을 진리의 길로 가도록 가르쳐 주고 있습니다.

그러면 진정한 참된 진리는 누구입니까? 그것은 바로 예수 그리스도이십니다. 그분이 친히 가르쳐 주신 생명의 말씀입니다.

예수님께서 말씀하시기를, "내가 곧 길이요 진리요 생명이니"(요 14:6)라고 하셨습니다. 그리고 주님은 "너희가 내 말에 거하면 참으로 내 제자가 되고 진리를 알지니 진리가 너희를 자유롭게 하리라"(요 8:31-32)고 선언하셨습니다.

본문으로 돌아가서, 이 구절에 나오는 "증언"은 무엇입니까? 이것은 12절에서 이미 언급하였던 선지자의 말을 가리키고 있습니다. 즉, 에피메니데스의 증거가 정확한 것이었다는 사실을 밝히고 있습니다.

여기서 사도 바울이 말하고자 하는 참된 의도는 바로 그레데 섬 안에 있는 거짓 교사들의 잘못된 가르침을 통하여, 일반적인 그레데인들에 대한 에피메니데스 선지자의 말이 참으로 옳았다는 것을 강조하고 있습니다.

이러한 사도 바울의 진술은 그레데인들을 모독하는 의도가 결코 아니었습니다. 일반적으로는 그레데인들이 거짓말쟁이였다고 하였습니다. 악한 짐승과 같았다고 하였습니다. 탐욕과 욕심이 가득 찬 욕심쟁이였다고 하였습니다. 일을 하지 않는 게으름뱅이였다고 하였습니다. 그러나 그들 중에는 고귀한 성품을 가진 예외적인 사람들도 있었다는 것입니다.

그리고 디도가 세우고 임명한 장로들도 그레데 사람들이었습니다. 그러나 그들은 거짓말쟁이가 아니었습니다. 악한 자도 아니었습니다. 욕심쟁이도 아니었습니다. 오히려 그들은 바른 진리를 가르치는 자들이었으며, 본토 출신인 거짓 교사와 전혀 다른 사람이었다는 사실을 강조하고 있습니다.

그러므로 사도 바울은 그레데 교회의 지도자인 디도를 통하여 선지자의 증언이 참된 것을 교훈하였습니다. 그리고 그레데인 거짓 교사들의 잘못된 교훈을 지적해 주었습니다. 그들을 엄히 꾸짖도록 하였습니다. 그리고 그들을 강력하게 징계할 것을 요구하였습니다.

2) 둘째 이유는 믿음을 온전하게 하기 때문입니다

사도 바울이 디도에게 "그들을 엄히 꾸짖으라"고 한 것은 그레데인들의 나쁜 본성, 즉 거짓말쟁이며, 악한 짐승 같으며, 게으름뱅이인 것을 가리킵니다. 이러한 그레데인들의 잘못된 본성을 징계하여 온전한 믿음으로 바로 세우는 데 목적이 있는 것입니다. 즉 그들의 건강한 믿음, 곧 진실한 믿음, 산 믿음, 큰 믿음을 만드는 데 있는 것입니다.

성공적인 영적 생활의 기초는 바로 믿음에서부터 시작되기 때문에 신앙은 그리스도인에게 있어 매우 중요한 요소입니다.

신앙은 무엇입니까?

이것은 어떤 영적인 대상을 믿는 행위를 의미합니다. 믿는다는 말은 히브리어로 '아만'(אָמַן)이며, 헬라어로는 '피스튜오'(πιστέυω)입니다.

그래서 신앙의 의미는 먼저 하나님을 신뢰하는 것입니다. 다음은 신뢰한 것을 붙잡는 것입니다. 마지막으로는 이미 붙잡은 모든 것을 하나님께 맡기고, 믿고, 행하며, 실천하는 것입니다.

이러한 어원적 의미에서 신앙의 정의는 '예수 그리스도의 말씀에 기초하여 하나님을 믿는 행위' 라고 할 수 있습니다.

한국 기독교가 낳은 주기철 목사님은 한국 교회의 산 증인이며 훌륭한 주님의 종입니다. 청년 시절 주기철 목사님이 오산학교에 입학하기 전의 본명은 주기복이었습니다. 그런데 그는 예수 믿고 난 뒤에 그의 이름을 주기철, 즉 '주' 주님의, '기' 기독교를, '철' 철저하게 믿는다는 뜻으로 개명하였습니다.

이렇듯 믿음은 분명해야 합니다! 확실해야 합니다! 진실해야 합니다! 전적으로 신뢰해야 합니다. 100퍼센트 믿어야 합니다. 그때 믿음의 싹이 납니다! 믿음의 잎이 무성하게 피어납니다! 풍성한 열매를 맺습니다. 믿음의 기적이 일어납니다!

> "네가 믿으면 하나님의 영광을 보리라"(요 11:40).

한국말 가운데 '불확실하다', '애매하다' 라는 말을 재미있는 외래어 식으로 표현해 볼 수 있습니다. 이것을 일본식 표현으로 하면 '아리끼리하다', 중국식으로는 '갸우뚱', 프랑스식으로는 '알쏭달쏭', 아프리카식으로는 '낀가민가', 인도식으로는 '알간디! 모르간디' 입니다.

신앙의 ABC 기본 원리는 무엇입니까?

그것은 바로 히브리서 11장 1절에서 "믿음은 바라는 것들의 실상이요 보이지 않는 것들의 증거"라고 명쾌하게 대답해 주고 있습니다.

1) "실상"은 무엇입니까?

영어 성경에서는 '실체' (substance, KJV) 또는 '확증' (being sure, NIV)이라고 번역하고 있습니다

따라서 실상이란, 하나님의 말씀에 의하여 아직 실현되지 않은 소망의 대상들이 실물과 같이 확실하게 이루어진다는 의미입니다.

진정한 참 믿음은 무엇입니까? 이것은 현재 내가 얻지 못한 대상이라도 이미 얻은 것처럼 믿고 확신하는 것입니다. 그리고 현재 아무것도 나타난 것이 없지만 앞으로 나타날 것으로 믿는 것입니다.

에머슨(Emerson)은 말하기를, "믿음이란 것은 종달새의 알 속에서 종달새의 아름다운 소리를 듣는 것이다"라고 묘사하였습니다.

예를 들면, 오늘날 그리스도인들은 실제적인 신앙생활 속에서, "은혜 받을 줄 믿고 간구함으로 큰 은혜 충만을 받았습니다! 은사를 받을 줄 믿고 사모함으로 성령의 은사를 받았습니다! 문제가 해결될 줄 믿고 기도함으로 모든 문제가 해결되고 만사가 형통했습니다! 질병이 나을 줄 믿고 기도함으로 모든 병마가 일곱 길로 도망가고 고침을 받았습니다!"라는 영적 체험이 필요할 줄 압니다.

> "그러므로 내가 너희에게 말하노니 무엇이든지 기도하고 구하는 것은 받은 줄로 믿으라 그리하면 너희에게 그대로 되리라"(막 11:24).
>
> "믿음의 기도는 병든 자를 구원하리니 주께서 그를 일으키시리라 혹시 죄를 범하였을지라도 사하심을 받으리라"(약 5:15).

2) "증거"는 무엇입니까?

이것은 히브리식 표현으로, 앞에 있는 "바라는 것들의 실상이요"

라는 말로부터 독립된 것이 아니라 오히려 거기에 포함된 것을 강조하고 있습니다.

그래서 "바라는 것"은 "보이지 않는 것들"의 일부입니다. 그리고 "증거"는 "확증"을 의미하기도 합니다.

"보이지 않는 것들"이란 것은 플라톤(Platon)의 철학에서 나오는 추상적이고 보이지 않는 하늘나라가 아닙니다. 이것은 아직 보여지지 않은 미래의 종말론적 사건을 의미합니다.

그리고 "보이지 않는 것들의 증거"는 과거에 보지 못했던 사실과 미래의 종말론적인 사건을 믿음으로 바라고 증거케 합니다.

그래서 참된 믿음을 가진 그리스도인들은 천지 창조 사건을 믿고 증거해야 합니다! 노아의 홍수 사건을 믿고 증거해야 합니다! 여리고성의 파괴와 무너짐을 믿고 증거해야 합니다! 5병 2어의 기적을 믿고 증거해야 합니다! 예수 그리스도의 십자가의 죽음과 부활을 믿고 증거해야 합니다! 날마다 재림의 신앙을 가지고 장차 구름 타고 다시 오실 신랑 되신 주님을 고대하고 기다려야 합니다! 그리고 이 땅에 오실 재림주의 주님을 증거해야 합니다!

신앙은 신학적으로 3가지 요소를 가지고 있습니다.

1) 첫째는 지적 요소(intellectual element)입니다

이것은 하나님께서 인간의 타락과 예수 그리스도 안에 있는 구속에 대해 말씀하신 모든 것이 진리라고 듣고, 받아들이고, 깨닫는 것입니다.

하이델베르크 요리 문답(Heidelberg Catechism)에서는 '진정한 신앙이 무엇이냐?' 는 질문에 '확실한 지식' (certian knowledge)이라고 정의하였습니다.

죄인인 인간이 진정한 그리스도인이 되기를 원한다면 하나님의 구원 계획을 알아야 합니다. 인간이 구원받기 위해서 반드시 예수 그리스도의 복음을 듣고, 깨닫고, 믿어야 합니다.

그래서 사도 바울은 "그러므로 믿음은 들음에서 나며 들음은 그리스도의 말씀으로 말미암았느니라"(롬 10:17)고 하였습니다. 그리고 바울은 인간이 구원받는 길은 오직 그리스도의 복음밖에 없다고 강조하였습니다.

> "우리가 너희에게 전한 복음 외에 다른 복음을 전하면 저주를 받을지어다 우리가 전에 말하였거니와 내가 지금 다시 말하노니 만일 누구든지 너희가 받은 것 외에 다른 복음을 전하면 저주를 받을지어다"(갈 1:8-9).

2) 둘째 요소는 감정적 요소(emotional element)입니다

이것은 신앙의 대상인 인간이 예수 그리스도를 신앙으로 영접하는 것을 의미하고 있습니다. 무디(D. L. Moody)는 "참 믿음은 창세기 1장 1절부터 요한계시록 22장 21절까지 아멘으로 받아들일 때 생긴다"고 하였습니다.

러시아가 낳은 문학가 톨스토이(N. Tolstoi)는 하나님을 믿는 그의 신앙 고백을 다음과 같이 말하였습니다.

> 나는 하나님을 믿는다. 하나님은 내게 영이시요, 사랑이시요, 만

물의 원리이시다. 나는 내가 하나님 안에 있듯이 그분도 내 안에 계심을 믿는다. 나는 인간의 참된 행복이 하나님의 뜻을 실현하는데 있음을 믿는다. 하나님의 뜻을 실현하는 것이 나와 모든 사람들에게 유익함을 또한 믿는다. 모든 사람이 자기 이웃을 사랑하고 자신이 대접받고자 하는 대로 이웃을 대함이 하나님의 뜻임을 믿는다. 그래서 나는 인생의 이유는 우리 모두가 사랑 안에서 성장하는 것이라고 믿는다.

3) 셋째 요소는 의지적 요소(volitional element)입니다

이것은 신앙의 대상인 예수 그리스도께 전폭적으로 맡기고 의지하고 실천하는 행위입니다. 그래서 이것은 신앙의 클라이맥스이기도 합니다.

야고보 사도는 참 믿음은 믿고 실천하며 행하는 것인데 "만일 사람이 믿음이 있노라 하고 행함이 없으면 무슨 유익이 있으리요"(약 2:14)라고 반문하였습니다. 또한 그는 "이와 같이 행함이 없는 믿음은 그 자체가 죽은 것이라 어떤 사람은 말하기를 너는 믿음이 있고 나는 행함이 있으니 행함이 없는 네 믿음을 내게 보이라 나는 행함으로 내 믿음을 네게 보이리라 하리라"(약 2:17-18)고 하였습니다.

나이트 설교 예화집에 장난감 시계와 죽은 신앙에 대한 다음과 같은 기록이 있습니다.

어느 날 "아빠! 시계가 하나 있었으면 좋겠어요. 그래야 제가 시간을 알려드릴 수 있잖아요!" 하면서 지미(Jimmy)는 아빠에게 졸랐다. "그래, 시계를 하나 사주마!" 하고 지미 아버지가 말했다. 그

길로 아버지는 장난감 가게에 가서 장난감 시계를 사서 지미에게 주었다. 지미는 그것이 장난감 시계인 줄도 모르고 무척 흐뭇해하였다. 지미는 주일 전날 밤에 시계를 8시에 맞추어 놓고서 잠이 들었다. 지미 가족은 주일날 아침에는 모두 8시에 일어나 교회에 예배를 드리러 가기 때문이었다.

다음날, 지미가 일어나 보니 시계는 8시를 가리키고 있었다. 지미는 벌떡 일어나 아버지 방에 들어가서 외쳤다 "아빠! 얼른 일어나세요. 벌써 8시예요. 엄마도 얼른 일어나세요."

그러나 아버지가 눈을 뜨고 일어나 시계를 보니 새벽 5시였다. 아버지는 "지미야! 네 시계는 맞지 않아. 지금은 새벽 5시란다. 어서 네 방으로 건너가 자거라" 하고 다시 누워서 잠을 잤다.

그날 아침 예배 시간에 목사님은 "행동 없는 신앙은 죽은 신앙"이라고 설교하였다. 그때 지미는 아버지께 살짝 속삭였다. "아빠! 목사님은 지금 제 시계 이야기를 하고 계시네요."

아버지는 놀라면서 물었다. "너의 시계라니!"

"예, 아빠, 움직이지 않는 시계는 죽은 것이라잖아요."

이 세상에는 지미의 시계와 같은 사람이 얼마나 많은지 모른다. 교회에 다니는 사람은 많이 있어도 진실로 하나님을 마음속으로 깊이 받아들일 수 없으면 그 신앙은 죽은 신앙이다.

참된 신앙은 살아 계신 하나님의 약속을 믿고 신뢰해야 합니다. 산 믿음은 그 말씀을 믿은 그대로 실천하고 행하는 것입니다. 철학은 먼저 생각하고 난 후에 믿습니다. 그러나 믿음은 먼저 믿고 난 후에 결과를 생각합니다. 철학이 논리적이고 추상적이라면, 믿음은 모험적입니다.

5. 허탄한 이야기와 진리를 배반한 자

"유대인의 허탄한 이야기와 진리를 배반하는 사람들의 명령을 따르지 않게 하려 함이라"(1:14).

본문에서 사도 바울은 디도에게 이단 사상의 특성을 지적하면서 그들을 경계할 것을 명령하고 있습니다. 그 이유는 당시 그레데인들의 신앙이 연약하기 때문에 거짓 교사들의 이단 사상과 가르침에 쉽게 현혹될 수 있었습니다.

그래서 그레데 교인들이 두 가지 점에서 이단 사상에 빠지지 않도록 경계하고 있습니다.

1) 유대인의 허탄한 이야기입니다

일반적으로 각종 질병의 균들이 더럽고 불결한 곳에서 생겨 인간의 건강을 위태롭게 하고 생명을 빼앗아 가는 것처럼, 이단 사상과 거짓 교훈은 신앙적으로 무지하든가 윤리적으로나 도덕적으로 죄성이 강한 사람들에게 쉽게 접근할 수 있습니다. 이러한 이유 때문에 거짓 교사들은 죄악성이 강한 그레데인들에게 쉽게 접근할 수 있었습니다.

이러한 상황 속에서 그레데 교회의 지도자들의 사명과 책임은 바른 교훈과 가르침을 통하여 교회가 흔들리지 않도록 해야 하며, 교인들이 이단과 거짓 교사들에게 현혹되지 않도록 경계해야 합니다. 그렇게 해야만 건강한 교회와 건강한 성도가 될 것입니다.

그레데 교회가 경계해야 할 "유대인의 허탄한 이야기"는 무엇입니까? 그것은 '유대인의 이야기' 입니다. 즉 '하가다' (haggadot)로, 구약 기록에 유대인이 덧붙인 이야기라는 뜻입니다. 다시 말해, 유대인들의 구약 규례의 수많은 판례법이나 쓸데없는 족보들을 가리킵니다.

유대교는 유대인들이 그들의 조상 때부터 믿어 왔던 구약성경의 여호와 하나님을 믿으며, 인간이 구원을 받아 의롭게 되는 것은 모세 오경인 율법을 지키고 준수해야 하고, 장차 이 땅에 메시아가 도래할 것을 기다리고 대망하는 신앙입니다.

갈라디아서에서 사도 바울은 구약의 율법과 예수 그리스도의 복음을 비교하면서 참 복음과 거짓 복음에 대하여 분명하게 가르쳤습니다.

참 복음은 무엇입니까? 그것은 복의 근원이 살아 계신 하나님께만 있음과, 복음이 예수 그리스도의 계시로 이루어졌음을 가르치고 있습니다(갈 1:11-12). 인간의 모든 죄를 위하여 죽으신 예수 그리스도를 믿음으로 구원받고 새 생명을 얻을 수 있음을 교훈하고 있습니다(갈 2:20). 모든 그리스도인의 마음속에 믿음으로 말미암아 성령이 내주하고 계심을 가르치고 있습니다(갈 3:14). 죄인 된 인간이 구원받는 것은 율법 준수와 지킴이 아니라 오직 예수 그리스도를 믿는 믿음 안에서 이루어진다고 가르치고 있습니다(갈 3:21-22). 모든 사람들, 즉 유대인이나 헬라인, 종이나 자유인, 남자나 여자, 모두 다 예수 그리스도 안에서 차별없이 하나 됨을 선언하고 있습니다(갈 3:28).

이와 반대로 거짓 복음은 무엇입니까? 그것은 예수 그리스도의 죽음을 헛되고 무의미하게 생각합니다(갈 2:21). 죄인 된 인간이 구원받아 새 생명을 얻는 것은 율법을 지키고 순종해야 한다고 가르치고 있습니다(갈 3:12). 날과 달과 절기와 해를 지킴으로 하나님께 인정받는다고 믿고 있습니다(갈 4:10). 율법을 지키고 준수함으로써 죄 사함을 받고 의롭게 된다고 선언하고 있습니다(갈 5:4).

이러한 양자들 속에서 진정으로 예수 그리스도의 복음의 역할과 모세 오경인 율법의 역할은 각각 무엇입니까?

율법의 역할은 무엇입니까? 율법은 문자 그대로 법입니다. 그것은 무엇이 잘못되고, 무엇이 잘된 것인지를 가르쳐 줍니다. 무엇을 해야 하고, 무엇을 하지 말아야 할지를 가르쳐 줍니다. 율법이 인간에게 주어짐으로 인간은 자신이 죄인임을 깨닫게 됩니다. 죄에 대한 책임을 느끼게 합니다. 전적으로 타락한 인간의 힘으로는 구원받을 수 없음을 절감케 합니다. 인간에게 구원의 필요성을 각성시켜 줍니다.

그러므로 율법은 인간에게 구원을 주지 못합니다. 오직 구원의 길로 인도하는 안내자입니다. 그리고 예수 그리스도께 인도하는 몽학선생이요, 초등 교사와 같습니다.

> "이같이 율법이 우리를 그리스도께로 인도하는 초등 교사가 되어 우리로 하여금 믿음으로 말미암아 의롭다 함을 얻게 하려 함이라"(갈 3:24).

복음의 역할은 무엇입니까? 복음은 인간을 의롭게 하고 구원시킵니다. 그것은 인간의 근본적인 죄의 문제를 해결시켜 줍니다. 그것은 하나님께로부터 내려오는 의입니다. 복음은 율법의 요구를 충족시켜서 구원의 길을 완성시켜 줍니다.

《베이커 성경 주석》에서는 율법과 복음의 관계를 '율법적인 쟁기와 복음의 파종기' 라고 묘사하면서 다음과 같이 설명하였습니다.

> 한 가족이 모범 농장을 방문하였다. 그 농장에는 여러 가지 농기구들이 가지런히 정렬되어 있었다. 아버지가 어린 딸에게 '파종기'가 무엇인가를 설명하는 것은 별로 어렵지 않았다. 딸은 씨를 파종하고 하나님의 축복 밑에서 창고를 가득 채울 수 있을 만큼 풍작을 거두는 데 있어서 그 파종기가 어째서 필요한가를 이해했다. 그러나 빛나는 날카로운 날이 달린 '쟁기' 를 설명하는 데는 더 세심한 노력이 필요했다. 쟁기는 딱딱한 흙덩어리들을 뒤집어엎고 뒤얽혀 있는 엉겅퀴들과 잡초들을 뿌리 뽑기 위해서 필요하다.
>
> 사람들은 '율법적인 쟁기' 보다는 '복음 파종기' 를 믿고자 하는 경향이 더욱더 강하지 않을까? 그렇지만 두 가지 다 똑같은 목적을 위한 것이다. 그 두 가지 모두 똑같은 결과를 가져온다. 율법은 잡초가 자라나는 강팍한 인간의 가슴속 깊은 곳에 있는 그릇된 확신을 쟁기질한다. 반면에, 복음은 적절한 때 뒤이어 와 구원의 은혜의 씨앗들을 뿌려준다. 그리고 이전에 쟁기질이 깊이 되었으면 되었을수록 나중에 수확이 더 좋게 된다.

율법은 인간이 죄인임을 깨닫게 하고 가르쳤지만, 복음은 죄의 문제를 해결해 주었습니다. 율법이 예수 그리스도께로 인도하는 몽학선생이라면, 복음은 예수 그리스도 자체입니다. 복음이 내적이라면, 율법은 외적입니다. 복음이 진리라면, 율법은 진리의 그림자입니다. 존 칼빈은, "율법은 하나님의 뜻에 맞추어 살기를 원하는 모든 사람들과 모든 민족들을 위한 의의 진정한 영원 원칙"이라고 하였습니다.

2) 진리를 배반하는 자들의 명령입니다.

“진리를 배반하는 사람들”이란 어떤 사람들입니까? 이런 사람들은 진리를 습관적으로 거부하는 사람들을 가리킵니다. 그래서 사도 바울은 그레데인 지도자 디도를 향하여 그레데 교인들이 예수 그리스도의 복음 진리를 습관적으로 거역하는 사람들을 좇지 말고 경계해야 할 것을 가르치고 있습니다.

그러면 진리를 배반하는 사람들의 명령은 무엇을 말합니까?

여기서 “명령”은 유대인들이 철저하게 지키고 준수하는 그들의 ‘전통’(tradition)을 가리키고 있습니다. ‘전통’이라는 말은 헬라어로 ‘파라도세이스’(*παραδόσεις*)입니다. 이 단어는 ‘양도되는 것’ 혹은 ‘전해 주는 것’이라는 뜻으로 한글개역에서는 ‘구전’으로, 개역개정에서는 ‘전통’으로 번역되었습니다.

그래서 전통 혹은 유전은 율법에서 규정한 것 외에 조상들로부터 구전(word of mouth, oral)으로 내려온 관례나 습관 등을 말합니다. 그리고 유대인들은 그들의 전통이나 구전을 모세 오경과 같이 동일한 권위를 가진 것으로 간주하고 인정합니다.

유대인 랍비 전승에 의하면, “모세가 시내 산에서 율법을 받을 때 미처 기록하지 못한 것을 암송하고 있다가 그것을 전해 준 것이 바로 유전이다”라고 주장하고 있습니다.

유대인 랍비들은 그들의 전통 혹은 유전으로 613개 조항의 법 조문을 만들어 놓았습니다. 일반적으로 유대인의 율법은 두 가지 형식을 취하고 있습니다. 하나는, 절대적이며 정언적(categorical)인 형식입니다. 이것은 십계명과 같이 예외가 없는 지상 명령의 성격을 띤 것으로 운율을 가지고 있습니다. 그래서 유대인들은 예배 시간에 이것을 낭송하든가 암송하도록 되어 있습니다.

다른 하나는, 결의법 혹은 관례법 형식입니다. 이것은 실제적인 삶의 현장에서 적용할 수 있도록 세분화된 것입니다. 여기에 전통이나 유전 같은 것들이 속해 있습니다.

그런데 사실은 '유전' 이나 '전통' 은 율법을 보충하려고 인간이 만든 하나의 작품입니다. 대표적인 실례로 사도 바울의 경우을 찾아볼 수 있습니다. 사도 바울은 회심하기 전에 인간이 만들어 놓은 유전과 전통이라는 울타리 속에 갇혀 결과적으로 예루살렘 교회를 박해하고 주 예수를 믿는 그리스도인들을 심히 핍박한 사실을 이미 잘 입증해 주고 있습니다.

그런데 좀 예외적인 일이 하나 있습니다. 그것은 사도 바울이 데살로니가 교회들을 향하여 "전통을 지키라"(살후 2:15)고 권면하며 가르친 것입니다.

이 말은 무엇을 의미합니까? 이것은 율법의 유전이나 전통을 가리키는 것이 아닙니다. 이 점에 대하여 칼빈은, "예수 그리스도가 선포되고 사도들에게 계승된 복음 진리를 가리킨다" 고 주석하였습니다.

그래서 "전통과 유전을 지키라" 는 사도 바울의 권고와 가르침은 비록 사람에 의해 그리스도의 복음이 전달되고 계승되었지만, 그 복음은 신적 근원을 가지고 있기 때문에 따르고 지키고 순종해야 합니다.

이 말을 좀더 구체적으로 표현한다면, 이것은 복음의 핵심 되는 예수 그리스도와 함께 영적 거룩한 삶을 가지는 것입니다. 즉 그리스도인들은 날마다 예수 그리스도의 십자가의 고통과 죽음에 동참해야 합니다! 흑암과 사망의 권세에서 패배하지 않고 다시 살아나신 부활의 믿음을 가지고 항상 죄악과 싸워서 이기며 승리해야 합니다! 그리고 구름 타고 다시 오실 예수 그리스도의 재림에 대한 소망과 기쁨을 가지고 살아가야 합니다!

영국 맨체스터 뉴 대학의 제임스 드러먼드(James Drummond, New College of Manchester) 교수는 그의 책 《기독교 교리에 대한 연구》(*Studies in Christian Doctrine*)에서, 교회는 그들만의 전통만을 고수해서는 결코 안 된다고 하면서 '나이아가라 폭포(Niagara Fall)에 떨어진 독수리' 를 비유하면서 다음과 같이 설명하였습니다.

> 어느 해 봄, 나이아가라 폭포 근처를 산책하고 있었다. 그때 상류로부터 얼음 조각이 떠내려오고 있었는데 그 위엔 얼어 죽은 양의 시체가 놓여 있었다. 그것을 본 독수리가 본능적으로 양의 시체에 달려들어 날카로운 발톱을 양털 깊숙이 박고는 고기를 물어뜯었다. 얼음 덩어리로 변한 양 고기를 물어뜯으며 시간을 보내는 동안 얼음은 점점 아래로 흘러 천 길 낭떠러지로 내려갔다.
>
> 폭포의 폭음을 들은 독수리가 위험한 상황이 도래한 것을 깨닫고 날개를 펴서 솟아오르려 했다. 그러나 그의 발톱이 떨어지지 않았다. 양털 속에 박힌 발톱이 그만 얼어붙은 것이다. 결국 독수리는 시체가 된 양과 얼음 덩어리와 함께 폭포 아래로 곤두박질쳐 죽고 말았다.
>
> 교회 안에서도 생명력이 없는 과거의 전통에만 매달리다가 더 아름답고 새로운 세계로 날 수 있는 기회를 놓쳐 버린 채 영혼의 파멸을 겪고 마는 경우가 종종 있다.

그러므로 오늘날 그리스도인들도 거짓 교사들의 허황된 교훈과 가르침과 이단들의 꾀임과 유혹에 빠지지 말고 그들에게 현혹되지 않도록 항상 경계해야 합니다. 그리고 형식적이고, 율법적이며, 인간이 만든 낡은 전통이나 오래된 유전에서 하루속히 벗어나 예수 그리스도의 복음 진리를 통하여 바르고 의롭게, 그리고 영적으로 새롭게 거듭나는 건강한 교회 생활로 축복 받아야 할 것입니다.

6. 더러운 마음과 부패한 양심

> "깨끗한 자들에게는 모든 것이 깨끗하나 더럽고 믿지 아니하는 자들에게는 아무것도 깨끗한 것이 없고 오직 그들의 마음과 양심이 더러운지라"(1:15).

본문에서 사도 바울은 계속 이단의 특성에 대해 교훈하고 있습니다. 그는 유대인 거짓 교사들의 잘못된 교훈과 가르침에 대해 지적하면서 비판하고 있습니다.

1) "깨끗한 자들에게는 모든 것이 깨끗하다"는 것은 무엇을 의미합니까?

사도 바울은 이 격언을 통하여 자기 자신의 교훈과 변증에 대한 정당성을 강조하면서 증언하고 있습니다. 이것은 한마디로 말하면 '정결성' 입니다. 여기서 바울은 외적인 것이 정결의 여부를 판단하는 기준인 것으로 주장하는 유대인 거짓 교사들의 주장과 달리, 내적인 것을 강조하고 있습니다. 그것은 바로 마음과 양심의 문제입니다.

당시 그레데 교회 안에 있는 유대인 거짓 교사들은 유대교의 율법의식을 기독교의 진리와 규범들과 타협하려 하였습니다. 그레데 교회의 많은 교인들은 어려서부터 유대인 거짓 교사들의 가르침에 영향을 받아 식물과 기물, 인체 등과 관련된 것들에 대해 부정한 것과 부정하지 않은 규범을 정하였습니다. 그리고 더 나아가서 이 규범들 안에는 바리새파들의 세심한 주장까지 포함시켜서 인간의 구원의 가치를 부여하기도 하였습니다.

그래서 그들은 정결함과 깨끗함, 인간의 마음과 양심의 속성으로 보는 것이 아니라 물질의 속성으로 파악하였습니다. 즉 이것은 이교도의 이원론이며, 유대교의 의식주의입니다.

인간의 정결함과 깨끗함은 거짓 교사들의 말처럼 외적 정결이 아니라 내적인 죄의 문제입니다. 이것은 외부적인 그 무엇을 통하여 이루어지는 것이 결코 아닙니다. 오직 예수 그리스도의 십자가 구속 사역을 믿고 그리스도의 보혈의 피로 죄 씻음을 받음으로 죄와 결별하는 상태입니다. 성령으로 그리스도 안에서 새로운 피조물이 된 새사람의 청결한 마음입니다.

> "너희는 유혹의 욕심을 따라 썩어져 가는 구습을 따르는 옛사람을 벗어 버리고 오직 너희의 심령이 새롭게 되어 하나님을 따라 의와 진리의 거룩함으로 지으심을 받은 새사람을 입으라"(엡 4:22-24).

예수님께서는 신앙과 불신앙과 부정의 여부를 판단하는 기준은 외적인 것이 아니라, 내적인 문제라는 것을 가르치셨습니다.

누가복음 11장 37-41절에서 예수님께서는 바리새인들과 식사를 같이하기로 승낙하셨습니다. 그런데 예수님께서는 당시의 관습을 어기고 식사 전에 손을 씻지 아니하셨습니다. 그때 바리새인들이 예수님의 행위를 보고 이상히 여겼습니다.

일반적으로 상류층 유대인들은 하루에 식사를 두 번 합니다. 첫 번째는 늦은 아침에 가볍게 식사를 하는 조반이 있습니다. 두 번째 식사는 늦은 오후에 하는 주식사가 있습니다. 그리고 안식일에는 세 차례의 식사를 하는데 예배 후에 하는 점심식사는 가장 좋은 음식들을 차려놓고 잘 먹습니다. 예수님께서 바리새인들에게 초대받은 것은 바로 아침 식사 시간이었습니다.

당시 유대 사회에서 '손을 씻고 식사하는 일' 은 단순히 위생상의 문제가 아니라 유대인들의 중요한 예의였습니다. 그들의 관습이었습니다. 그리고 죄 많은 세상과 접촉함으로 인해 생기는 불결함을 제거하기 위한 정결한 결례였습니다. 그래서 이러한 식사 관습은 일반 유대인들이나 모든 바리새인들이 철저하게 지키는 중요한 규범들 가운데 하나였습니다.

그런데 예수님께서 유대인들과 바리새인들의 식사 관습을 어긴 것은 주인의 감정을 매우 상하게 만드는 요인이었습니다. 그리고 주위의 모든 바리새인들은 그들의 중요한 유전을 무시한 예수님의 행위에 대해 이상하게 여겼습니다.

그러나 예수님께서 식사 전에 손을 씻지 않으신 행위는 예수님께서 유대인의 유전에 대해 잘 모르거나 무지해서 나온 결과가 아니었습니다. 이것은 유대인들과 바리새인들의 형식적이고 외식적인 악습을 질책하기 위한 의도적인 책망이었습니다. 그들은 겉으로는 종교적 순결성을 지닌 것처럼 보이나, 속으로는 욕심이 가득한 위선자들이었습니다.

그래서 예수님께서는 외식하는 위선자 바리새인들을 향하여 다음과 같이 책망하셨습니다.

> "주께서 이르시되 너희 바리새인은 지금 잔과 대접의 겉은 깨끗이 하나 너희 속에는 탐욕과 악독이 가득하도다 어리석은 자들아 겉을 만드신 이가 속도 만들지 아니하셨느냐 그러나 그 안에 있는 것으로 구제하라 그리하면 모든 것이 너희에게 깨끗하리라"(눅 11:39-41).

2) 유대인 거짓 교사들은 더럽고 믿지 아니한 자입니다

여기서 더럽고 믿지 아니한 자들은 바로 유대인 거짓 교사들을 지칭한 말입니다. 즉 그들은 영지주의를 가리킵니다. 그들은 무엇을 믿지 않았습니까?

그들은 창조주 하나님이 세상과 만물을 지으신 것을 믿지 않았습니다. 영지주의자들은, 물질은 악하고 정신은 선하다고 합니다. 세상은 악한 신에 의해 창조되었다고 합니다. 육적인 것은 악에 물들게 하는 요인이라고 합니다. 그래서 세상은 악하다고 합니다. 또한 영지주의자들은 육체적 쾌락을 죄로 규정하였습니다. 성결케 하는 것은 금욕을 통해 이루어진다고 주장합니다. 그래서 그들은 음식을 가려서 먹는 엄격한 채식주의자였습니다.

신약 역사에 의하면, '혼인을 금하는' 풍습은 바리새인 에세네파(Essenes)에서 시작하여 테라페우타이파(Therapeutae)에서 흥왕하다가, 이것이 점점 발전하여 마침내 영지주의자가 되었습니다.

그런데 성경에서 혼인을 금하는 것은 명백하게 하나님의 창조 질서를 무너뜨리는 것입니다. 하나님이 친히 제정하신 결혼 제도를 파

괴하는 죄입니다. 그래서 창조주 하나님은 만물을 창조하실 뿐만 아니라 모든 식물들을 먹게 하시고 소유하도록 허락하셨습니다.

> "혼인을 금하고 어떤 음식물은 먹지 말라고 할 터이나 음식물은 하나님이 지으신 바니 믿는 자들과 진리를 아는 자들이 감사함으로 받을 것이니라 하나님께서 지으신 모든 것이 선하매 감사함으로 받으면 버릴 것이 없나니 하나님의 말씀과 기도로 거룩하여짐이라"(딤전 4:3-5).

창조주 하나님의 능력과 위대하심에 대하여 그리스의 철학자 플라톤은 다음과 같이 묘사하였습니다. "전 세계 사람들이 힘을 합하여도 파리 한 마리를 만들 수 없으며, 인간의 힘으로는 한 톨의 쌀도, 한 포기의 풀도, 한 그루의 나무도 만들 수 없다."

미국의 어느 학자는 75센트에 파는 도시락 하나에 얼마만큼의 인력이 소모되고 얼마의 돈이 들어갔는지를 계산해 보았습니다. 그런데 계산의 결과, 500만 명의 인간의 노력과 10만 달러의 돈이 소모되었다고 합니다. 그리고 지구의 직경을 재어 보았는데, 그 직경은 12,875㎞였으며, 태양의 직경은 지구의 130만 배였다고 기록하였습니다.

정말 그렇습니다! 세상의 모든 만물은 창조주 하나님의 능력과 위대하심을 잘 표현해 주고 있습니다. 그중에 사람은 하나님이 만드신 최고의 걸작품입니다! 만물의 영장입니다!

그런데 하나님을 알지 못하는 세상 사람들이나 이단의 거짓 무리들은 하나님의 살아 계심과 능력을 믿지 않지만 오늘날 하나님을 섬기는 모든 그리스도인들은 창조주 하나님을 향하여 날마다 찬송가 79장을 힘차게 부르면서 그의 능력과 위대하심을 영원토록 찬양하고 있습니다.

♬ 주 하나님 지으신 모든 세계 내 마음속에 그리어 볼 때
하늘의 별 울려 퍼지는 뇌성 주님의 권능 우주에 찼네
주님의 높고 위대하심을 내 영혼이 찬양하네
주님의 높고 위대하심을 내 영혼이 찬양하네 아멘.

3) 유대인 거짓 교사들은 마음과 양심이 더러운 자입니다

여기서 "마음"(mind)과 "양심"(conscinces)은 무엇을 의미합니까?

마음은 인간의 이성적인 판단력을 가리킵니다. 그리고 양심은 인간의 도덕적인 판단력을 가리킵니다. 그런데 이 두 개가 썩어지고 부패하면 바른 진리를 깨닫지 못하게 됩니다. 모든 것을 바로 판단하지 못하게 됩니다. 그래서 결과적으로 진리를 잃어버리게 됩니다.

사도 바울은 이러한 자들을 향하여 "자기 양심이 화인을 맞아서 외식함으로 거짓말하는 자들이라"(딤전 4:2)고 표현하였습니다.

"화인 맞아서"라는 헬라어는 '케카우스테리아스메논'(κεκαυστηριασμένων)이라는 단어로, '인두로 도장을 찍은' 이라는 의미입니다.

'화인' (hot iron)은 주인이 노예들을 매매할 때 그들의 신체 부위를 불로 지져서 자신의 소유임을 표시하는 방법입니다. 이 부위는 시간이 갈수록 딱딱해집니다. 그리고 무감각해집니다.

이와 같이 유대인 거짓 교사들의 마음과 양심은 무감각하여 어느 것이 진리인지 비진리인지를 알지 못했습니다. 무엇이 신앙이며 불신앙인지 판단하지 못했습니다. 그리고 그들은 선과 악을 분별하지

못하여 이단에 빠지고 말았습니다.

그래서 유대인 거짓 교사들의 삶은 한마디로 외적으로는 거룩하고 정결하게 보이나, 내적으로는 부패하여 병들었습니다. 그들의 마음과 양심은 화인을 맞고 말았습니다. 결국 자신을 망하게 합니다! 죽입니다!

프랑스 철학자 파스칼(Pascal)은 그의 소품집에서 양심에 화인 맞은 가짜 왕을 다음과 같이 소개하였습니다.

> 어떤 항해사가 항해를 하다가 파선하여 표류하던 중 어느 섬에 도착하게 되었다. 그런데 섬 주민들이 그를 왕으로 모셔 그를 깜짝 놀라게 하였다. 그 이유는 그 섬을 다스리던 왕이 갑자기 행방 불명되었는데 우연히도 표류자의 인상이 실종된 왕과 비슷했기 때문이었다. 표류자는 하루아침에 섬의 왕으로 군림하게 되었다. 그런데 표류자는 양심의 가책이 되어 자기 신분을 밝히고 왕의 자리를 사직하려고 생각해 보았으나, 날이 갈수록 왕 노릇 하는 일에 재미를 붙이게 되었다. 세월이 지나면서 양심의 소리는 점점 작아졌고, 오히려 진짜 왕이 나타날까 봐 불안을 느꼈다. 그리고 오히려 섬 사람들을 학대하고 혹사시키면서 폭군 군주가 되어 버렸다.

그럼 양심에 화인 맞은 유대인 거짓 교사들의 생활은 어떠했습니까?

교부 크리소스톰(Chrysostom)의 "사람의 영혼이 더러울 때에는 모든 것이 더럽다고 생각한다"는 말처럼, 유대인 거짓 교사들의 삶은 한마디로 거짓과 위선으로 가득 차 있었습니다.

그들은 마치 연극장에서 가면을 쓰고 연기하는 배우들처럼 자신의 본래 모습을 감추고 행동하였습니다. 그들은 헌신하며 경건한 듯이 행동하지만 실상은 눈가림에 불과했습니다. 그들은 상대방을 향하여 거룩한 가면을 쓰고 항상 속이고 거짓말하는 거짓 위선자들과 같았습니다.

《베이커 성경 주석》에서는 한 위선자의 모습을 다음과 같은 그림으로 잘 묘사하였습니다.

> 런던에 사는 어느 화가가 성의를 입고 있는 한 탁발승을 그렸다. 그 그림을 머리에서 보면 탁발승이 마치 기도하는 태도를 취하고 있는 것처럼 보인다. 그는 두 손을 모아 수평으로 갖다 대었고, 두 눈은 복음서에서 나오는 세리처럼 겸손히 내리깔고 있다. 이 선한 사람은 마치 겸손한 찬미와 경건한 묵상에 완전히 몰두해 있는 것처럼 보인다.
>
> 그러나 가까이 가서 살펴보면 이러한 착각은 사라진다. 그의 앞에 있는 것처럼 보였던 책은 펀치를 담은 그릇이었고, 그는 그곳에 레몬즙을 짜 넣고 있는 중이었다.

이것은 위선자를 참으로 생생하게 묘사한 그림이다.

7. 가증한 자와 불복종한 자

> "그들이 하나님을 시인하나 행위로는 부인하니 가증한 자요 복종하지 아니하는 자요 모든 선한 일을 버리는 자니라"(1:16).

본문에서 사도 바울은 유대인 거짓 교사들의 잘못된 교훈과 가르침을 지적하면서 이단들을 경계할 것을 강조하고 있습니다. 여기서 사도 바울은 내적으로 더러운 그들의 세 가지 점을 지적하고 있습니다.

1) 유대인 거짓 교사들은 하나님을 시인하나 행위로는 부인하는 자들입니다

외면적으로 유대인 거짓 교사들은 하나님을 시인하며 체험했다고 말하고 있지만, 내면적으로는 하나님을 부인하는 자들입니다. 그들은 하나님의 진리에 대하여 입으로는 시인하나 그 진리에 대해 바로 깨닫지도 못하고 알지도 못합니다. 참된 신앙 고백도 하지 않습니다. 그래서 그들은 내면적인 문제를 무시해 버리고 외면적인 문제만 주장합니다. 그것은 바로 그들의 교만입니다.

이러한 영향을 받은 그레데인들은 하나님에 대한 지식을 고백하였습니다. 그러나 그들의 고백은 거짓이었습니다. 그리고 그들의 행위 속에는 혐오스러운 불순종만 가득 차 있었습니다.

그러므로 본문이 가르치는 중요한 원칙은, 인간의 신앙 고백은 그 사람의 행동과 일치해야 한다는 점을 강조하고 있습니다. 그러나 만약 그 사람의 신앙 고백이나 믿음으로 시인하는 것이 행동과 일치하지 않는다면 그것은 크게 잘못된 신앙입니다.

사도 야고보도 말하기를, "내 형제들아 만일 사람이 믿음이 있노라 하고 행함이 없으면 무슨 유익이 있으리요"(약 2:14), "이와 같이 행함이 없는 믿음은 그 자체가 죽은 것이라"(약 2:18)고 가르쳤습니다. 여기에서 "행함"은 헬라어로 '에르가'(ἔργα)입니다. 이것은 의롭다 함을 얻기 위하여 행하는 율법적인 행위가 아니라, 진정한 믿음을 가진 자들의 신앙 고백이며 아름다운 행실입니다.

진정한 참 믿음은 무엇입니까? 진리와 교리 혹은 경건한 감정을 단지 지적으로만 받아들인다면 그것은 진정한 신앙이 아닙니다. 이러한 것들을 전인적으로 받아들일 때 살아 있는 믿음의 모습을 발견할 수 있습니다.

어느 선교 역사의 기록에 의하면, 동남아시아 인도네시아 해변에 수많은 야자수들이 심겨져 있습니다. 어떠한 나무들은 40년 이상 혹은 더 이상 된 묵은 나무들이 있습니다. 그런데 날마다 바람이 불든가 혹은 허리케인이 휘몰아쳐 오면 나뭇가지들은 이리저리로 흔들립니다. 그러나 나무의 뿌리는 땅속 깊이 박혀 절대로 넘어지지 않고 굳건히 제자리에 서 있습니다.

그리스도인의 신앙생활도 야자수와 같아야 합니다. 믿음이 자라나는 동안에는 이리저리로 흔들릴 수 있습니다. 그러나 그리스도인들의 마음속에 뿌리 박고 있는 믿음은 흔들리지 말아야 합니다.

나이가 많을수록 많은 열매를 맺는 야자수와 같은 삶을 살아야 합니다. 그리스도인들이 영적으로 성숙해지면 성숙해질수록 주위에 있는 사람들이 혜택을 받아야 합니다. 그리스도인들의 선행을 통하여 맺어지는 영적 열매들은 하나님의 영광이 될 것이며, 예수 그리스도의 향기가 될 것입니다.

그래서 사도 바울은 고린도 교회 교인들을 향하여 권면하였습니다.

> "너희는 믿음 안에 있는가 너희 자신을 시험하고 너희 자신을 확증하라 예수 그리스도께서 너희 안에 계신 줄을 너희가 스스로 알지 못하느냐 그렇지 않으면 너희는 버림받은 자니라"(고후 13:5).

2) 유대인 거짓 교사들은 가증한 자요 복종치 아니하는 자들입니다

"가증한 자"란 '혐오스럽고 위선이 가득 찬' 사람을 의미입니다. 말과 행실이 전혀 다른 것입니다. 하나님의 진리 말씀에 순종하는 삶보다는 그들이 만든 허탄한 이야기에 빠져 외면적인 일에만 전념하는 것입니다.

이로 말미암아 유대인 거짓 교사들은 그들의 족보와 금욕주의가 구원에 이르는 유일한 길이라고 믿고 터무니없는 주장을 하였습니다.

이 점에 대하여 사도 바울은 디모데전서 1장 4절에서 말하기를, "신화와 끝없는 족보에 몰두하지 말게 하려 함이라 이런 것은 믿음 안에 있는 하나님의 경륜을 이룸보다 도리어 변론을 내는 것이라"(딤전 1:4)고 가르쳤습니다.

"신화"와 "끝없는 족보"는 서로 나누지 않고 함께 생각해야 합니다. 왜냐하면 유대교나 랍비 전승 가운데 내려오는 신화는 끝없는 족보에 대한 전설적인 이야기들이기 때문입니다. 이러한 것들은 유대인 거짓 교사들이 지루하게 길게 꾸며 온 공상적인 내용들입니다. 그리고 유대주의적인 것과 영지주의적인 것들을 혼합시켜서 만든 거짓 교훈서와 같은 것입니다.

그래서 사도 바울은 디모데에게, 에베소 교회의 교인들에게 거짓 교사들의 잘못된 교훈에 따르지 말 것을 가르쳤습니다. 그리고 그들의 거짓 가르침에 동참하지 말 것을 강력하게 경계하였습니다.

여러분! 진리와 비진리의 차이점은 무엇입니까? 신앙과 불신앙의 다른 점은 무엇입니까? 그리고 선과 악은 어떻게 다릅니까? 이러한 질문들에 대한 해답을 하나로 말한다면 바로 진실이냐 거짓이냐의 문제이며, '그것을 순종하느냐, 순종하지 않느냐?' 의 문제입니다.

프랑스 사상가 몽테뉴(M.E. Montaigne)는, 거짓말은 하나님을 부인하고 거역하는 죄라고 다음과 같이 단언하였습니다.

> 남에게 거짓말쟁이, 표리부동한 사람으로 낙인 찍히는 것만큼 사람을 부끄럽게 만드는 죄악은 없다. 제대로 평가해서 말한다면 누군가 거짓말한다고 이야기하는 것은 곧 그 사람이 하나님께 반역할 만한 용기를 지녔다고 말하는 것과 마찬가지다. 반면, 그는 사람들에게는 겁쟁이인 것이다. 왜냐하면 거짓말한다는 것은 곧 하나님께 정면으로 맞서 그에게 거역하는 행위를 하는 것이며, 동시에 사람들에게는 두려움을 갖고 움츠러든다는 말이기 때문이다.

진리는 어떠합니까? 시인 존 밀턴(John Milton)이 "진리는 광선과 같아서 어떤 외부의 손에 의해서도 더럽혀질 수 없다"고 말한 것처럼 정말 진리는 빛입니다! 밝게 합니다! 기쁨을 줍니다! 치료해 줍니다! 소망입니다! 꿈과 비전입니다!

더 나아가서 영원한 빛 되신 예수 그리스도의 진리는 어두움이 되는 비진리를 물리칩니다! "진리를 알지니 진리가 너희를 자유롭게 하리라"(요 8:32).

이 땅에 빛으로 오신 예수 그리스도는 어두움 속에 있는 모든 죄인들을 구원하십니다. 흑암의 세력들을 물리치고 승리케 하십니다. 그래서 벤자민 프랭클린(Benjamin Franklin)은 "거짓은 한 다리 위에 서 있으므로 쓰러지나, 진리는 두 다리 위에 서 있으므로 안전하다"고 말하였습니다.

3) 유대인 거짓 교사들은 모든 선한 일을 버리는 자입니다

여기서 "선한 일을 버린다"는 말은 '선한 일에 참여하지 아니하고 악한 일에만 동조한다' 는 의미입니다.

유대인 거짓 교사들은 하나님의 영광을 나타내는 일보다는 자기 자신의 영광과 명예에만 치중하였습니다. 하나님의 뜻을 이루기보다는 자신의 뜻을 이루기 위하여 전념하였습니다. 하나님의 말씀을 따라가며 순종하기보다는 자신의 탐욕과 욕심을 위하여 고집을 부렸습니다.

오늘날 그리스도인들은 거짓 교사들의 교훈, 즉 '선한 일을 버리는 삶' 으로부터 시편 기자의 가르침, 곧 '복 있는 자의 삶' 으로 변화되어야 할 것입니다.

이러한 복 있는 삶을 살기 위해서 시편 기자는 시편 1편에서 복 있는 자의 삶의 비결을 가르쳐 주고 있습니다.

첫째는, 소극적인 자세로 복 있는 자의 삶은 죄악을 거부하는 생활입니다.

인간의 주된 표현인 생각과 행동, 관습과 풍습 등의 모든 부분에서 죄악 된 것을 구별하고 과감하게 청산하는 것입니다. 시편 기자는 이것을 3단계의 회화적인 모습으로 묘사하고 있습니다. 즉 복 있는 사람은 ① "악인들의 꾀를 따르지 아니하며", ② "죄인들의 길에 서지 아니하며", ③ "오만한 자들의 자리에 앉지 아니한다"는 것입니다.

그래서 하나님의 복을 갈망하는 자는 누구든지 이 세상 죄악으로부터 떠나야 합니다. 그리고 다음과 같이 큰소리로 외쳐야 합니다.

"너희 행악자들이여 나를 떠날지어다 나는 내 하나님의 계명들을

지키리로다"(시 119:115).

둘째는, 적극적인 자세로 복 있는 사람의 삶은 날마다 하나님의 말씀을 묵상하는 생활입니다.

그리스도인이 복된 삶을 살기 위해서는 말씀을 묵상하는 삶을 살아야 합니다. 시편 기자는, 복 있는 사람은 "오직 여호와의 율법을 즐거워하여 그의 율법을 주야로 묵상하는도다 그는 시냇가에 심은 나무가 철을 따라 열매를 맺으며 그 잎사귀가 마르지 아니함 같으니 그가 하는 모든 일이 다 형통하리로다"(시 1:2-3)라고 가르쳤습니다.

하나님의 말씀을 묵상한다는 것은 무엇입니까? '묵상' (meditation)에 대하여 영성 신학자 고든 웨이크필드(Gorden Wakefield)는 "이것은 기독교에서 정신 활동을 정의하기 위해 사용되었다. 서로 밀접하게 관련된 두 개의 전통, 즉 성경과 고대 그리스, 라틴의 전통에서 기원하였다"라고 정의하였습니다.

영성 신학자 리처드 포스터(Richard Foster)는 "이것은 하나님의 말씀을 귀 기울여 들음, 하나님의 일을 생각함, 하나님께서 하신 행위를 되풀이하여 말함이다"라고 정의하였습니다.

요즈음 현대 그리스도인이 흔히 말하는 '큐티' (QT, quiet time)입니다. 이 큐티는 하나님의 말씀을 묵상하는 시간입니다. 하나님과의 영적 교제의 시간입니다. 그리고 하나님과 나만이 가지는 시간입니다.

그러므로 그리스도인들은 하나님의 말씀 안에서 그 말씀을 의지하고 묵상할 때 아름답고 선한 일을 할 수 있습니다. 이때 성령께서도 그 선한 일을 성취할 수 있도록 도와주실 줄 믿습니다.

만약 그리스도인이 하나님의 말씀 안에 거하지 아니하고 죄의 길에 서든가 오만한 자리에 앉아 일을 한다면 결단코 선한 열매를 맺을 수 없을 것입니다.

그러므로 그리스도인들은 거짓 이단의 교훈과 가르침에 현혹되어 거짓되고 맛이 없는 들포도 열매를 맺지 말고, 하나님의 말씀 안에서 붉고 맛있는 아름다운 극상품 포도 열매를 맺어야 합니다. 그리고 선한 일에 힘 쓰는 복 있는 사람이 되어야 합니다. 영국 격언에 "힘써서 착한 일을 하면 복된 사람이 될 수 있다"고 하였습니다.

제5강 교회 각층에 대한 교훈

제5강
교회 각층에 대한 교훈(2:1-10)

"오직 너는 바른 교훈에 합당한 것을 말하며(1절)

늙은 남자로는 절제하며 경건하며 신중하며 믿음과 사랑과 인내함에 온전하게 하고(2절)

늙은 여자로는 이와 같이 행실이 거룩하며 모함하지 말며 많은 술의 종이 되지 아니하며 선한 것을 가르치는 자들이 되고(3절)

그들로 젊은 여자들을 교훈하되 그 남편과 자녀를 사랑하며(4절)

신중하며 순전하며 집안일을 하며 선하며 자기 남편에게 복종하게 하라 이는 하나님의 말씀이 비방을 받지 않게 하려 함이라(5절)

너는 이와 같이 젊은 남자들을 신중하도록 권면하되(6절)

범사에 네 자신이 선한 일의 본을 보이며 교훈에 부패하지 아니함과 단정함과(7절)

책망할 것이 없는 바른말을 하게 하라 이는 대적하는 자로 하여금 부끄러워 우리를 악하다 할 것이 없게 하려 함이라(8절)

종들은 자기 상전들에게 범사에 순종하여 기쁘게 하고 거슬러 말하지 말고(9절)

훔치지 말고 오히려 모든 참된 신실성을 나타내게 하라 이는 범사에 우리 구주 하나님의 교훈을 빛나게 하려 함이라(10절)."

본문 2장은 사도 바울이 디도에게 그레데 교회 안에 있는 여러 각층의 교인들을 향한 윤리적 경건의 삶에 대해 교훈하고 있습니다. 이 교훈은 교회 안에 있는 각층의 사람들, 인종과 성별과 삶의 방식과 태도가 예수 그리스도의 한 몸 안에서 이루어져야 하고 하나로 통일되어야 합니다. 그리고 교인들의 아름다운 덕행이 하나님께 영광이 될 수 있도록 목표가 되어야 합니다.

1. 바른 교훈

"오직 너는 바른 교훈에 합당한 것을 말하며"(2:1).

본문에서 "너는"(you)이라는 말은 누구를 가리키고 있습니까? 이것은 강조적인 어구로서 디도를 가리키고 있습니다.

이 말은 그레데 교회의 지도자인 디도가 유대인 거짓 교사와는 전혀 다른 사람임을 강조하고 있습니다. 계속하여 디도에게 주어진 두 가지 중요한 의무는, 첫째는 거짓 이단들이 가지고 있는 거짓 교훈과 전혀 다른 진리와 바른 교훈을 그레데 사람들에게 모범으로 보여주어야 할 것을 강조하고 있습니다.

둘째는 유대인 거짓 이단들의 교훈과 가르침의 영향을 받고 있는 그레데 교회의 교인들을 올바른 길로 인도해야 할 것을 암시하고 있습니다.

그럼 "바른 교훈"(sound doctrine)은 무엇입니까?

"바른"이라는 헬라어는 '휘기아이누세'(*ὑγιαινούσῃ*)로 '건강하다'는 뜻을 가지고 있습니다. 그리고 '합당한 것' 이란 바른 행동, 즉 성결한 삶입니다.

바른 교훈은 살아 계신 하나님의 말씀이요, 사도들이 친히 가르친 교훈을 가리키고 있습니다. 이 바른 교훈을 가지고 의롭고 바르게, 건강하고 성결하게 살아야 합니다. 살아 계신 하나님의 진리 말씀을 통하여 죄인을 의롭게 만들 수 있습니다. 연약하고 병든 자를 건강하게 할 수 있습니다. 흑암과 사망 속에 있는 영혼들을 구원할 수 있습니다. 새 생명의 길로 인도할 수 있습니다.

이 "바른 교훈"과 반대되는 것은 "거짓 교훈"입니다. 그럼 전자와 후자의 차이점은 무엇입니까?

먼저, 거짓 교훈은 잘못되고 허탄한 비진리입니다. 왜냐하면 이것은 거짓 유대적인 요소로 가득 차 있기 때문입니다. 그래서 사도 바울은 거짓 교훈을 가리켜 할례당이라고 불렀습니다. 이 교훈은 유대인의 허탄한 이야기를 앞세워 예수 그리스도의 복음에 대항하였습니다. 입술로는 하나님을 시인하였지만, 실제 행위로는 부인하였습니다. 어리석은 변론과, 족보 이야기와, 율법의 다툼에 착념하는 것으로 많은 시간을 허비하게 만들었습니다.

반면에, 바른 교훈은 의롭게 하고, 영적으로 건강케 하는 진리입니다. 왜냐하면 이것은 살아 계신 하나님의 말씀과 사도들의 산 교훈이기 때문입니다.

바른 교훈은 병들어 죽어가는 영혼을 살리는 건강한 복음입니다. 예수 그리스도의 복음 안에 나타난 하나님의 영광의 충만한 계시입니다. 그래서 바른 교훈은 어떠한 이론에 불과한 개념적인 것이 아닙니다. 이것은 영혼을 살리고 삶을 변화시키는 새로운 사람, 즉 도덕적으로 올바르고 청결한 마음을 가지게 합니다. 거짓이 없는 선한 양심을 소유하게 합니다. 믿음 안에서 영적으로 성장케 합니다.

그러므로 모든 그리스도인들은 살아 계신 하나님의 말씀과 사도들이 친히 가르친 복음의 진리인 바른 교훈을 통하여 영육 간에 건강해야 합니다. 이와 동시에 영적으로 병들게 하고, 영혼을 죽이며, 주님의 몸 된 교회를 대적하게 하는 거짓 이단들과 그들의 교훈에 유혹받지 않도록 항상 경계해야 할 것입니다.

미국 개혁교회 노먼 필(Norman V. Peal) 목사는 그리스도인의 영적 성장과 건강을 위한 10가지 방법을 다음과 같이 제시하였습니다.

첫째는, 병이 생기면 의사를 부르듯 목사를 부르라.

둘째는, 당신의 몸과 마음, 영혼의 완치자는 예수 그리스도라는 사실을 믿으라.

셋째는, 당신의 몸은 영혼의 성전이라는 사실을 알고 그것을 귀중하게 취급하여라.

넷째는, 모든 복수심과 미움을 비우라.

다섯째는, 당신의 담당 의사를 위해서 기도하여라.

여섯째는, 매일 운동을 하고 성경을 읽고 기도드리면 당신의 몸과 마음, 영혼이 튼튼해진다.

일곱째는, 건강을 생각하며 당신 자신이나 사랑하는 자들에게 악의를 품지 말라.

여덟째는, 창조주 하나님이 건강의 원천이라는 사실을 알라.

아홉째는, 성경에 기록된 규칙들을 연구하고 실천하라.

열째는, 치료자는 의사이지만 완치자는 하나님이심을 믿어라.

2. 늙은 남자에 대하여

"늙은 남자로는 절제하며 경건하며 신중하며 믿음과 사랑과 인내함에 온전하게 하고"(2:2).

본문은 교회 안의 노년기에 있는 남자들에 대해 가르친 교훈입니다. '노년'은 인생의 마지막을 정리하는 기간입니다. 지난 과거의 삶을 되돌아보며 반성하고 뉘우치면서 앞으로 어떻게 살아가야 할 것인지 생각하고 계획하는 때입니다.

본문의 "늙은 남자"(older man)는 교회 직분상으로 장로를 가리키는 것이 아닙니다. 이것은 사람의 연령으로 '나이 든 사람'(aged man)을 의미합니다.

그들은 교회 지도자로서의 장로는 아니지만, '손위'의 남자들로서 지도자의 위치에 서 있는 사람들과 같습니다. 그래서 그들은 젊은 사람들에게나 아랫사람들에게 신앙의 본이 되는 도적적인 특성을 가져야 합니다.

여기에서 사도 바울은 그레데 교회의 디도를 통하여, 교회 안에 있는 늙은 남자들이 다른 사람들에게 모범이 되어야 할 네 가지 덕목을 가르치고 있습니다.

1) 늙은 남자는 절제해야 합니다

절제는 늙은 남자들의 첫 번째 덕목입니다. 그래서 교회 안에서 늙은 남자들은 절제하는 삶을 가져야 할 것을 교훈하고 있습니다.

개역개정에서 "절제하며"는 헬라어 '네팔리우스'(νηφαλίους)에서 번역된 것으로, 이것은 '술 취하지 않은', '술 마시지 않은' 이라는 문자적 의미를 가지고 있습니다.

그럼, 여기에서 말하는 "절제"는 무엇에 대해 절제하는 자세입니까? 이 말에 대한 주경학자들의 견해는 각각 다르게 해석하고 있습니다.

칼빈은 "이것은 노년기에 있는 남자들의 술 취함에 대한 절제"라고 하였습니다. 렌스키(R. C. H. Lenski)는 "늙은 남자들의 생각이나 언행의 절제를 의미한다"고 하였고, 다른 주경 신학자들은 "늙은 남자들의 삶 전체의 절제를 의미한다"고 주석하였습니다.

이러한 주해들 속에서 늙은 남자들은 삶의 마지막 종착역이 가까이 다가와서 허탈감과 무기력 속에 살아가고 있습니다. 그러나 그들의 삶의 전체는 하나님의 말씀과 믿음 안에서 절제하는 미덕을 가져야 합니다. 그들의 언행 심사에 절제할 수 있도록 힘쓰고 노력해야 합니다.

"절제는 지금 당장 힘들어도 결국은 유쾌하다"고 말한 시인 괴테(Johann W. Goethe)의 말처럼, 정말 절제하는 것은 그리 쉬운 일이 아닙니다. 그러나 하나님의 말씀을 붙잡고 참고 인내하면서 절제하는 삶을 산다면 자신에게 큰 은혜가 되며 복이 될 것입니다.

그리스 사람들은 아테네의 젊은 청년들에게 두 가지를 경고하면서 가르쳤습니다. 첫째는 네 자신을 알라이고, 둘째는 네 자신을 다스리라입니다. 그것은 네 자신을 알고, 네 자신의 삶을 절제하라는 교훈입니다.

모든 그리스도인들은 성공적인 신앙생활과 영적인 건강을 위하여 절제하는 삶을 살아야 합니다. 절제는 성령의 아홉 가지 열매 가운데 하나이기도 합니다.

2) 늙은 남자는 경건해야 합니다

경건은 늙은 남자의 두 번째 덕목입니다. 그래서 교회 안에서 늙은 남자들이 경건한 삶을 살아야 할 것을 가르치고 있습니다.

개역개정에서 "경건하며"는 헬라어 '셈누스'(*σεμνοῦς*)를 번역한 것으로 이것은 '위엄이 있는', '존경할 가치가 있는' 이라는 문자적 의미를 가지고 있습니다.

그러면 "경건"은 무엇을 의미합니까? 이것은 위엄이나 품위를 드러내는 것과 단정하다는 뜻을 가지고 있습니다. 그래서 경건한 사람은 하나님이 항상 자신을 관찰하고 계심을 느끼고 있습니다. 여기에서 경건이 하나님을 향한 자세라면, 단정은 사람을 대하는 태도를 말합니다.

존 칼빈은 개혁주의 신학의 주춧돌입니다. 칼빈의 영성의 핵심은 경건(piety)입니다. 그의 경건 사상은 개혁주의 영성 신학의 첫 출발점이 되었습니다. 그래서 칼빈의 영성은 경건 영성(spirituality of piety)입니다.

칼빈은 기독교 변증서요 칼빈 신학의 정수인 그의 저서 《기독교 강요》(*Institute of the Christian Religion*)에서 말하기를, "경건은 하나님을 향한 진정한 태도, 진정한 지식과 진정한 예배를 포함한 태도를 가리키는 포괄적인 용어다"라고 정의하였습니다.

그리고 칼빈은 "경건의 반대는 불경으로, 이것은 신성을 모독하는 죄다. 그리고 이 불경은 하나님의 이름을 속되게 하며 오염시킨다"라고 하면서, 경건의 중요성을 강조하였습니다.

감리교 창시자 존 웨슬리는 "그리스도인들은 경건한 삶을 위하여 날마다 '경건', '기쁨', '욕심', '두려움', '사랑', '행동'에 대해 자기 자신에게 질문해야 한다"고 하였습니다.

그러므로 그리스도인의 경건의 삶은 하나님과의 내적인 관계와 일상생활 속에서 믿음의 삶을 통하여 깨끗하고 정결해져야 합니다. 그것은 오직 하나님께 영광과 찬양을 돌리는 것입니다.

소요리 문답(The Shorter Catechism) 제1과 1문에서 다음과 같이 대답하였습니다.

> 사람의 첫째되는 목적은 하나님을 영화롭게 하는 것과 그를 영원토록 즐거워하는 것입니다.

3) 늙은 남자는 신중해야 합니다

신중함은 늙은 남자들의 세 번째 덕목입니다. 그래서 교회 안에서 늙은 남자들의 언행 심사가 신중해야 할 것을 교훈하고 있습니다.

한글개역에서 "근신하며", 개역개정에서 "신중하며"로 번역된 단어는 헬라어 '소프로나스'(*σώφρονας*)를 번역한 것으로, '건전한 정신', '사려 깊은', '자제하는'이라는 의미를 가지고 있습니다. 그래서 늙은 남자들은 교회의 모든 일에 사려 깊고 성숙한 생각으로 판단해야 합니다. 아름답고 은혜로운 행동을 통하여 젊은 사람들에게 예수님의 향기를 나타내어야 합니다.

어느 외국 교회의 예화를 다음과 같이 기록하였습니다.

> 그리스도 가정에서 자라난 한 청년이 있었다. 그는 자기 자신의 삶의 가치를 인정하지 않았다. 신앙에는 아무런 관심도 없이 생활하였다.
>
> 그러던 어느 날 그 청년의 할아버지가 세상을 떠났다. 그후 얼마 안 되어 그 청년은 예수 그리스도를 믿기로 결심하였다. 그리고 진정한 크리스천이 되려고 노력하였다. 그의 어머니는 아들의 모습과 삶이 달라진 것을 보았다. 어머니는 아들에게 물었다. "할아버지가 세상을 떠난 것이 네가 예수를 믿게 한 동기가 되었느냐?" 아들은 말하기를, "아니, 할아버지의 생활의 모습이었어요"라고 대답하였다.

영국의 위대한 전도자 조지 휫필드(George Whitefield)는 아버지의 집을 떠날 수 없다는 한 젊은 청년의 심정을 다음과 같이 기록하였습니다.

> 나는 늙으신 아버지의 집을 떠나지 않을 것입니다. 왜냐하면 그 집의 모든 의자와 탁자 위에서 아버지의 아름다운 경건의 냄새가 나기 때문입니다.

그러므로 그리스도인들은 교회 안에서나 밖에서나 그리고 어린

아이들에게나 젊은 사람과 늙은 사람들에게나, 모든 사람들 앞에서 신중하고 품위 있는 언행 심사를 통하여 예수님의 향기를 나타내어야 합니다.

사도 바울은 고린도 교회를 향하여 "우리는 구원받는 자들에게나 망하는 자들에게나 하나님 앞에서 그리스도의 향기니"(고후 2:15)라고 권면하였습니다.

4) 늙은 남자는 믿음과 사랑과 인내에 온전해야 합니다

믿음과 사랑과 인내로 온전해야 하는 것은 교회 안에서 늙은 남자들이 가져야 할 네 번째 덕목입니다.

여기서 "믿음과 사랑과 인내로 온전하게 하고"라는 말은 건전한 믿음과, 뜨거운 사랑과, 참고 기다리는 인내하는 생활을 하라는 의미입니다.

(1) '믿음' 은 무엇입니까? 그것은 하나님을 향한 개인적인 의지와 신뢰를 의미합니다.

'작은 예수' 라고 불리는 20세기 기독교 최고 지성인이요 변증가인 C.S. 루이스는 그의 《순수한 신학》(*Mere Theology: a guide to the thougb of C.S. Lewis*)에서, "믿음은 하나님께서 우리가 스스로 행할 수 없는 일을 우리 속에서 우리를 대신해 주시리라고 신뢰하는 일의 중요성"이라고 정의하였습니다. 그는 또한 "지적 동의로서의 믿음과 신뢰로서의 믿음"을 구분하였습니다. "지적 동의로서의 믿음은 하나님과 그리스도에 대한 특정 사실을 진리라고 믿는 일인데, 이것만 가지고 부족하기 때문에 반드시 신뢰로서의 절대적인 믿음이 필요하다"고 강조하였

습니다.

구약 시대에 아브라함은 참 믿음의 모델로 잘 알려진 인물입니다. 아브라함은 바랄 수 없는 상황에서도 하나님의 약속을 절대적으로 믿고 의지하여 마침내 '믿음의 아버지'가 되었습니다. 그리고 그는 하나님의 약속(창 22:17)대로 하늘의 별과 같이, 바닷가의 모래와 같이 그의 자녀들이 번성하여 축복을 받았습니다.

이 점에 대하여 로마서는 다음과 같이 자세하게 기록하고 있습니다.

> "아브라함이 바랄 수 없는 중에 바라고 믿었으니 이는 네 후손이 이 같으리라 하신 말씀대로 많은 민족의 조상이 되게 하려 하심이라 그가 백 세나 되어 자기 몸이 죽은 것 같고 사라의 태가 죽은 것 같음을 알고도 믿음이 약하여지지 아니하고 믿음이 없어 하나님의 약속을 의심하지 않고 믿음으로 견고하여져서 하나님께 영광을 돌리며 약속하신 그것을 또한 능히 이루실 줄을 확신하였으니 그러므로 그것이 그에게 의로 여겨졌느니라"(롬 4:18-22).

믿음은 하나님의 약속된 말씀의 열매입니다. 축복의 통로입니다. 그러나 하나님을 믿지 않는 불신앙은 영혼을 어둡게 하여 병들게 합니다. 멸망의 길로 인도합니다. 영국의 물리학자 뉴턴(Newton)은 "인간이 잘살려면 나 자신과 우리의 모든 일 속에서 하나님을 향한 믿음을 가지고 살아야 된다"고 말하였습니다.

(2) '사랑'은 무엇입니까? 이것은 상대방을 향한 예수 그리스도의 사랑을 뜻합니다.

신약성경의 헬라어에서는 네 가지 종류의 사랑을 설명하고 있습니다.

첫째는, 에로스(ἔρως) 사랑입니다. 이것은 육체적인 사랑을 의미합니다. 육체적인 매력에 매료되어 이루어지는 육적인 사랑입니다. 그리고 이것은 애인이나 연인을 가리키는 데 사용되었습니다.

둘째는, 스토르게(στοργή) 사랑입니다. 이것은 가족의 사랑을 의미합니다. 유대인들의 전통에서 가족의 사랑에 뿌리를 근거하여 사용되었습니다.

셋째는, 필리아(φιλια) 사랑입니다. 이것은 친구 간의 사랑을 의미합니다. 친구의 애정과 우애를 가리키는 데 사용되었습니다. 예를 들면, 미국의 첫 수도인 미 동부의 필라델피아라는 도시의 이름은 헬라어 어근 '필리아' (*Philia*)에서 파생된 것입니다. 필라델피아는 '형제 사랑의 도시' 라는 뜻입니다.

마지막으로는, 아가페(ἀγαπη) 사랑입니다. 이것은 희생적이고 뜨거운 영원한 사랑이라는 의미입니다. 즉 '신적인 사랑' 으로 불리고 있습니다.

이러한 사랑의 종류 가운데 에로스와 스토르게, 필리아의 사랑은 인간적인 사랑입니다. 그래서 상대적입니다. 조건적입니다. 내가 너를 사랑했기 때문에 네가 나를 사랑하는 것입니다. 그리고 이 사랑은 환경과 여건에 따라 변합니다! 오래가지 못합니다! 제한적입니다!

그러나 아가페의 사랑은 어떻습니까? 이 사랑은 절대적입니다. 무조건적입니다. 상대방이 사랑하든 안 하든 사랑합니다. 이것은 하나님의 사랑이요, 예수 그리스도의 사랑입니다. 그래서 이 사랑은 절대로 변하지 않습니다! 참고 인내합니다! 화를 내고 성내지 않습니다! 영원토록 영원합니다!

고린도전서 13장에서 예수 그리스도의 아가페 사랑의 속성을 다음과 같이 잘 설명해 주고 있습니다

"사랑은 오래 참고 사랑은 온유하며 시기하지 아니하며 사랑은 자랑하지 아니하며 교만하지 아니하며 무례히 행하지 아니하며 자기의 유익을 구하지 아니하며 성내지 아니하며 악한 것을 생각하지 아니하며 불의를 기뻐하지 아니하며 진리와 함께 기뻐하고 모든 것을 참으며 모든 것을 믿으며 모든 것을 바라며 모든 것을 견디느니라"(고전 13:4-7).

개혁자 마르틴 루터(Martin Luther)는 말하기를, "사랑은 하나님의 모습이다", 그리고 "사랑이 없는 인생은 죽은 것과 같다"고 하였습니다. 사도 바울은 말하기를, "그런즉 믿음, 소망, 사랑, 이 세 가지는 항상 있을 것인데 그중의 제일은 사랑이라"(고전 13:13)고 하였습니다.

(3) '인내'는 무엇입니까? 이것은 소망이 성취될 것을 기다리면서 참고 인내하는 것을 의미합니다.

소망과 인내는 서로 밀접한 관계를 가지고 있습니다. 그래서 소망이 있는 곳에는 반드시 인내가 따르기 마련입니다. 이 두 개는 떼려야 뗄 수 없는 관계가 되었습니다.

믿음의 조상 아브라함은 하나님의 언약을 믿고 참고 인내하며 기다릴 때 마침내 하나님의 축복의 주인공이 되었습니다.

"하나님이 아브라함에게 약속하실 때에 가리켜 맹세할 자가 자기보

다 더 큰 이가 없으므로 자기를 가리켜 맹세하여 이르시되 내가 반드시 너에게 복 주고 복 주며 너를 번성하게 하고 번성하게 하리라 하셨더니 그가 이같이 오래 참아 약속을 받았느니라"(히 6:13-15).

그러므로 믿음과 사랑과 인내는 늙은 남자들을 비롯한 모든 그리스도인들에게 꼭 필요한 덕목입니다. 모든 그리스도인들은 교회 안에서나 교회 밖에서나, 혹은 어느 곳에서든지 세 가지 덕목을 가지고 만세 반석 믿음 안에서 굳건히 살아가며 아가페의 사랑을 나누어 주고, 소망 가운데 인내하며, 승리하는 삶을 살아야 할 것입니다.

3. 늙은 여자에 대하여

"늙은 여자로는 이와 같이 행실이 거룩하며 모함하지 말며 많은 술의 종이 되지 아니하며 선한 것을 가르치는 자들이 되고"(2:3).

본문에서 사도 바울은 디도에게 인생의 노년기에 있는 "늙은 여자"(older women)들이 교회 안에서 가져야 할 세 가지 덕목을 교훈하고 있습니다.

1) 늙은 여자는 행실이 거룩해야 합니다

여기서 "행실이 거룩하다"는 말은 무엇입니까?

이것은 내적인 성격과 외적인 생활을 의미합니다. 다시 말해, 늙은 여자들의 행실은 생활의 모든 면에서 경건해야 합니다. 그들에게 주어진 사명과 책임을 잘 감당하고 완수해야 합니다. 그리고 그들의 행실뿐만 아니라 그들의 옷차림까지도 깨끗하고 아름답고 은혜로워야 합니다.

그래서 늙은 여자들은 교회 안에서 영적인 분위기와 도덕적인 분위기를 조성하는 데 중요한 역할을 해야 합니다. 그리고 그들은 교회 안에 있는 모든 사람들에게 여자 성도들의 참된 모범을 보여주어야 합니다.

만약 늙은 여자가 교회 안에 있는 성도들 가운데 연약한 자에게나 믿음이 약한 자, 가난한 자, 병든 자와 시험에 빠진 자들에게 은혜가 되지 못하고, 덕을 세우지 못하고, 본이 되지 못한다면, 그들을 실망시키게 됩니다. 교회를 떠나게 하는 원인을 제공합니다. 그들의 영혼을 실족하게 합니다.

만약 늙은 여자가 교회 안에 있는 이런 사람들에게 은혜가 되고, 덕을 세우고, 신앙과 행실에서 모범이 된다면 그들이 교회를 더욱더 잘 섬기며 봉사할 것입니다. 약하고 병든 자에게 위로와 큰 힘이 될 것입니다. 교회와 주의 종에게 불순종하고, 충성하지 않고, 교회를 떠나려고 하는 남자 교우들을 축복과 은혜의 길로, 그리고 사랑과 섬김의 길로 인도할 것입니다.

작가 워싱턴 어빙(Washington Irving)은 마음이 넓고 믿음이 있는 아름다운 한 여성을 다음과 같이 소개하였습니다.

> 여성은 포도나무와 같다. 여성은 밤나무 둘레를 그 우아한 잎으로 길게 감아 올라가서 그것에 의해 햇빛에 들려 올려진 포도나무와 같다. 딱딱한 밤나무 가지가 부러질 때 그 애무하는 듯한 덩굴로 그것을 감싸 그 부러진 나뭇가지를 지탱하는 것처럼, 여자는 남자가

> 갑작스런 재난으로 타격을 받을 때 그 부러진 마음을 감싸주는 남자의 지주와 위안이 되어야만 한다는 것은 하나님의 섭리에 의해 아름답게 정해진 것이다.

사도 바울도 교회 안에서 여자의 언행 심사에 대하여 다음과 같이 교훈하였습니다.

> "또 이와 같이 여자들도 단정하게 옷을 입으며 소박함과 정절로써 자기를 단장하고 땋은 머리와 금이나 진주나 값진 옷으로 하지 말고 오직 선행으로 하기를 원하노라 이것이 하나님을 경외한다 하는 자들에게 마땅한 것이니라"(딤전 2:9-10).

2) 늙은 여자는 모함하지 말며 술의 종이 되지 말아야 합니다.

여기서 "모함"의 헬라어 '디아볼로스'(*δίαβολος*)는 한글개역에 "참소"로 번역되었고, 개역개정에서는 "모함"으로 번역되었습니다.

'디아스볼로스'는 명사형으로 '마귀'를 가리키고 있습니다. 그래서 이 단어는 '다른 사람을 책망하거나 험담을 늘어놓는 사람'이라는 뜻을 가지고 있습니다.

"술의 종이 되지 말라"는 말은 '술에 만취하지 말라'는 뜻과 맥이 통하는 말입니다. 그리고 이 둘은 하나의 짝을 이루고 있습니다.

사도 바울은 왜 늙은 여자들에게 만취하지 말라고 하였습니까? 그 이유는 당시 그레데 섬에 살고 있는 많은 늙은 여자들 가운데 술주정뱅이가 많았기 때문입니다. 그들은 술에 만취되어 언행을 삼가 조심하지 않았습니다. 그들은 상대방에게 욕하고 험담하며, 중상모략하는 경우가 많았습니다.

'술'은 무엇입니까? 우리말 〈한글대사전〉에 의하면, "술은 알코올 성분이 있어서 마시면 취하는 음료수"라고 정의하고 있습니다. 술의 종류는 많이 있습니다. 예를 들면, 곡물에 누룩을 넣어 만든 막걸리를 비롯하여 청주와 맥주가 있고, 다시 증류해서 만든 소주가 있고, 화학적으로 만들어진 위스키가 있고, 향로나 약재로 만든 약술과 매실주, 국화주와 포도주가 있습니다. 이러한 모든 술들은 긍정적으로 보면 건강에 유익이 되고, 약재료로도 사용하여 사람에게 유익을 주는 면도 있습니다.

그러나 부정적인 면으로는 사람의 정신을 혼란케 합니다! 삶의 목적을 상실케 합니다! 영혼을 병들게 하고 망하게 합니다! 그래서 사도 바울은 에베소 교회 교우들을 향하여 "술 취하지 말라 이는 방탕한 것이니 오직 성령의 충만함을 받으라"(엡 5:18)고 가르쳤습니다.

그런데 현대 그리스도인들 가운데는 술 마시는 것에 대해 긍정적으로 생각하는 자들이 있습니다. 그 이유는 사도 바울도 디모데에게 "이제부터는 물만 마시지 말고 네 위장과 자주 나는 병을 위하여는 포도주를 조금씩 쓰라"(딤전 5:23)고 가르쳤기 때문이라고 주장합니다.

그러나 이것은 잘못된 견해입니다. 왜냐하면 디모데전서 3장 23절에서 말하는 '포도주'는 오늘날 우리가 마시는 포도주와는 다른 것이기 때문입니다.

당시 성지를 비롯한 근동 지방의 물은 질이 좋지 않았고 깨끗하지 않았습니다. 물이 오염되거나 병균이 많았습니다. 그래서 당시 사람들은 도수가 약하고 물이 30-40퍼센트 섞인 포도주를 마셨습니다. 특별히 유대인들이 마셨던 포도주는 물이 많이 섞인 포도주였습니다.

그리고 예수님께서는 처음 이적을 베푸신 가나 혼인 잔치에서 물로 포도주를 만드셨습니다. 어떤 주경 신학자는 "그때 물로 포도주를 만든 것은 포도주(wine)가 아니라 포도즙(grape juice)"이라고 주장하였습니다.

일반적으로 현대인들이 많이 마시는 포도주는 '포도즙'(grape juice)이 아니라 '포도주'(wine)입니다. 알코올 성분이 많이 있는 것입니다. 그래서 취합니다! 건강에도 좋지 않습니다! 그러나 포도즙은 알코올 성분이 없습니다. 그래서 취하지 않습니다! 건강에도 유익을 줍니다!

재미있는 이솝 이야기 가운데, 포도주를 좋아했던 노아 할아버지의 포도나무와 사탄의 이야기가 다음과 같이 기록되어 있습니다.

하루는 노아 할아버지가 포도나무를 심고 있었다. 무슨 일에나 호기심을 가지고 나서기를 좋아하는 사탄은 그 광경을 보고 노아에게 달려와서 노아에게 물었다. "당신은 지금 무슨 나무를 심고 있는 거요?"

"포도나무요"

"그 나무를 심어서 무엇을 하려고 그러는 겁니까?" 사탄이 계속 묻자 노아는 이렇게 대답했다.

"이 나무의 열매를 따 먹으려고 그럽니다. 이 나무의 열매는 보기에도 먹음직스러워 보일 뿐 아니라 실제로 그 맛도 아주 달콤합니다. 게다가 이 나무의 즙을 짜서 마시면 그 사람의 마음속에 기쁨이 차오른답니다."

그러자 사탄은 더듬거리면서 말했다. "그렇다면 나도 무엇인가 도와드리겠습니다." 그러고 나서 사탄은 양을 잡아서 죽인 다음 그

> 피를 뽑아 포도나무 밑둥치에 뿌렸다. 이어서 사탄은 사자와 원숭이와 돼지를 잡아서 죽인 다음, 그 피도 포도나무 밑둥치에 쏟아 부었다.
>
> 그 후부터 사람이 포도 열매 즙을 조금만 마셔도 기분이 좋아져 처음에는 양처럼 온순해진다고 한다. 그러나 그 상태에서 조금만 더 마시면 사자처럼 용맹스러워지고, 좀더 마시면 원숭이처럼 춤추거나 노래 부르게 된다고 한다. 그리고 불행하게도 흠뻑 취하게 되면 마치 돼지처럼 게걸스럽고 추잡스럽게 된다고 한다.

성경은 음주에 대해 분명하게 가르치고 있습니다. 술 취함과 독주에 대해 경고하고 있습니다(잠 20:1, 23:20). 독주와 과음은 사람을 가난하게 만듭니다(잠 23:21). 해를 당하게 합니다(잠 23:31-32). 판단을 그르치게 합니다(잠 31:4-5). 의식을 잃게 합니다(창 19:32-33). 화를 당하게 합니다(사 5:11). 마음을 빼앗아 갑니다(호 4:11). 병을 얻게 합니다(호 7:5). 강포하게 만듭니다(잠 19:32-33). 눈을 충혈시킵니다(창 49:12). 비척거리게 합니다(시 60:3). 거만하게 합니다(잠 20:1). 향락주의에 빠지게 합니다(사 22:13). 하나님의 나라를 유업으로 받지 못하게 합니다(고전 6:11).

그러므로 영국 격언에서는 "술이 들어갈 때에는 지혜가 나가버린다"고 하였고, D.L. 무디는 "악인이 죽어서 떨어지는 지옥을 이 세상에서 보려면 술 마시는 자의 가정을 들어가 보라"고 경고하였습니다.

3) 늙은 여자는 선한 것을 가르치는 자가 되어야 합니다

늙은 여자가 '선한 것을 가르친다'는 것은 교회 안에서 어떤 공식적인 교리와 교육이나 언어를 가르치라는 뜻이 아니라, 그들의 가정에서 아름답고 거룩한 삶의 모범을 보여주라는 뜻입니다.

부모들의 가정 교육은 그 자녀들을 성공하게도 만들고, 실패하게도 만듭니다. 부모들은 가정 교육의 목표와 그들의 삶의 모습을 통하여 자녀들에게 큰 영향을 끼칩니다. 부모들의 교육관과 삶의 모범은 자녀들의 삶의 방향을 결정합니다. 즉 '어떻게 살아가야 할 것인가? 무엇을 해야 할 것인가? 그리고 그들의 삶의 궁극적인 목적이 무엇인가?' 를 가르쳐 줍니다.

프랑스의 대표적인 계몽 사상가 몽테스키외(Montesquieu)는 "만일 당신이 거룩한 자가 되기를 원한다면 당신의 자녀들을 올바르게 가르치라. 왜냐하면 그들이 행하는 모든 선행의 공로는 결국 당신에게 돌려지는 것이기 때문이다"라고 말하였습니다.

또한 미국 소설가 멜빌(H. Melville)은 "어린아이들의 영원한 삶을 위해서 가르치라. 그렇지 않으면 그들의 영혼은 결국 멸망의 구렁텅이로 빠지게 될 것이다"라고 말하였습니다.

미국 동북부 미시간 주에 위치한 미국 최대의 자동차 도시 디트로이트 시에서 오랫동안 판사로 일했던 영 힐러(Young Hiller)는 "법정에서 공소 사실을 심리하는 젊은 청소년들의 80퍼센트가 신앙적인 훈련을 전혀 받지 않은 가정 출신"이라고 보도하였습니다.

정말 그렇습니다! 그리스도인 자녀들의 축복과 영적 성장은 그 부모의 말씀과 기도에서부터 출발되는 것입니다. 그리고 자녀들의 인격 형성과 행동도 그 부모들의 신앙 행위와 모범을 통하여 이루어지는 것입니다.

이 모든 것은 인간의 지식과 지혜와 힘과 능력으로부터 얻어지는 것이 결코 아닙니다. 이것은 오직 예수 그리스도의 말씀과 교훈과 그분의 마음과 성품, 삶의 모습을 통하여 이루어지는 것입니다.

그래서 사도 바울은 빌립보 교회 교인들을 향하여 "너희 안에 이 마음을 품으라 곧 그리스도 예수의 마음이니"(빌 2:5)라고 가르쳤습니다. 그리고 그는 에베소 교회 부모들에게 "아비들아 너희 자녀를 노엽게 하지 말고 오직 주의 교훈과 훈계로 양육하라"(엡 6:4)고 교훈하였습니다.

어느 시인은 아름다운 평화의 안식처인 가정에 대해 다음과 같이 노래하였습니다. "가정은 고달픈 인생의 안식처이다. 모든 싸움이 자취를 감추는 곳이요, 사랑이 싹트는 곳이요, 큰 자가 작아지고 작은 자가 커지는 곳이다."

그리고 발명왕 에디슨(Edison)은 "이런 아름다운 가정은 누가 만드느냐? 그것은 바로 남자가 아닌 여자로 인해 만들어지고 빛이 난다"고 하였습니다. "가정은 부인이 광채를 내야 할 곳이다."

4. 젊은 여자에 대하여

> "그들로 젊은 여자들을 교훈하되 그 남편과 자녀를 사랑하며 신중하며 순전하며 집안일을 하며 선하며 자기 남편에게 복종하게 하라 이는 하나님의 말씀이 비방을 받지 않게 하려 함이라"(2:4-5).

본문은 늙은 남자와 늙은 여자에서 젊은 여자로 대상을 옮겨 갔습니다. 본문 4-5절의 내용은 젊은 여자들에 대해 교훈하고 있습니다.

본문에 나오는 "그들"은 누구입니까? 이것은 앞 절에 나오는 '늙은 여자'를 가리키고 있습니다. 그런데 여기에서 유의할 점은, 젊은 여자를 가르치는 것은 늙은 여자의 직책이라는 사실입니다. 기독교 전통은 젊은 여자가 직접 가르치고 교훈하는 것을 반대하는 것이 아니라 어머니로부터 딸에게 기독교의 가정 윤리가 전달되기 때문입니다.

그러므로 교회 안에 있는 늙은 여자들은 딸이나 며느리 같은 젊은 여자들이 하나님의 말씀에 합당한 올바른 삶을 살아갈 수 있도록 바른 교훈을 가르쳐야 할 것입니다.

늙은 여자들을 통하여 젊은 여자에게 주어진 네 가지 중요한 의무는 무엇입니까?

1) 젊은 여자는 남편과 자녀를 사랑해야 합니다

젊은 여자는 남편을 사랑하고 자녀를 사랑하여 가정을 사랑의 공동체로 이끌어 나가야 합니다. 당시 그레데 섬에 퍼져 있었던 거짓 교사들은 잘못된 교훈을 가르쳐 그레데인들의 가정을 파괴시켰습니다. 또한 그레데인들의 남편은 남편대로, 아내는 아내대로, 자녀는 자녀대로 잘못된 가정관을 가지고 비도덕적이고 비윤리적인 생활을 하였습니다. 그래서 그들의 가정은 거짓 교사들의 가르침에서부터 반드시 벗어나야만 했습니다. 그리고 그들은 기독교 신앙 안에서 말씀의 양육을 받고 보호를 받아야만 했습니다.

이러한 일들은 한 가정의 아내로서 젊은 여자가 항상 그의 남편을 사랑할 때만 가능합니다. 아내가 자녀들을 말씀과 기도로 양육할 때 이루어지는 것입니다. 헌신과 봉사로 섬겨야 합니다. 그때 가정이 진정한 사랑의 공동체로 세워질 수 있습니다. 그리고 임마누엘의 복된 가정으로 승화시킬 수 있습니다.

그런데 젊은 여자가 가져야 할 사랑은 어떤 사랑입니까? 이것은 이기적인 사랑이 아닙니다! 감정적인 사랑도 아닙니다! 로맨틱한 사랑도 아닙니다! 에로틱한 사랑도 아닙니다! 이것은 바로 희생적인 사랑입니다! 섬기는 사랑입니다! 변하지 않는 사랑입니다! 절대적인 사랑입니다! 한 알의 밀알과 같은 사랑입니다! 즉 아가페의 사랑입니다!

이러한 사랑을 하기 위해서 젊은 여자에게 가장 필요한 것은 그 무엇보다도 '사랑의 훈련' 이 절대적으로 필요합니다. 이것은 그냥 되는 것이 아닙니다. 자연적으로 생겨나는 것도 아닙니다. 누군가 도와줌으로 이루어지는 것도 결코 아닙니다.

이러한 사랑은 노력과 정성이 필요합니다! 피와 땀이 있어야 합니다! 말씀과 눈물의 기도가 있어야 합니다. 더 나아가서 나보다 남편을 더욱 높여야 합니다. 존경해야 합니다! 사랑해야 합니다! 그리고 하나님이 선물로 주신 자녀들의 존재를 귀하게 여기고 말씀으로 양육해야 합니다.

사도 바울은 에베소 교회 안에 있는 젊은 아내들에게 그들의 남편들에게 '복종하라' 고 하였고, '존경하라' 고 교훈하였습니다. '존경'(respect)은 무엇입니까? 남편의 위치를 인정하는 것입니다. 높이는 것입니다! 공경하는 것입니다! 신뢰하고 따르는 것입니다!

정말 그렇습니다! 한 가정에서 아내가 남편을 진정으로 섬기며 존경하고, 남편이 아내를 영원토록 사랑할 때 아름답고 행복한 부부 관계가 이루어질 것입니다.

그러므로 남편과 아내에게 있어서 사랑과 존경은 떼려야 뗄 수 없는 필수적인 함수 관계입니다. 이 두 개는 마치 인생의 길로 걸어가는 사람과 그 사람의 그림자 같습니다. 독일 철학자 피히테(J. Fichte)는 말하기를, "존경이 없으면 진정한 사랑은 성립되지 않는다"라고 했습니다.

그리고 젊은 여자는 그들의 자녀를 주 안에서 말씀과 사랑으로 양육해야 합니다. 기도해야 합니다.

'감리교회의 어머니' (mother of Methodist church)라고 불리는 수산나 웨슬리(Susannah Wesley)는 19명의 자녀들을 말씀과 사랑과 기도로 잘 양육시켰습니다. 수산나의 양육법은 다음과 같습니다.

(1) 간식을 허락하지 말라.

(2) 어린아이들을 8시간 취침하게 하라.

(3) 아무 불평도 하지 않고 약을 먹도록 부탁하라.

(4) 어린아이의 자기 의지를 억제하고 그의 영혼을 구원하기 위하여 하나님과 함께 일하라.

(5) 말을 배워 할 수 있게 되거든 곧 매일 기도하는 법을 가르쳐라.

(6) 가정 예배를 드리는 동안 조용하도록 요청하라.

(7) 그들이 울면서 달라고 요구하는 것은 주지 말고 얌전하게 달라고 요구하는 것만 주라.

(8) 거짓말하는 것을 막기 위하여 먼저 고백하고, 뉘우치거든 벌하지 말라.

(9) 죄가 되는 일을 용납하지 말고 반드시 벌하라.

(10) 한 가지 잘못에 대하여 두 번 벌하지 말라.

행복한 그리스도인의 가정은 바로 '사랑의 공동체' 입니다. 이것은 그 가정의 아내를 통해 이루어집니다. 남편인 아버지가 가정의 머리라고 한다면, 아내인 어머니는 가정의 심장과 같습니다. 여러 자녀들의 손과 발입니다. 가정의 새로운 활력과 영적인 생명은 심장에서 솟아오르는 것입니다. 심장이 멈추면 안 됩니다! 왜냐하면 이것은 절망이기 때문입니다! 죽음이기 때문입니다!

이것은 살아서 움직이는 말씀의 능력으로, 사랑과 기도로, 그리고 한 알의 밀알처럼 희생하고 섬길 때 이루어지는 것입니다.

2) 젊은 여자는 신중하며 순전해야 합니다

젊은 여자의 첫 번째 임무가 남편과 자녀들을 사랑하는 것이 한 쌍을 이루듯이, 두 번째 임무도 "신중하며 순전하며"라는 말로 서로 한 쌍을 이루고 있습니다.

첫째, 신중(self-control)이란 무엇입니까?

한글개역에는 "근신"이라고 번역되었고, 개역개정에는 "신중"이라고 번역되었습니다. 그래서 이것은 '사려 깊은', '자제하는', '극기하는'의 의미를 가지고 있습니다.

젊은 여자들이 '신중해야' 한다는 것은 그들이 어떤 일이나 상황에 있어서 바른 판단력을 가져야 할 것을 교훈하는 것입니다.

만약 젊은 여자들이 그들의 가정생활에서 세상적이고 향략적인, 육적인 판단력을 가지고 그들의 가정을 꾸려 간다면 불행한 삶을 초래할 것입니다. 그러나 그들이 바르고 건강한 영적인 판단력을 가지고 그들의 가정을 이끌어 간다면, 이로 말미암아 그들은 궁극적으로 행복한 삶을 추구할 것입니다.

그러므로 한 가정에 있어서 젊은 여자들의 바르고 신앙적이며 건강한 영적인 판단력이 매우 중요한 것입니다.

종교 개혁자 마르틴 루터가 인간의 구원은 예수 그리스도의 복음, 즉 "오직 의인은 믿음으로 말미암아 살리라"(롬 1:17)는 복음을 버리고 '면죄부'(indulgence)를 통해 이루어진다는 로마 교황을 향하여 95개항의 조문을 가지고 싸우고 있었을 때였습니다.

이러한 엄청난 영적 투쟁을 하고 있을 때 루터는 '종교 개혁이 과연 이루어질 것인가?' 하면서 낙심과 절망 속에 빠지게 되었습니다. 그때 그의 아내 카타리나(Katarina)가 아무 말 없이 검은 상복 차림을 하고 루터 앞에 나타났습니다. 상복 차림을 한 아내의 모습을 본 루터는 깜짝 놀라 물었습니다. "누가 죽었기에 상복을 입었소?"

"하나님이 돌아가셨어요!"

"무슨 하나님이 돌아가셨단 말이오?" 루터는 아내를 꾸짖었습니다. 그러자 아내는 정색을 하면서 이렇게 대답하였습니다. "만일 하나님께서 돌아가시지 않았다면 당신답지 못하게 이렇게 실의와 근심 속에 빠져 있을 수 있나요?"

이 말을 들은 루터는 다시 용기와 힘을 내어 종교 개혁을 이룩하였습니다. 한 가정의 아내인 카타리나의 영적인 판단력과 바른 자세, 그리고 용기와 소망이 절망과 포기 속에 빠져 있는 남편 루터로 하여금 위대한 종교 개혁을 성공적으로 일으키는 데 큰 밑거름이 되었던 것입니다.

둘째, 순전(pureness)이란 무엇입니까?

'순전' 함이란 젊은 여자들이 가정에서 지켜야 할 덕목입니다. 그래서 젊은 여자들은 신중함으로 내적인 바른 판단력을 가져야 합니다. 그리고 외적인 바른 행위을 보여주어야 합니다. 그들은 신중할 뿐만 아니라 아름다운 말과 바른 행동을 보여주어야 합니다. 그래서 주위에 있는 사람들로부터 악평이 나든가 나쁜 소문의 대상이 되어서는 결코 안 될 것입니다. 오히려 그들을 통하여 그리스도인의 가정의 아름다운 모습을 보여주어야 합니다. 그리고 그리스도의 향기를 나타내어야 합니다.

그러므로 한 가정의 행복과 불행은 그 누구보다도 가정의 아내인 젊은 여자로 좌우된다는 사실을 명심해야 합니다.

한국 격언에 "암탉이 울면 집안이 망한다"는 말이 있습니다. 그리고 《탈무드》에 "착한 아내는 남편에게 둘도 없는 값비싼 보물이다. 그러나 악한 아내는 매우 성질이 고약한 부스럼과 같다"고 기록되어 있습니다.

3) 젊은 여자는 집안일을 하며 선하게 해야 합니다

젊은 여자는 '집안일'을 하고 '선해야' 한다고 가르치고 있습니다. 한 가정에서 젊은 여자가 해야 할 의무 가운데 첫 번째 쌍은 남편과 자녀를 사랑하는 것입니다. 두 번째 쌍은 신중하며 순전한 것입니다. 세 번째 쌍은 집안일을 하며 선해야 하는 것입니다.

첫째, 집안일이란 무엇입니까?

여기서 젊은 여자가 "집안일을 하며"라는 말은 '집안일을 돌보며'라는 의미와 같습니다. 영어 성경에서는 '집안일을 하는 자'(works at home, NAS) 혹은 '집안일을 지키는자'(keepers ay home, KJV)라고 번역되었습니다.

이와 같이 젊은 여자가 '집안일을 한다'는 것은 가정주부로서 자기의 본분을 마땅히 잘 받아들인다는 것입니다. 여러 가지 가정의 일들을 다스린다는 것입니다.

가정이란 곳은 항상 이런저런 일들이 많이 생깁니다. 가정은 편안할 때도 있는가 하면, 어려울 때도 있습니다. 기쁠 때도 있는가 하면, 슬플 때도 있습니다. 일이 잘 풀릴 때도 있는가 하면, 꽉 막힐 때도 있습니다. 검은 구름속에 덮여서 어두움이 있을 때가 있는가 하면, 햇빛이 쨍하면서 밝을 때도 있습니다. 미래를 향하여 절망하고 포기할 때가 있는가 하면, 꿈과 비전을 가질 때가 있습니다.

둘째, 어떤 자세로 선하게 일해야 합니까?

젊은 아내는 가정에서 선하게 일을 해야 합니다. '선하게 일을 한다' 는 것은 무엇을 의미합니까? 이것은 헌신적으로, 친절하게, 선한 마음으로 일을 해야 한다는 것입니다. 즉 '헌신적인 아내상' 입니다.

그래서 젊은 여자들은 가정에서 일을 행할 때 짜증스럽게 해서는 안 됩니다! 무자비하게 해서도 안 됩니다! 마지못해 억지로 해서도 안 됩니다! 불평 불만스럽게 해서도 결코 안 됩니다!

젊은 여자들은 선한 마음을 가지고 헌신적인 자세로 일을 해야 합니다. 그들은 한 가정의 종의 마음이 아니라 여왕의 마음으로 일을 해야 합니다. 기쁨을 가지고 일을 해야 합니다! 유익이 되도록 해야 합니다! 긍정적인 자세로 일을 해야 합니다! 꿈과 비전을 가지고 일을 해야 합니다! 이렇게 아내인 젊은 여자가 가정의 일을 선한 마음으로 헌신적으로 할 때 복된 가정이 이루어질 것입니다.

나이트 예화집에 의하면, 가정을 행복하게 만드는 일은 어머니에게 있다고 지적하면서 아내의 중요성을 다음과 같이 강조하였습니다.

가정을 만드는 것은 의자도 아니요, 책도 아니요, 물건도 아니다. 벽에 걸린 그림도 아니다. 그리고 쾌활하게 노래하는 새도 아니다. 그것은 거실에서 들려오는 웃음소리요, 밤에 어머니의 얼굴에서 피어나는 미소이다. 어린아이의 눈에 그윽히 담겨져 있는 기쁨이다. 기쁨으로 서로서로 위하는 마음, 바로 그것이 우리가 소중히 여기는 가정을 만드는 것이다.

청교도인 스펄전(C.H. Spurgeon)은 "가정을 떠나 있을 때가 가장 즐겁다고 말하는 남편이나 아내를 보면 매우 불쌍한 생각이 든다"고 하면서, 가정의 중요성과 행복한 모습을 다음과 같이 소개하고 있습니다.

가정이란 단어가 내게는 시처럼 들립니다. 초라하고 보잘것없는 작은 집이든 대저택이든 문제가 되지 않습니다. 이 세상 어디에서 가정과 같은 곳을 찾을 수 있겠습니까? 가정에는 우리의 기쁨과 휴식이 있습니다. 그리고 그 선택된 장소 주변에는 참새가 상냥하게 지저귀고 제비도 지저귑니다. 모든 새들은 제 둥지를 사랑합니다. 비록 오래되어 낡았을지라도 올빼미는 자기 둥지를 가장 좋은 장소라고 생각합니다. 그리고 여우는 언덕에 있는 굴이 가장 안락하다고 믿습니다. 집으로 가는 길이 세상에서 가장 좋은 길입니다. 제아무리 난방 시설이 잘되어 따뜻한 집일지라도 내 집의 포근함에는 미치지 못합니다. 밖에서 친구들과 어울릴 때 그들은 최선을 다해서 나를 편하게 해줍니다. 그러나 그것이 가정은 아닙니다. 그리고 그들은 나에게 "집에 있는 것처럼 마음을 편하게 가지십시오"라고 말하곤 합니다. 이 말은 곧 인간은 가정에 있을 때 가장 편하고 행복하다는 것을 의미합니다.

4) 젊은 여자는 남편에게 복종해야 합니다

젊은 여자는 남편에게 복종해야 합니다. 이 권면의 말씀은 남편과 아내 사이에 성립된 관계를 그리스도인의 의무로 해야 할 것을 강조하고 있습니다.

여기에서 "복종하게 하라"는 헬라어 '휘포탓소메나스'(*ὑποτασσομένας*)는 남편이 아내의 머리 됨을 자발적으로 받아들이는 것을 표현한 것으로 '스스로 순종하라'는 뜻입니다.

그래서 젊은 여자는 남편이 아내의 머리 됨을 인정해야 합니다! 순복해야 합니다! 복종해야 합니다! 그렇다고 남편이 아내를 무시해서도 안 됩니다! 강압적으로 눌러서도 안 됩니다! 그리고 폭력을 휘둘러서도 결코 안 됩니다.

사도 바울이 갈라디아 교회를 향하여 하나님 앞에서 영적으로 남성과 여성은 동등하다(갈 3:28)고 가르친 교훈을 명심해야 합니다.

한국 옛 격언에 "여자는 사흘을 안 때리면 여우가 된다"는 말이 있습니다. 이것은 여자가 간사한 짓을 쉽게 하기 때문에 그러한 짓을 못하도록 아내를 엄격하게 대해야 한다는 의미입니다. 그리고 "여자는 귀머거리로 3년, 벙어리로 3년, 장님으로 3년을 살아야 한다"는 옛 격언이 있습니다. 이것은 여자가 결혼하여 출가해서 시집살이할 때는 못 들은 체하며, 못 본 체하며 묵묵히 지내라는 의미입니다.

그런데 요즈음은 남성 상위 시대에서 여성 상위 시대로 바뀌고 있습니다. 아내의 머리 되는 남편의 권위가 점점 땅에 떨어지는 실정입니다. 이로 말미암아 한 가정에서 아내는 날이 갈수록 힘을 발휘하고 있습니다.

좀 우스운 이야기이지만, 한국에서 인기 있는 어느 대학 교수가 요즈음 신세대 남편들이 아내에게 매맞고 사는 네 가지 사례를 다음과 같이 소개하였습니다.

> 첫째는, 남자가 밖으로 나가는 아내에게 "밥을 달라!"고 하면 아내에게 매를 맞는 맞는다고 합니다. 둘째는, 외출하는 아내에게 "어디로 가느냐?"고 물어볼 때 매를 맞는다고 합니다. 셋째는, 남편과 아내가 함께 집안에서 TV를 보는데 남자가 마음대로 채널을 다른 곳으로 돌리면 매를 맞는다고 합니다. 마지막 경우에는, 나이가 좀 든 남편이 아침에 죽지 않고 다시 눈뜨고 일어났다고 해서 아내에게 매를 맞는다고 합니다.

불행하게도 오늘날 많은 가정들은 이런 부부 관계의 질서가 무너지고 뒤바뀐 시대에 살고 있습니다. 이런 가운데서도 '한 가정의 젊은 여자가 남편을 잘 섬기며 순종하는가? 그리고 진정으로 훌륭한 남편을 만드는가, 혹은 만들지 못하는가?'는 아내의 바른 행동과 모습에 달려 있습니다. 이것을 통하여 남편의 성공과 실패의 방향이 결정되며 좌우되는 것입니다.

시인 괴테는 "아내가 훌륭한 남편과 산다는 사실은 아내의 얼굴과 행동을 통해 나타난다"고 말하였습니다.

5. 젊은 남자에 대하여

> "너는 이와 같이 젊은 남자들을 신중하도록 권면하되 범사에 네 자신이 선한 일의 본을 보이며 교훈에 부패하지 아니함과 단정함과 책망할 것이 없는 바른말을 하게 하라 이는 대적하는 자로 하여금 부끄러워 우리를 악하다 할 것이 없게 하려 함이라"(2:6-8).

본문에서 사도 바울은 디도를 통하여 교회 안에 있는 젊은 남자들에 대해 교훈하고 있습니다. 그러면 젊은 남자들은 어떤 사람들입니까?

여기서 젊은 남자들이란 교회 안에서의 직분보다는 연령적인 면을 가리키고 있습니다. 이 점에 대하여 주경 신학자 윌리엄 헨드릭슨(William Hendriksen)은 말하기를, "젊은 남자란 60세 이하의 모든 남자들을 가리키면서 '늙은 남자'(old men)와 '젊은 남자'(young men)를 구별하는 연령의 한계를 좀 낮추어서 50세로 잡을 수 있다"고 주석하였습니다.

특별히 사도 바울은 교회 안의 젊은 남자들은 신중하며 근신하도록 권면해야 할 것을 강조하고 있습니다. 그리고 그레데 교회 안에 있는 젊은 여자들에 대한 교훈이 소극적인 미덕이었다면, 젊은 남자들에 대한 교훈은 매우 강하고 엄격한 적극적인 훈련이었습니다. 그 이유는 당시 거짓 이교도들의 타락상, 즉 성도덕의 문란성 때문입니다. 이 점에 대하여 사도 바울은 고린도 교회에게 다음과 같이 지적한 바 있습니다.

> "너희 몸이 그리스도의 지체인 줄을 알지 못하느냐 내가 그리스도의 지체를 가지고 창녀의 지체를 만들겠느냐 결코 그럴 수 없느니라 창녀와 합하는 자는 그와 한 몸인 줄을 알지 못하느냐 일렀으되 둘이

한 육체가 된다 하셨나니 주와 합하는 자는 한 영이니라 음행을 피하라 사람이 범하는 죄마다 몸 밖에 있거니와 음행하는 자는 자기 몸에 죄를 범하느니라 너희 몸은 너희가 하나님께로부터 받은 바 너희 가운데 계신 성령의 전인 줄을 알지 못하느냐 너희는 너희 자신의 것이 아니라 값으로 산 것이 되었으니 그런즉 너희 몸으로 하나님께 영광을 돌리라"(고전 6:15-20).

사도 바울은 그레데 교회 지도자인 디도를 통하여 젊은 남자들에 대하여 다음과 같은 세 가지 교훈을 하고 있습니다.

1) 첫째 디도로 하여금 선한 일의 본을 젊은 남자들에게 보여주라고 하였습니다

바울은 디도에게 젊은 남자들을 향하여 모든 면에 있어서 본을 보여 그들을 권면하고 가르치라고 하였습니다. 즉 디도가 모든 젊은 사람들의 '본'(example)이 되라는 것입니다.

그리스도인의 '범사에'(in everything) 있어서 행실의 본이 되며 모델이 된다는 것은 그리 쉬운 일이 아닙니다. 그러나 사도 바울은 디도로 하여금 그 자신의 가르침과 행위에 있어 선한 일의 본을 많은 젊은 사람들에게 보여주라고 했습니다. 그래서 디도는 사도의 대리자로 그의 가르침에 있어서 바른 진리가 되어야 합니다. 그 방법도 건전해야 합니다. 그 언행 심사가 모범이 되어야 합니다. 덕이 되어야 합니다.

이렇게 될 때 한 지도자의 아름다운 모범을 통하여 주위에 있는 다른 사람들에게까지도 큰 영향을 끼칠 수 있습니다.

그리스도인이 비그리스도인들에게 선한 일을 통하여 모범을 보이거나 삶의 모델이 되는 것은 결코 쉬운 일이 아닙니다. 이것은 인간의 수양이나 도덕적인 힘으로 이루어지는 것이 아닙니다. 이것은 자신이 먼저 예수 그리스도의 마음과 인격을 가져야 합니다. 그분의 형상과 모습을 닮아가야 합니다. 즉 작은 예수가 되어야 합니다.

오늘날 교회 안에서 많이 불리고 있는 "주님의 마음을 본받는 자"(We shall be like Him)라는 찬송이 있습니다. 이 찬송을 직접 작시하고 작곡한 찰스 가브리엘(Charles H. Gabriel)은, 참된 그리스도인이 되기 위해서는 무엇보다 예수 그리스도의 마음을 가져야 한다고 강조하였습니다. 가브리엘은 빌립보서 2장 5절의 "너희 안에 이 마음을 품으라 곧 그리스도 예수의 마음이니"라는 말씀을 기초로 하여 이 찬송가를 만들었습니다.

♬ 주님의 마음을 본받는 자 그 맘에 평강이 찾아옴은
험악한 세상을 이길 힘이 하늘로부터 임함이로다
주님의 마음 본받아 살면서 그 거룩하심 나도 이루리.

비교 종교학 측면에서 재미있는 얘기 하나를 소개하겠습니다.

어느 날 인도의 정통 힌두교인 두 사람이 앉아서 마호메트(Mahomet)를 섬기는 모슬렘(Moslem)들을 어떻게 다룰 것인지 진지하게 논의하고 있었다. 대화하고 있는 중 한 사람이 "힘과 강제로, 잔인한 방법으로 모슬렘들을 다루어야 한다"고 주장하였다. 그러자 마주 앉은 다른 사람이 "안 됩니다! 그렇게 해서는 안 됩니다. 우리는 기독교 교인들이 예수 그리스도의 마음을 본받고 자신들의 의무를 수행하는 그 방식대로 해야 합니다"라고 반박하였다.

토마스 아 켐피스는 신구약성경 다음으로 널리 읽혀진 기독교의 고전인 그의 명저 《그리스도를 본받아》(*The Imitation of Christ*)에서, 예수 그리스도의 말씀을 표준으로 삼아 신앙생활의 실천 강령인 절대 사랑, 절대 순종, 절대 겸손을 실현하기 위해서는 반드시 예수 그리스도를 본받는 삶을 살아야 한다고 주장하였습니다.

그리고 그리스도를 본받는 자가 되기 위해서 다음과 같은 기도의 필요성을 강조하였습니다.

> 오 주여, 인간의 본성으로는 내가 그런 성품을 지닐 수 없사오니 당신의 은총으로 내가 그런 성품을 지닐 수 있게 해주소서. 당신이 아시는 바와 같이 나는 사소한 환난에 부딪혀도 참아내지 못하고 곧 쓰러집니다. 당신의 이름을 위하여 나로 온갖 환난의 고통이라도 기꺼이 참아낼 수 있게 해주소서. 당신을 위하여 참고 근심하는 것은 곧 내 영혼에도 아주 유익하기 때문입니다.

그러므로 그리스도인들은 예수 그리스도의 인격과 모습을 닮아갈 때 진정으로 선한 일을 이룰 수 있습니다. 이로 말미암아 주위에 있는 많은 사람들에게도 아름다운 모습을 보여줄 수 있습니다. 그들에게 영향을 끼칠 수 있습니다. 그리고 더 나아가서 그들에게 예수님의 향기를 나타낼 수 있습니다.

미국 제16대 대통령 에이브러햄 링컨은 말하기를, "어린아이를 잘 인도하는 단 한 가지 길이 있다. 그것은 그대가 몸소 그 길로 가는 것이다"라고 하였습니다. 그리고 시인 존 던(John Donne)은 말하기를, "훌륭한 모범이야말로 가장 좋고 살아 있는 주석이다"라고 하였습니다.

사도 바울은 빌립보 교회를 향하여 "형제들아 너희는 함께 나를 본받으라 그리고 너희가 우리를 본받은 것처럼 그와 같이 행하는 자들을 눈여겨보라"(빌 3:17)고 교훈하였습니다.

2) 둘째, 디도가 가르치는 교훈이 부패하지 아니하고 단정하다는 사실을 젊은 남자들에게 보여주라고 하였습니다

사도 바울은 디도에게 젊은 남자들을 향하여 그의 선한 본을 보여주며 모델이 될 뿐만 아니라 바른말을 하게 하도록 교훈하고 있습니다. 다시 말해, 이것은 교훈과 본이 병행되어야 한다는 것입니다. 이 두 가지는 필수적이며 절대적인 관계입니다. 왜냐하면 만약 교훈이 실패할 때 본을 보임으로써 효과를 거둘 수 있기 때문입니다.

그러므로 모든 일에 있어서 선한 행실의 모범이 되어야 합니다. 그리고 교훈하고 가르치는 일에 부패하지 않아야 합니다. 단정하고 경건해야 합니다.

첫째, 그 교훈은 부패하지 말아야 합니다.

이것은 '교훈의 순수성'을 의미합니다. 그래서 교훈의 내용은 순수해야 합니다. 교훈을 전하는 동기도 순수해야 합니다. 그리고 교리를 가르치는 것들이나 설교하는 내용들이 다 순수해야 합니다! 진실해야 합니다! 깨끗해야 합니다! 편견이 없어야 합니다! 어둡고 두려움이 없어야 합니다.

왜냐하면 디도 자신이 가르친 교훈들이 악한 대적들과 거짓 교사들의 거짓된 교훈과 다르다는 사실을 증거해야 하기 때문입니다. 그들의 교훈이 잘못되고 왜곡되어 세속에 물들었다는 사실도 지적해야 합니다. 그리고 앞으로 디도의 교훈들은 젊은 남자들을 비롯하여 모든 사람들에게 균형 잡힌 건강한 복음의 진리라는 사실을 확실하게 담대히 증거해야 합니다.

디도가 그레데 교회에 있는 젊은 남자들과 모든 교우들에게 가르친 교훈은 정말 순수하였습니다. 그의 언행 심사도 순수하였고, 본이 되었습니다.

벨기에가 낳은 성자 다미엔(Damien)이 하와이 몰로카이 섬에서 문둥병자들에게 복음을 전하며 그리스도의 사랑을 베풀 때 그들의 마음 문이 열리지 않았습니다. 그래서 다미엔은 하나님을 향하여 “나에게도 문둥병을 주십시오!”라고 기도하였습니다. 그런데 정말 그도 문둥병에 걸리고 말았습니다. 그래서 그는 그들과 함께 집을 짓고 일을 하였습니다. 그리고 그들에게 예수 그리스도의 복음 진리를 전파하였습니다.

정말 다미엔은 복음의 순수한 동기로부터 시작하였습니다. 그의 몸과 마음과 행동 하나하나는 정말 진실하고 깨끗하였습니다. 피와 땀은 한 알의 밀알과 같았습니다. 그의 삶 자체가 예수 그리스도의 순수한 복음이었습니다.

둘째, 그 교훈은 단정해야 합니다.

“단정”(serousness)하다는 헬라어 ‘셈노테타’(*σεμνότητα*)는 ‘위엄’, ‘진지함’ 이라는 의미를 가지고 있습니다.

이 말은 거짓 교사들이나 악한 대적자들의 교훈과는 반대로 가르침의 동기가 순수해야 한다는 것입니다. 그리고 그 가르침의 태도와 행동도 진지해야 합니다. 그래서 사도 바울의 대리자 디도의 교훈과 거짓 교사들과 악한 대적자들의 거짓 가르침은 분명히 다릅니다. 이것은 진리와 비진리가 다르듯이 전혀 다릅니다. 기름과 물이 다르듯이 절대로 하나가 될 수 없습니다.

디도의 교훈과 가르침은 진실합니다! 순수하고 진지합니다! 거룩하고 위엄이 있습니다! 진실하며 선합니다! 구원이며 생명의 길로 인도합니다! 결과적으로 이것은 영생 복락이요, 축복입니다!

디도가 가르치고 교훈했던 복음 진리의 주인공은 누구입니까? 바로 예수 그리스도입니다.

> "예수께서 이르시되 내가 곧 길이요 진리요 생명이니 나로 말미암지 않고는 아버지께로 올 자가 없느니라"(요 14:6).

중국 대륙의 선교 역사에는 다음과 같은 기록이 있습니다.

> 중국의 어떤 시골 사람이 쓰레기통에서 '야소'(예수의 한자 표기)란 두 글자가 적힌 종이 쪽지 하나를 주웠다. 그런데 그는 그 뜻이 무엇인지 알 수 없어서 만나는 사람마다 붙잡고 뜻을 물어보았다. 그러나 모두 다 모른다는 대답을 할 뿐이었는데, 한 신사가 말하기를, "그것은 서양 사람의 집에 가서 물어보면 알 수 있을 것이오" 하고 가르쳐 주었다.
>
> 그래서 그 사람은 서양 선교사의 집을 찾아가서 종이를 내보이며 간청했다. "이 글이 무슨 뜻인지 좀 가르쳐 주세요." 그때 선교사

는 이 진리 탐구열이 강한 사람에게 그리스도교의 진리를 자세하게 가르쳐 주었다. 그리하여 그 시골 사람은 이후에 예수 그리스도를 잘 섬기는 진실한 신자가 되었다.

그러나 거짓 교사들과 악한 대적자들의 교훈과 가르침은 거짓입니다! 가볍고 잘 변합니다! 가짜이며 허풍입니다! 위선이며 악입니다! 어두움이며 멸망의 길로 인도합니다! 마침내 이것은 사망과 죽음이요, 멸망입니다!

거짓 교사들과 악한 대적자들이 가르치는 거짓 교훈은 프랑스의 사상가 몽테뉴의 말처럼, "하나님께 정면으로 맞서 그에게 거역하는 행위이며 사람들에게는 두려움을 주는 것입니다."

3) 셋째, 디도에게 바른말로 젊은 남자들을 교훈하라고 하였습니다

8절에서 사도 바울은 디도에게 젊은 남자들에게 교훈할 때 "책망할 것이 없는 바른말을 하게 하라"고 권면하고 있습니다.

여기서 "바른말"(soundness of speech)이란 무엇을 의미합니까? 이것은 건전한 말을 뜻합니다. 즉 디도가 가르치고 교훈할 때 사용하는 언어조차도 아름답고 건전한 말이 되어야 한다는 의미입니다.

"말"이란 것은 정말 중요합니다.

한국 격언에 "말 한마디에 천 냥 빚을 갚는다"는 말이 있습니다. 그리고 야고보 사도는 말의 중요성을 다음과 같이 가르쳤습니다.

"이와 같이 혀도 작은 지체로되 큰 것을 자랑하도다 보라 얼마나 작은 불이 얼마나 많은 나무를 태우는가 혀는 곧 불이요 불의의 세계

> 라 혀는 우리 지체 중에서 온몸을 더럽히고 삶의 수레바퀴를 불사르나니 그 사르는 것이 지옥 불에서 나느니라 여러 종류의 짐승과 새와 벌레와 바다의 생물은 다 사람이 길들일 수 있고 길들여 왔거니와 혀는 능히 길들일 사람이 없나니 쉬지 아니하는 악이요 죽이는 독이 가득한 것이라 이것으로 우리가 주 아버지를 찬송하고 또 이것으로 하나님의 형상대로 지음을 받은 사람을 저주하나니 한 입에서 찬송과 저주가 나오는도다 내 형제들아 이것이 마땅하지 아니하니라 샘이 한 구멍으로 어찌 단물과 쓴 물을 내겠느냐"(약 3:5-11).

사도 바울은 디도가 젊은 남자들이나 혹은 주위에 있는 모든 사람들을 향하여 언제, 어디서, 무엇을 어떻게 말하든지 그의 교훈은 진지해야 하며, 건전해야 하며, 아름다운 바른말을 해야 할 것을 가르쳤습니다.

또한 디도가 가르치는 말이 설교 형식이든, 교훈이든, 위로의 메시지이든, 상담이든, 그리고 평소의 일상적인 대화든 건전해야 함을 교훈하였습니다.

그 이유는 바로 "디도의 말이 책망할 것이 없는" 것이 되어야 하기 때문입니다. 그리고 본문 말씀처럼 "이는 대적하는 자로 하여금 부끄러워 우리를 악하다 할 것이 없게 하려 함이라"는 것 때문입니다.

당시 거짓 교사들이나 악한 대적자들은 디도를 향하여 악랄한 소문을 퍼뜨렸습니다. 욕하고, 비방하며, 거짓말을 했습니다. 그리스도의 복음을 증거하는 일에 방해하였습니다.

그들이 "우리를 악하다!"고 비방하고 헛된 소문을 퍼뜨리는 것은 단순히 디도 개인에게만 해당된 것이 아닙니다. 이것은 디도와 바울을 비롯한 그레데 교회와 모든 주님의 교회들을 향한 반대이며 핍박입니다! 더 나아가서, 이 반대는 예수 그리스도의 복음을 증거하는 모든 자들과 예수 그리스도를 대항하는 사탄 마귀들의 간계이며 박해입니다.

그러므로 디도의 가르침과 교훈이 거짓 교사들과 악한 자들에게 책잡히지 않도록 건전한 바른말을 전해야 합니다. 이것은 바로 디도가 가르치는 바른 교훈의 목적이기도 합니다.

6. 종들에 대하여

> "종들은 자기 상전들에게 범사에 순종하여 기쁘게 하고 거슬러 말하지 말며 훔치지 말고 오히려 모든 참된 신실성을 나타내게 하라 이는 범사에 우리 구주 하나님의 교훈을 빛나게 하려 함이라"(2:9-10).

본문은 사도 바울이 디도에게 '종들이 주인에게 어떠한 행동을 할 것인가?'를 지도하는 교훈입니다. 주인에 대한 종들의 바른 자세에 대해 사도 바울은 두 가지 점을 보여주고 있습니다.

먼저 디모데전서에서 사도 바울은 종들이 예수 그리스도를 믿는 그리스도인으로서 주인을 어떻게 섬겨야 할 것인가를 가르치고 있습니다.

> "믿는 상전이 있는 자들은 그 상전을 형제라고 가볍게 여기지 말고 더 잘 섬기게 하라 이는 유익을 받는 자들이 믿는 자요 사랑을 받는 자임이라 너는 이것들을 가르치고 권하라"(딤전 6:2).

본문에서 사도 바울은 일반적으로 종들이 주인을 어떻게 섬겨야 할 것인가를 네 가지로 교훈하고 있습니다.

1) 종들은 주인에게 범사에 순종해야 합니다

여기서 "상전"은 어떤 사람입니까? 영어 성경에서는 '주인'(master)이라고 번역되었습니다. 그래서 상전과 주인은 동일한 인물을 가리킵니다.

헬라어에서 '상전들'이라는 단어는 '데스포타이스'(δεσπόταις)인데, 이는 '노예나 종들의 소유자로서 그들에 대한 전적인 권한을 가진 자'라는 뜻입니다. 그리고 '종'은 어떤 사람을 가리킵니까? 이것은 영어 성경에서 '노예'(slave)라고 번역되었습니다.

노예인 종들은 상전인 주인을 향해 어떤 자세를 가져야 합니까? 그것은 범사에 순종하는 자세입니다. 당시에는 가혹한 노예 제도가 있었습니다. 그때 노예들은 사람 대우를 받지 못하였습니다. 동물과 같이 취급받았고, 대우도 받지 못했습니다. 그래서 상전과 노예들 사이에 서로 믿지 못하는 불신의 관계가 이루어졌습니다.

예수를 믿는 종들의 경우에는, "우리는 주 안에서 같은 형제"라는 개념하에 주인에게 불순종하였습니다. 그리고 상전이 불신자인 경우 예수를 믿는 종들은 소위 '신앙의 우월감'을 가지고 주인들을 향해 불순종하였습니다.

이러한 상황에서 사도 바울은 디도를 향하여 종들은 주인에게 반드시 순종할 것을 강하게 교훈하고 있습니다. 그래서 노예들은 상전의 소원에 꼭 순종해야 합니다. 그리고 이것은 '범사'(in everything)에 이루어지고 행해져야 합니다.

그렇다고 노예 제도를 정당화하려는 것은 아닙니다. 또한 노예와 종들의 인권을 무시하는 것도 아닙니다. 왜냐하면 사람은 태어날 때부터 다 동등하기 때문입니다.

사도 바울은 갈라디아 교인들에게 말하기를, "너희는 유대인이나 헬라인이나 종이나 자유인이나 남자나 여자나 다 그리스도 예수 안에서 하나이니라"(갈 3:28)고 하였습니다.

이 교훈의 말씀은 이후에 노예들을 해방시키는 데 기초가 되었고 큰 원동력이 되었습니다.

미국 하버드 대학교 역사학 교수 슈레진저(Schuressinger) 등 76명의 미국 역사학자들이 31명의 미국 대통령을 다섯 등급으로 나누어 평가하였습니다. 그중에 제1위가 에이브러햄 링컨, 제2위가 조지 워싱턴(Geroge Washington), 제3위가 프랭클린 루스벨트(Franklin Roosevelt), 제4위가 시어도어 루스벨트(Theodore Roosevelt), 제5위가 토머스 제퍼슨(Thomas Jefferson)이었습니다.

에이브러햄 링컨 대통령이 왜 위대한 대통령으로 가장 존경받고 추앙받게 되었습니까? 그것은 두 가지 이유 때문이었습니다.

하나는, '오직 성경!' 이었습니다. 링컨은 대통령 취임식 때 조그마한 포켓 성경책을 들어 보이면서 말하기를, "내가 대통령이 된 것은 이 성경 때문입니다. 이 성경은 하나님이 인간에게 주신 가장 좋은 선물입니다"라고 하면서 성경의 위대함을 극찬하였습니다.

다른 하나는, 바로 '노예 해방' 이었습니다. 링컨은 백인들에게 짓밟히며 동물처럼 취급당한 흑인 노예들을 향하여 "이제부터 우리는 영원한 자유입니다!"라고 찬란하고 빛나는 노예 해방을 선언하였습니다.

이후부터 흑인 노예들은 쇠사슬과 쇠고랑에서 자유함을 누리게 되었습니다. 가난과 굶주림 속에서 배부름을 얻게 되었습니다. 억압과 박해 속에서 자유함을 누리게 되었습니다. 그들은 외치기를, "우리는 구원자 되시는 메시아를 기다리는 중에 평화의 사자요 인권의 큰별, 인간 링컨을 만났다!"며 크게 기뻐하면서 마음껏 함성을 질렀습니다.

그러므로 예수 그리스도 안에 있는 주인들은 종들을 향하여 어떻게 해야 합니까? 그것은 "상전들아 너희도 그들에게 이와 같이 하고 위협을 그치라"(엡 6:9)라는 바른 자세를 가져야 합니다. 그리고 종들은 주인들을 향하여 어떠한 자세를 가져야 합니까? 그것은 "종들아 두려워하고 떨며 성실한 마음으로 육체의 상전에게 순종하기를 그리스도께 하듯이 하라"(엡 6:5)는 순종의 태도를 가져야 합니다.

2) 종들은 주인을 기쁘게 하고 거슬러 말하지 말아야 합니다

사도 바울은 디도에게 종들은 주인들에게 순종하라고 가르쳤습니다. 여기서는 순종의 특성을 설명하고 있습니다. 즉 기쁘게 하고 거슬러 말하지 말아야 합니다.

"기쁘게 하고"의 헬라어 '유아레스토스'(*εὐαρέστως*)는 대부분 하나님과 인간의 관계를 의미합니다. 그러나 여기에서는 상전과 종의 관계에서 사용되었습니다.

그러므로 하나님을 기쁘시게 하는 것은 하나님이 인간을 창조하신 목적 가운데 최고의 목적이 되어야 합니다.

소요리문답 제1과 1문에서 "사람의 첫째되는 목적은 하나님을 영화롭게 하는 것과 그를 영원토록 즐거워하는 것입니다"라고 가르치고 있습니다.

교회사 예화집에서 돈이 많은 부자보다 가난한 거지가 창조주 하나님을 향하여 항상 기뻐했다는 내용이 다음과 같이 기록되어 있습니다.

> 어느 날 부잣집 노인이 말을 타고 행차하는 앞길에서 거지 한 사람이 흥겹게 춤을 추고 있었다. 그러자 부잣집 노인이 거지에게 물었다. "나는 돈이 많아도 춤을 출 일이 없는데 도대체 너는 무엇이 기뻐서 이렇게 춤을 추는 거냐?"
>
> 그때 거지는 "제가 춤추는 이유는 세 가지가 있습니다"라고 대답하였다. "첫째는, 하나님께서 나를 가장 귀한 사람으로 지어주신 것입니다. 둘째는, 비록 나는 절름발이 불구자이지만 세상에는 나보다 더한 불구자가 많기 때문입니다. 셋째는, 세상에서는 날 부러워할 사람이 없을 것이나 죽으면 하나님의 품 안에 있을 것을 생각하니 너무 기뻐서 춤을 추는 것입니다."

이와 마찬가지로 비록 내가 종이며 노예일지라도 나의 주인이 되며 상전 되는 그들을 기쁘게 해야 합니다. 그리고 그들을 만족시키는 일이 종의 삶의 목적 가운데 최우선이 되어야 할 것입니다.

사도 바울은 또한 주인을 향하여 "거슬러 말하지 말라"고 교훈하고 있습니다. 이것은 상전을 향한 의도적인 반대와 저항을 의미합니다. 그래서 종들은 주인들에게 불순종해서는 안 됩니다! 저항해서도 안 됩니다! 반항해서도 안 됩니다! 악한 생각과 마음을 품어서도 안 됩니다.

서양 속담에 “개구리는 입 때문에 잡아먹힌다”는 말이 있습니다. 개구리가 항상 쓸데없이 시끄럽게 울기 때문에 뱀에게 발각되어 마침내 잡아먹히고 만다는 이야기입니다.

이와 마찬가지로 종들이 주인을 향하여 일도 잘하지 않고 불필요하게 말을 하고, 항상 불평 불만하고 비평하게 되면, 결과적으로 주인에게 인정받지도 못하고 책망받고 쫓겨나게 됩니다.

3) 종들은 주인의 소유물을 훔치지 말아야 합니다

10절에서는 종들이 주인을 향하여 지켜야 할 사항을 가르치고 있습니다. 그럼 종들은 주인의 소유물에 대해 어떤 자세를 가져야 합니까?

한글개역에서는 종들로 주인의 소유물을 “떼어먹지 말라”고 번역하였고, 개역개정에서는 “훔치지 말라”고 번역하였습니다.

이 말의 뜻은 종들이 자기 자신을 위하여 주인의 것을 몰래 훔친다는 의미입니다. 즉 이것은 종들의 부정과 횡령 행위를 가리킵니다. 이 점에 대하여 주경 신학자 윌리엄 핸드릭슨은 ‘좀도둑질’(petty larceny)과 같다고 표현하였습니다.

당시 대부분의 종들은 주인이 경영하는 상업에 종사하였습니다. 그리고 그들은 기술과 전문 직업과 상거래의 일들을 맡아서 담당하였습니다. 그때 종들은 기회가 생기든가 틈만 있으면 좀도둑질을 하였습니다. 그들은 모든 상거래상의 계략을 꾸미고, 바꾸고, 만들었습니다. 부정부패를 저지르고 횡령도 하였습니다. 주인의 소유물을 훔치기도 하고 뒤로 빼돌렸습니다. 더 나아가서는 주인의 재물을 훔쳐 도주하고 달아나기도 하였습니다

도둑질이란 무엇입니까?

일찍이 구약 시대에 여호와께서 시내 산에서 모세를 통하여 이스라엘 백성들에게 '십계명'을 주셨습니다. 십계명 중에 제8계명이 바로 "도둑질하지 말라"는 것입니다. 이 계명에는 두 가지 교훈이 들어있는데, 하나는 자기 재산의 사유권을 인정하는 것이며, 다른 하나는 이웃의 재산권을 보호하는 것입니다.

그래서 도둑질의 개념은 좁은 의미에서는 단순하게 상대방의 재산을 은밀하게 훔쳐 가는 행위나 혹은 타인의 재산에 손해를 입히는 일입니다. 그리고 넓은 의미에서는 사기 행위나 혹은 피땀 어린 노력의 결과도 없이 부당한 방법으로 재물을 축적하는 일입니다.

한국의 격언에 "돈이면 호랑이 눈썹도 빼온다"는 말이 있습니다. 이것은 금전 만능주의를 비꼬아 표현한 속담입니다. 오늘날 현대인들은 이 속담처럼 아무런 죄책감이나 잘못된 점을 느끼지 못하고 수단과 방법을 가리지 않고 재물을 모으는 데 사력을 다하고 있습니다. 돈을 모으기 위하여 상대방의 부를 빼앗고 그들의 삶을 무참하게 짓밟습니다.

사람들이 왜 도적질을 합니까? 그것은 인간의 교만과 욕심 때문입니다. 인간이 최초로 범죄한 근본적인 동기도 바로 자신의 마음속에 있는 욕심 때문이었습니다. 욕심은 모든 범죄를 일으키는 무서운 본능입니다. 욕심은 상대방의 재산을 훔치기도 합니다. 더 나아가서는 이웃의 재물을 빼앗고, 생명을 죽이기도 합니다.

그래서 야고보 사도는 "오직 각 사람이 시험을 받는 것은 자기 욕심에 끌려 미혹됨이니 욕심이 잉태한즉 죄를 낳고 죄가 장성한즉 사망을 낳느니라"(약 1:14-15)고 교훈하였습니다.

또한 하나님께서 말씀하시기를, "너는 네 이웃을 억압하지 말며 착

취하지 말며 품꾼의 삯을 아침까지 밤새도록 네게 두지 말며”(레 19:13) 라고 경고하셨습니다.

도적질을 하지 말아야 합니다. 욕심을 갖지 말아야 합니다. 욕심과 도적질은 필수적인 함수 관계입니다. 떼려야 뗄 수 없는 그림자와 같습니다. 쌍둥이와 같은 존재입니다.

그러므로 종들이나 노예나 누구든지 이웃의 재물이나 소유물을 훔치거나 좀도적질하는 것을 절대 삼가야 합니다. 항상 조심하고 경계해야 합니다.

4) 종들은 주인에게 신실하며 충성해야 합니다

마지막으로 사도 바울은 디도를 통하여 종들은 주인에게 “모든 참된 신실성을 나타내게 하라”(10절)고 권면하고 있습니다. 이것은 ‘신실한 충성’ 혹은 ‘선한 충성’ 을 말합니다.

흔히 많은 현대 그리스도인들이 ‘충성을 해야지!’ 하면서 말합니다. 그러나 충성한다는 것은 그리 쉬운 일이 아닙니다.

‘충성’ 이란 무엇입니까? 이것은 헬라어로 ‘피스티스’(πίστις)입니다. 이 말은 두 가지 의미를 갖는데, 하나님께 대해서는 ‘확신’(trust)과 ‘믿음’(faith)이고, 사람에 대해서는 상대방을 믿고 의지할 수 있는 ‘성실성’(sincerity)과 ‘신뢰성’(confidence)을 가리킵니다.

청지기는 주인 앞에 ‘신실한 사람’ 이 되어야 합니다. 그리고 ‘충성스러운 삶’ 을 살아야 합니다. 그런데 이것이 쉽게 되는 것이 아닙니다. 자연적으로 주어지는 것도 아닙니다. 이것은 신실한 자로 인정받을 수 있도록 최선의 노력을 해야 합니다. 피와 땀을 흘려야 합니다.

스코틀랜드 에든버러에 있는 어느 교회의 묘지에는 주인에게 죽도록 충성한 '충견비' 가 하나 세워졌다고 합니다. 어떤 사람이 개 한 마리를 길렀습니다. 함께 지내다가 갑자기 주인이 세상을 떠났습니다. 그 주인이 죽어 장사를 지냈습니다. 그런데 그 개는 주인의 묘비 앞에서 며칠도 아니고 장장 14년간이나 무덤을 지키다가 죽었습니다. 그래서 주위 사람들이 주인에게 충성한 개를 기념하기 위하여 충견비를 세웠다고 합니다.

충성스러운 개도 죽을 때까지 주인을 지키며 충성하였습니다. 노예들도 주인을 신실하게 잘 섬기며 끝까지 충성해야 합니다. 더욱이 하나님의 청지기인 종들은 주인 되신 하나님께 죽도록 충성하는 것이 마땅합니다.

여호와께서 아브라함의 충성됨을 보시고 그와 더불어 언약을 세우셨습니다(느 9:8). 그리고 아브라함에게 하늘의 별과 바다의 모래와 같이 자손의 복을 주셨습니다! 그를 믿음의 조상으로 세우셨습니다!

예수님께서는 마태복음 25장에서 달란트 비유를 하셨습니다. 그때 주인은 충성스럽지 못한 한 달란트 받은 자에게 말하기를, "악하고 게으른 종아 나는 심지 않은 데서 거두고 헤치지 않은 데서 모으는 줄로 네가 알았느냐"(마 25:27)라고 책망하셨습니다. 그리고 "이 무익한 종을 바깥 어두운 데로 내쫓으라 거기서 슬피 울며 이를 갈리라 하니라"(마 21:30)고 하였습니다.

한편 주인은 두 달란트와 다섯 달란트를 받은 자들을 향하여 말하기를, "잘하였도다 착하고 충성된 종아 네가 적은 일에 충성하였으매 내가 많은 것을 네게 맡기리니 네 주인의 즐거움에 참여할지어다"(마 25:11)라고 하면서 칭찬하셨습니다.

사도 바울은 고린도 교회를 향하여 말하기를, "맡은 자들에게 구할 것은 충성이니라”(고후 4:2)고 하였습니다. 그리고 하나님의 사자는 서머나 교회에게 말하기를, “네가 죽도록 충성하라 그리하면 내가 생명의 관을 네게 주리라”(계 2:10)고 약속하였습니다.

그런데 사도 바울이 왜 이렇게 종들이 주인을 향하여 충성스런 삶을 살아야 한다고 권면하였습니까? 그 이유는 “우리 구주 하나님의 교훈을 빛나게 하려 함이라”(10절 하반절)고 했습니다.

이것은 사도 바울이 디도를 통하여 노예나 종들에게 주는 도덕적인 교훈의 목적, 하나님의 말씀인 진리의 가르침을 아름답게 장식하는 데 있음을 강조하고 있습니다.

더 나아가서 이러한 목적은 그레데 교회 안에 있는 각층 모든 사람들에 대한 교훈이기도 합니다.

제6강

왜 그리스도인으로 살아가야 하는가?

제6강 왜 그리스도인으로 살아가야 하는가? (2:11-15)

"모든 사람에게 구원을 주시는 하나님의 은혜가 나타나(11절)

우리를 양육하시되 경건하지 않은 것과 이 세상 정욕을 다 버리고 신중함과 의로움과 경건함으로 이 세상에 살고(12절)

복스러운 소망과 우리의 크신 하나님 구주 예수 그리스도의 영광이 나타나심을 기다리게 하셨으니(13절)

그가 우리를 대신하여 자신을 주심은 모든 불법에서 우리를 속량하시고 우리를 깨끗하게 하사 선한 일을 열심히 하는 자기 백성이 되게 하려 하심이라(14절)

너는 이것을 말하고 권면하며 모든 권위로 책망하여 누구에게서든지 업신여김을 받지 말라(15절)."

디도서 2장 11절 첫 부분을 헬라어 원어로 보면, '왜 그런고 하면' 이라는 이유 접속사인 '가르'(γάρ, for)가 있습니다.

그래서 본문은 종들이 상전들에게 정직하고 바르게 행동해야 할 이유를 가르치고 있습니다. 그리스도인이 그리스도인답게 살아가야 함을 교훈하고 있는 것입니다.

그 첫째 이유는, 모든 사람들에게 구원의 은총을 주시는 하나님의 은혜이기 때문입니다. 둘째 이유는, 그리스도인들이 예수 그리스도의 구원의 복음을 통하여 영광스러운 주님의 재림을 대망해야 하기 때문입니다.

그러므로 오늘을 살아가고 있는 그리스도인들의 건전한 윤리적 행위와 영적인 삶은 내일의 영광스러운 종말을 바라보는 확고한 믿음과 소망입니다.

1. 하나님의 은혜

> "모든 사람에게 구원을 주시는 하나님의 은혜가 나타나"(2:11).

본문에서 사도 바울은 죄인들을 향하여 값없이 베푸시는 구속의 계획과 그들을 구원시켜 변화시키고자 하시는 '하나님의 은혜' 에 전적으로 근거를 두고 있다는 사실을 교훈하고 있습니다.

이러한 하나님의 은혜는 어떤 사람에게만 제한된 것이 아니라 모든 사람들에게 나타났습니다. 본문은 "모든 사람에게"(to all men) 구원의 은총을 베푸시는 것이라고 말하고 있습니다.

"모든 사람"이란 무슨 의미입니까? 이것은 남녀노소, 빈부를 막론하고 모든 사람은 다 하나님 앞에서 죄인이라는 말입니다. 그런데 하나님은 죄인인 모든 사람들을 그의 백성으로 불러 모으신다는 것입니다. 늙은 남자, 늙은 여자, 젊은 여자, 젊은 남자, 그리고 종들까지도 다 포함됩니다. 나이가 많든지 적든지, 사회적 지위가 높든지 낮든지, 여자이든 남자이든, 백인이든 흑인이든, 히스페닉 사람이든 아시아인이든 인종 차별하지 않고 모든 사람들에게 다 나타났습니다.

그 이유는 하나님이 주시는 은혜의 범위는 여러 계층의 모든 사람들에게 구원의 은총을 주시는 것이기 때문입니다.

그런데 사도 바울은 이러한 하나님의 은혜가 그리스도인들의 구원의 행위와 삶과 분리될 수 없다는 것을 강조하고 있습니다.

그렇다면, 모든 사람들에게 구원의 은총을 베푸시는 하나님의 은혜는 무엇입니까?

1) 구약적인 하나님의 은혜

히브리어로 "은혜"는 '헤세드'(חֶסֶד)입니다. 이 단어는 구약적인 의미를 잘 묘사해 주는 것으로, 하나님에 의해 맺어진 계약의 본질적인 약속입니다.

헤세드의 은혜는 진리와 사랑과 충성, 자비와 정의와 결합하여 나타났습니다. 그래서 이 은혜로 말미암아 하나님은 아무것도 아닌 한 민족을 부르시고 선택하여 구원하셨습니다(신 7:6-7). 그리고 그들과 언약을 맺으시고 율법을 주셨습니다(출 20:2-6).

그런데 이 은혜는 선택받은 이스라엘 백성들이 하나님의 관계에서 하나님의 언약을 지키고 충실히 이행하며 순종할 것을 요구하고 있습니다. 만약 인간이 하나님과 은혜의 관계를 잘 유지하려면 그의 언약에 충성하고 순종해야 하는데, 이것을 이행하지 아니하고 불순종하면 심판과 징벌이 따르게 됩니다.

이러한 사실은 모세가 이스라엘 백성들에게 가르친 십계명과 신명기에 잘 나타나 있습니다.

> "나를 사랑하고 내 계명을 지키는 자에게는 천 대까지 은혜를 베푸느니라"(출 20:6).
>
> "그런즉 너는 알라 오직 네 하나님 여호와는 하나님이시요 신실하신 하나님이시라 그를 사랑하고 그의 계명을 지키는 자에게는 천 대까지 그의 언약을 이행하시며 인애를 베푸시되 그를 미워하는 자에게는 당장에 보응하여 멸하시나니 여호와는 자기를 미워하는 자에게 지체하지 아니하시고 당장에 그에게 보응하시느니라 그런즉 너는 오늘 내가 네게 명하는 명령과 규례와 법도를 지켜 행할지니라"(신 7:9-11).

아울러 헤세드의 은혜는 주위에 있는 다른 사람들에게 하나님의 사랑과 은혜를 베풀 것을 요구하고 있습니다.

> "사람아 주께서 선한 것이 무엇임을 네게 보이셨나니 여호와께서 네게 구하시는 것은 오직 정의를 행하며 인자를 사랑하며 겸손하게 네 하나님과 함께 행하는 것이 아니냐"(미 6:8).

진정한 하나님의 사랑과 은혜는 내가 받은 그의 사랑과 은혜를 다른 사람에게 나누어 주며 베풀 때 사랑의 열매를 맺고 향기를 낼 수 있습니다.

대문호 톨스토이(L. Tolstoi)는 말하기를, "하나님의 사랑은 모든 사람들을 향하여 아낌없이 주는 것이다"라고 하였습니다.

2) 신약적인 하나님의 사랑

헬라어로 "은혜"는 '카리스'(χάρις)인데, '은혜', '기쁨', '호의', '선물', '감사'를 의미합니다.

카리스의 은혜란 하나님의 은혜, 즉 그리스도 안에 나타난 구속의 은총을 말합니다. 그리고 이 은혜는 하나님께서 그리스도를 보내시고, 그의 구속 사역에서 나타낸 하나님의 사랑을 가리킵니다.

하나님의 은혜는 어떻게 이루어졌습니까? 그것은 그의 아들 독생자 예수 그리스도를 통하여 성취되었습니다. 예수 그리스도께서 인간을 구원하시기 위하여 고통을 당하셨습니다! 십자가 위에서 피 흘려 죽으셨습니다! 그리고 3일 만에 무덤에서 부활하셨습니다. 흑암의 세력과 사망의 권세를 물리치시고 승리하셨습니다! 이로 말미암아 죄인들을 죄악의 구렁텅이에서 구원하여 영광스러운 하늘나라 의의 보좌로 인도하셨습니다.

신약에 나타난 하나님의 은혜는 유대인에게만 제한되었던 것을 다 풀어버리고 자유함을 누리게 하였습니다. 이때 카리스의 은혜가 요구하는 것은 오직 믿음입니다.

사도 바울은 하나님의 크신 은혜와 예수 그리스도를 믿음으로 의롭게 되었다고 갈라디아 교인들을 향하여 다음과 같이 고백하였습니다.

> "내가 그리스도와 함께 십자가에 못 박혔나니 그런즉 이제는 내가 사는 것이 아니요 오직 내 안에 그리스도께서 사시는 것이라 이제 내

> 가 육체 가운데 사는 것은 나를 사랑하사 나를 위하여 자기 자신을 버리신 하나님의 아들을 믿는 믿음 안에서 사는 것이라 내가 하나님의 은혜를 폐하지 아니하노니 만일 의롭게 되는 것이 율법으로 말미암으면 그리스도께서 헛되이 죽으셨느니라(갈 2:20-21).

그러므로 '카리스'란 말은 초기 기독교 공동체에서 예수 그리스도로 말미암아 믿음으로 구원을 받았다는 구원 개념의 핵심 단어였습니다. 그리고 오늘날 지구촌의 선교 현장에서 가장 많이 사용되는 단어가 되었습니다.

오늘날 세상에 살고 있는 수많은 죄인들이 예수 그리스도를 통하여 믿음으로 의롭다 함을 얻어 하나님의 아들이 됩니다. 딸이 됩니다. 그리고 하늘나라의 거룩한 백성이 됩니다. 이것은 불가항력적인 하나님의 은혜입니다! 사랑입니다! 축복입니다!

구원은 인간의 힘과 지혜로 되는 것이 아닙니다. 도덕적인 선행과 수양으로 이루어지는 것도 아닙니다! 구원은 오직 살아 계신 하나님의 크신 은혜와 예수 그리스도의 죽음과 믿음으로만 의롭다 함을 얻게 되는 것입니다. 그래서 이것은 하나님의 크신 사랑이요, 은혜요, 축복입니다.

미국의 물리학자 조지 매크래켄(George James McCracken)은 말하기를, "나는 세 가지 결론에 도달하였다. 첫째, 구원은 과학 안에서 발견되지 않는다. 둘째, 도덕적인 부흥이 있어야 한다. 셋째, 생명을 주는 종교 없이는 어떤 도덕적인 부흥도 이룰 수 없다"고 하였습니다.

정말 그렇습니다! 인간이 구원받는 것은 지식과 힘으로 안 됩니다! 도덕과 수양으로도 안 됩니다! 선행을 행함으로도 안 됩니다!

이것은 하나님의 크신 사랑과 은혜 가운데 예수 그리스도를 믿는 믿음으로만 죄 씻음을 받고, 의롭게 되며, 구원을 받습니다. '오직 믿음!' 입니다.

"복음에는 하나님의 의가 나타나서 믿음으로 믿음에 이르게 하나니 기록된 바 오직 의인은 믿음으로 말미암아 살리라 함과 같으니라"(롬 1:17).

"너희는 그 은혜에 의하여 믿음으로 말미암아 구원을 받았으니 이것은 너희에게서 난 것이 아니요 하나님의 선물이라"(엡 2:8).

인간의 구원은 예수 그리스도의 십자가의 죽으심과 오직 믿음으로 값없이 얻는 하나님의 사랑이요, 은혜의 선물입니다! 조지 스위팅(George Sweeting)은 "구원은 하나님의 선물이다"라고 기뻐하였습니다.

오늘날 그리스도인들의 구원의 삶과 행위는 하나님의 크신 사랑과 예수 그리스도의 말씀 안에서 이루어지고 행해져야 합니다. 그리고 가는 곳곳마다 예수 그리스도의 향기를 나타내며 열매 맺는 삶을 살아야 합니다.

2. 양육

"우리를 양육하시되 경건하지 않은 것과 이 세상 정욕을 다 버리고 신중함과 의로움과 경건함으로 이 세상에 살고"(2:12).

본문에서 사도 바울은 하나님의 은혜에 의해 그리스도인들이 양육받아야 할 것을 교훈하고 있습니다.

"양육"(bringing up, 길러 자라게 한다)이라는 말은 '훈련하다'(train, RSV) 혹은 '가르치다'(teach, NIV, KJV)와 같은 의미를 가지고 있습니다. 마치 선생이 어린아이들을 잘 가르치고 훈련시켜서 바른길로 인도하는 것과 같습니다. 그리고 부모가 철부지 어린 자녀들을 훌륭한 사람으로 만들기 위하여 잘 가르치고 교육시키는 것과 같습니다.

하나님의 은혜는 그 상전들에게 갑작스럽게 명령하여 그들의 종들을 놓아주라고 하지 않습니다. 그리고 지혜롭지 못한 종들에게 명령하여 그들의 상전들에게 반항하라고 하지도 않습니다. 반대로, 하나님의 은혜는 상전들에게 그들의 종들을 천대하고 멸시하는 것이 잘못되었다고 가르칩니다. 그리고 종들에게는 그들의 상전들에게 대항하고 보복하는 것이 해결책이 아니라는 것을 분명하게 가르칩니다. 그래서 하나님의 은혜는 교훈적입니다! 징계적입니다! 권면적입니다! 책망적입니다! 상담적입니다! 교육적입니다!

1) 소극적인 양육

소극적인 양육은 두 가지인데, 먼저 하나는 '경건하지 않은 것'을 가리키고 있습니다. 이것은 하나님을 떠도는 불신앙적인 요소로 '불경건'을 말합니다.

불경건한 사람은 하나님을 경외하지 않습니다. 하나님을 두려워하지도 않습니다! 하나님에 앞에 진실하지도 못합니다! 하나님의 이름을 망령되이 말합니다! 하나님의 교회를 거룩한 공동체로 인정하지 않습니다! 주의 종들을 우습게 생각합니다. 그리스도인들을 향하여 조롱합니다!

왜 그럴까요? 그들이 "망령된 생각과 헛된 말"(딤후 2:16)을 하기 때문입니다. 여기서 '헛된 말'(chatter)은 '속이 텅 빈 소리'라는 뜻이 포함되어 있습니다.

'망령되고 헛된 말'은 그리스도인들이 하나님을 향한 두려움과 경외심, 교회를 향한 거룩성, 그리고 주위에 있는 그리스도인들을 향한 존경심을 상실하게 만드는 중요한 요인이 됩니다. 설령 그들을 바라본다 해도 그들의 방법은 세속적이며 인간적입니다. 그래서 망령되고 헛된 말은 하나님을 멀리하도록 만듭니다! 주위 사람들을 병들게 합니다! 수많은 영혼들을 멸망의 길로 인도합니다!

그러면 그리스도인들이 어떻게 하면 '하나님 앞에!'(코람데오, Coram Deo) 경건하게 살아갈 수 있습니까? 그리고 교회와 세상을 향하여 소금과 빛이 되어 그리스도의 향기를 나타낼 수 있겠습니까?

존 웨슬리는 하나님 앞에 경건하게 살기 위해서는 날마다 자기 자신을 향하여 다음과 같은 일곱 가지 질문을 하라고 제안하였습니다.

> 첫째, 너는 항상 기도하는가?
>
> 둘째, 너는 매 순간 하나님 앞에서 즐거워하는가?
>
> 셋째, 너는 모든 상황 속에서 감사하는가?
>
> 넷째, 너는 욕심을 지니는 것이 없는가?
>
> 다섯째, 너는 두려워하는 일이 없는가?
>
> 여섯째, 너는 네 중심에서 계속적으로 하나님의 사랑을 체험하고 있는가?
>
> 일곱째, 무슨 말이나 행동을 하든지 그것이 하나님을 기쁘시게 한다고 자신 있게 대답할 수 있는가?"

다음은 "세상 정욕을 다 버리는 것"을 가리키고 있습니다. 이것은 세상적인 욕망으로 세상의 쾌락과 소유욕을 의미합니다. 왜 그리스도인들은 모든 쾌락과 욕심을 버려야 합니까? 그것은 그리스도인과 하나님의 관계를 분리시키는 중요한 요인이기 때문입니다. 이러한 세속적인 쾌락과 욕망을 버리는 길은 날마다 이루어지는 '자기부정'(self-denial)입니다.

그리스도인의 영성은 예수님의 모델을 따라가는 십자가의 삶입니다. 그래서 그리스도인들이 주님이 가신 십자가의 길을 따라가려면 무엇보다도 자기 자신을 부정하는 삶이 요구됩니다.

'자기를 부정한다' 는 것은 무엇입니까? 다르게 표현해 본다면, 이것은 자기 자신을 세우는 삶이 아니라 자기 자신을 예수 그리스도와 함께 십자가에 못 박고 오직 그리스도께서 내 안에 사시는 삶을 의미합니다.

이 점에 대하여 주경 신학자 윌리엄 헨드릭슨은 다음과 같이 주해하였습니다.

> 자기 자신을 부인한다는 것은 중생의 은총과는 거리가 먼 옛사람을 부인한다는 뜻이다. 자기를 부인하는 사람은 본래의 것에 대한 모든 신뢰를 포기하고 구원을 위하여 하나님 한 분께만 매달리는 것이다. 그는 이제 더 이상 자기의 이익만을 추구하지 않고 하나님의 영광을 증진시키기 위하여 그 자신과 모든 삶의 영역에서 전력을 다하여 열중하게 되는 것이다.

왜 그리스도인들이 자신을 부정하며 주님의 십자가를 지고 가야 합니까? 이 점에 대하여 개혁자 존 칼빈은 그의 저서 《기독교 강요》에서 그리스도인들이 십자가를 져야 할 여섯 가지 이유를 다음과 같이 설명하였습니다.

> 첫째, 십자가는 우리에게 하나님의 권능을 완전히 믿게 한다. 둘째, 십자가는 하나님의 신실성을 체험하게 하며, 우리에게 미래에 대한 소망을 준다. 우리는 십자가를 통하여 자신의 맹목적인 자기 사랑이나 자신감을 버리게 된다. 셋째, 십자가는 우리의 인내와 순종을 훈련시킨다. 넷째, 하나님은 십자가를 통하여 우리의 무절제한 육체를 굴복시키고 제어케 하신다. 다섯째, 십자가는 사랑의 징계이다. 마지막으로, 의를 위하여 핍박을 받는 것은 독특한 위로가 된다. 예수 그리스도의 복음을 위하여 수고하는 사람이나 의를 위하여 노력하는 사람은 박해를 받게 된다.

그러므로 그리스도인들은 자기 자신을 예수 그리스도와 함께 십자가에 못 박아야 합니다. 오직 그리스도께서 내 안에 사는 삶을 사는 것입니다. 그리스도인들의 경건한 영성의 기본 모델은 십자가의 주님께만 두는 것입니다. 그래서 그리스도인의 삶의 핵심은 자기의 십자가를 지고 주님을 바라보며 오직 그분만을 따라가는 훈련입니다.

십자가 중심의 영성가인 존 스토트(John R. Stott)는 말하기를, "기독교 영성의 목표는 타락한 자아를 끊임없이 부인하는 것과 창조된 자아를 지속적으로 강화하고 확인하는 것"이라고 하였습니다.

2) 적극적인 양육

적극적인 양육은 세 가지인데, 첫째, 자기 자신에 대한 '신중함' 입니다. 이것은 그리스도인으로서 자기 자신과의 관계에서 내적인 욕망을 제거하고 신중할 것을 교훈하고 있습니다.

'신중함' 이라는 말은 '사려 깊다', '신중하다', '자제하다' 라는 의미입니다. 즉 '극기'(self-mastery)입니다.

그래서 그리스도인들은 어떤 일이 생기든지, 어떤 상황 속에 있든지 간에 하나님의 영광을 나타내기 위하여 자신의 뜻과 욕망을 버려야 합니다. 그러기 위해서는 나 자신이 참고 견뎌야 합니다! 신중하며 조심해야 합니다! 절제하고 절약해야 합니다!

영국 구세군에서는 특별히 한 주간을 극기생활을 실천하는 주간으로 삼고 이를 시행하였습니다. 이 한 주간 동안에는 모든 사람들이 저녁 식사 이후의 디저트를 먹지 않고 절약하여 선교 헌금으로 바치게 되었습니다. 이것이 기원이 되어 매년 봄철이 되면 지구촌 선교 헌금을 마련하는 세계적인 '극기 주간' 으로 지키게 되었습니다.

둘째, 상대방과 이웃에 대한 '의로움' 입니다. 이것은 그리스도인으로서 상대방과의 관계에서 공명정대하게 대하는 자세와 태도입니다. 이 일을 행하기 위해서는 반드시 '정직'(honesty)이 요구됩니다. 만약 정직이 상실된다면 상대방과 이웃에게 가식적으로 대할 수 있습니다. 위선적인 이중 인격자가 될 수 있습니다. 거짓말쟁이가 될 수 있습니다.

그래서 철학자 키르케고르(Kierkegaard)는 인간의 간사하고 이중적인 인격과 태도에 대해 말하기를, "인간은 두 개의 얼굴을 가진 야수다. 하나의 얼굴은 웃고, 또 다른 얼굴은 울고 있다"고 묘사하였습니다.

나이트 예화집에 의하면, 정직하게 양심적으로 사는 한 지게꾼의 재미있는 얘기를 다음과 같이 소개하였습니다.

> 이탈리아에 가난한 지게꾼이 있었다. 그는 홀아비로서 두 남매를 데리고 하루하루 생활해 왔다. 하루는 돈을 벌어 빵을 사가지고 집에 왔다. 그런데 아버지와 아이들이 빵을 맛있게 먹고 있는 중에 빵 속에서 동전을 발견하였다. "나는 빵을 사왔지 동전을 사온 것이 아니란다. 이것은 주인에게 돌려주어야겠다." 그러면서 아버지는 주인을 찾아가서 동전을 돌려주었다. 그러자 주인은 대단히 기뻐하며 말했다. "내가 당신과 같은 정직한 사람을 만나기 위해 이렇게 몇 해 동안 해왔으나 찾아오는 사람이 없었는데, 오직 당신만이 찾아왔으니 감사합니다. 당신은 오늘부터 내 집에 들어와서 공장 사무를 맡아보시다가 후일에 우리 두 늙은이가 죽으면 당신이 다 맡아서 하시오." 그리하여 그 가난한 지게꾼은 빵 공장의 지배인이 되었다.

잠언 기자는 말하기를, "의인은 거짓말을 미워하나 악인은 행위가 흉악하여 부끄러운 데에 이르느니라 공의는 행실이 정직한 자를 보호하고 악인은 패망하게 하느니라"(잠 13:4-5)고 했습니다.

셋째, 하나님에 대한 '경건함' 입니다. 그리스도인은 하나님과의 관계에서 하나님을 경외하고 두려워해야 합니다. 그리고 삶 속에서 하나님의 말씀에 순종하는 자세를 가져야 합니다.

'경건'(piety)의 반대는 '불경'(disrespect)입니다. 경건은 어떠합니까? 경건은 높이는 것입니다! 섬기는 것입니다! 경외하는 것입니다! 그러나 불경은 불신하는 것입니다! 우습게 여기는 것입니다! 경멸하는 것입니다!

그래서 경건한 사람은 하나님을 경외합니다! 하나님을 사랑합니다. 하나님을 찬양합니다! 하나님을 기뻐하시게 합니다! 하나님께 영광과 감사를 돌립니다. 결과적으로 그들은 천국에서 보상(계 14:13)을 받게 됩니다.

그러나 불경건한 사람은 하나님을 섬기지 않습니다! 하나님을 사랑하지 않습니다! 하나님을 믿지 않습니다! 하나님을 조롱하고 원망합니다! 결과적으로 그들은 심판과 멸망을 받게 됩니다(벧후 3:7).

경건은 하나님의 축복이요, 상급입니다. 그러나 불경은 하나님의 백보좌 심판대에서 심판과 멸망을 받게 됩니다. 그러므로 셰익스피어의 "밤이건 낮이건 하나님을 모독하지 말라!"는 말을 잊지 말아야 할 것입니다.

3. 복스러운 소망

> "복스러운 소망과 우리의 크신 하나님 구주 예수 그리스도의 영광이 나타나심을 기다리게 하셨으니"(2:13).

본문 말씀은 하나님의 은혜로 양육된 그리스도인들이 종말론적 신앙을 품고 살아가야 할 것을 교훈하고 있습니다. 이것은 두 가지 교훈으로 나타나고 있습니다.

1) 복스러운 소망입니다

여기서 "복스러운 소망"은 그리스도인들의 내세의 축복을 총칭하는 것입니다. 즉 천국의 축복입니다.

앞으로 그리스도인들이 받을 복된 소망의 클라이맥스는 예수 그리스도의 재림과 밀접한 관계를 가지고 있습니다.

사도 바울은 믿음의 아들 디모데에게 내세에 받을 면류관을 소망하면서 다음과 같이 고백하였습니다.

> "나는 선한 싸움을 싸우고 나의 달려갈 길을 마치고 믿음을 지켰으니 이제 후로는 나를 위하여 의의 면류관이 예비되었으므로 주 곧 의로우신 재판장이 그 날에 내게 주실 것이며 내게만 아니라 주의 나타나심을 사모하는 모든 자에게도니라"(딤후 4:7-8).

하나님을 믿지 않는 비그리스도인들은 앞으로 다가올 내세의 복스러운 소망과 축복을 믿지 않습니다. 그러나 하나님을 믿고 섬기는 그리스도인들은 앞으로 다가올 천국의 소망과 축복을 믿습니다.

오늘날 그리스도인들이 많이 애창하는 새찬송가 180장은(168장) 다음과 같습니다.

> ♬ 하나님의 나팔소리 천지 진동할 때에
> 예수 영광 중에 구름 타시고
> 천사들을 세계 만국 모든 곳에 보내어
> 구원 얻은 성도들을 모으리
> 나팔 불 때 나의 이름 나팔 불 때 나의 이름
> 나팔 불 때 나의 이름 부를 때에 잔치 참여하겠네.

이 찬송가는 제임스 밀턴 블랙(James Milton Black)이 작사 작곡한 노래입니다. 미국 펜실베이니아 주 윌리엄스포트의 어느 감리교회에서 블랙 청년은 한 소녀를 전도하여 교회로 인도하였습니다. 그런데 어느 날 청년회 헌신 예배 중 회원들을 호명할 때, 그동안 잘 나오던 소녀가 나오지 않았습니다. 세 번씩이나 호명을 하여도 나오지 아니하자 전도한 블랙 청년은 다음과 같이 순간적으로 근심하였습니다.

'이 소녀가 계속 교회에 나오지 못하면 어떻게 하나? 장차 하늘나라에서 이름을 부를 때 대답을 못하면 어떻게 하나?' 그러면서 그는, '오 하나님! 내가 그 곳에서 나의 이름을 호명할 때 대답할 수 있도록 그곳에 있게 해주옵소서!' 라고 부르짖고 기도하면서 이 찬송을 작사 작곡하였습니다.

한때 영국이 도덕적으로 문란해지고 영적으로 타락하는 이유에 대해 윈스턴 처칠(Winston Churchill) 경은 "대영제국이 천국과 지옥을 더 이상 선포하지 않았기 때문이다"라고 지적하였습니다. 그리고 그는 말하기를, "만약 앞으로 가야 할 천국도 없고 피해야 할 지옥도 없다면, 왜 우리가 사치스럽고 방탕한 생활을 하지 않겠습니까? 왜 우리가 먹고 마시며 즐기지 않겠습니까?" 라고 반문하였습니다.

정말 그렇습니다! 천국과 지옥은 분명히 있습니다! 이제 우리는 구름 타고 다시 오시겠다고 약속하신 신랑 되신 주님을 사모하고 기다립시다! 그리고 주시겠다고 약속하신 하늘나라의 상급을 소망합시다.

스코틀랜드의 한 공동묘지 묘비에는 다음과 같은 글이 기록되어 있습니다. "내일까지 안녕! 하나님의 자녀들은 기쁨이 충만하여 큰소리로 이렇게 노래할 수 있을 것이다. 우리는 잠시 후 저 아름다운 땅에서 다시 만나게 되리라."

그리고 시인 괴테는 말하기를, "저세상에 대하여 아무런 소망도 갖지 못한 사람은 이세상의 삶에서조차 죽은 사람이다" 라고 하였습니다.

2) 구주 예수 그리스도의 영광입니다

하나님의 은혜는 우리 구주 예수 그리스도의 영광으로 나타납니다. 이것은 하나님의 은혜의 클라이맥스입니다. 곧 그리스도의 재림을 가리킵니다.

재림 때에는 재림주가 되시고 심판장이 되신 예수 그리스도께서 영광스럽게 나타나실 것입니다. 그리고 신랑 되신 주님께서 신부 되는 성도들을 영접하여 어린양의 혼인 잔치에 참여하게 하고 영원무궁토록 살도록 인도하실 것입니다.

이것은 모든 그리스도인들의 복스러운 소망이요 축복입니다. 그리고 현세를 살고 있는 우리의 영적 생활의 원동력이며 힘입니다.

시인 도드리지(P. Doddridge)는 장차 구름 타고 다시 오실 재림주 예수 그리스도를 사모하면서 "구세주가 오신다"(The Saviour comes)라는 재림의 시를 다음과 같이 읊었습니다.

> 들어라!
> 구주가 다시 오신다는 기쁜 소식을,
> 주께서 오래전에 약속하신 소식을,
> 모든 심령으로 보좌를 준비하며,
> 모든 음성으로 노래를 준비케 하자
>
> 그가 오시나니

사탄의 종으로 매인 자들을 풀어 주시리로다
그 앞에서는 놋쇠문이 파괴되며
철장이 휘어지리로다

그가 오시나니
두꺼운 죄악의 층에서 마음을 깨끗게 하는 빛으로 오시는도다
소경의 눈동자에도 천사의 날들이 흐르게 하시는도다

그가 오시나니
상한 심령을 싸매시고
피투성이 영혼을 치료하시러 오시는도다
그의 은혜의 보배들로
겸손하고 가난한 자를 부요케 하시러 오시는도다

우리의 기쁜 찬미거리,
평강의 왕,
당신을 환영할 일이 선포될 것이요
천국의 영원한 문이
당신의 사랑을 받은 자의 이름으로 불리리로다.

4. 선한 일을 열심히 하는 자

"그가 우리를 대신하여 자신을 주심은 모든 불법에서 우리를 속량하시고 우리를 깨끗하게 하사 선한 일을 열심히 하는 자기 백성이 되

게 하려 하심이라"(2:14).

본문은 하나님의 은혜와 예수 그리스도의 십자가의 죽으심으로부터 세 가지 결과를 가져오게 되었다는 사실을 교훈하고 있습니다.

1) 우리를 모든 불법에서 속량하였습니다

모든 인간은 '불법' 이라는 세상 속에서 살았습니다. 불법은 곧 죄입니다. "죄를 짓는 자마다 불법을 행하나니 죄는 불법이라"(요일 3:4). 그래서 인간들은 죄악의 구렁텅이에 빠져 살았습니다.

불법, 즉 죄는 무엇입니까?

신약 성경에서 "죄"를 뜻하는 원어 헬라어는 다섯 가지 단어로 자세하게 설명하고 있습니다.

첫째, '오페일레마'(*ὀφείλημα*)는 '빚을 진다' 는 뜻이 있습니다. 둘째, '파라프토마'(*παράπτωμα*)는 '미끄러진다' 는 뜻이 있습니다. 셋째, '파라바시스'(*παράβασις*)는 '선을 넘어간다', '탈선한다' 는 뜻이 있습니다. 넷째, '아노미아'(*ἀνομία*)는 '불법' 이라는 뜻입니다. 마지막으로 '하마르티아'(*ἁμαρτια*)는 '빗나간다' 는 뜻이 있습니다.

이런 의미에서 죄는 하나님께 반역하는 불법 행위입니다. 그리고 하나님의 말씀에 불순종하는 행동입니다. 그러므로 죄를 짓고 불법을 행하는 자는 말씀과 진리에서부터 죄악으로 탈선합니다. 경건과 성결에서부터 부패하고 타락합니다. 빛과 생명에서부터 어두움과 멸망으로 빠집니다. 그래서 사도 바울은 "죄의 삯은 사망"(롬 6:23)이라고 선언하였습니다.

당시 신약 시대의 노예 제도에 있어서 노예의 대가를 지불함으로 노예들을 해방시켜 자유함을 누리게 하듯이, 예수 그리스도는 십자가에 죽으심으로 죄인 된 인간들을 구속하셨습니다.

그러면 '속량'(구속, redemption)이라는 말은 무엇을 의미합니까? 이것은 '속전을 받고 놓아주다' 혹은 '몸값을 치르고 자유롭게 되다' 라는 뜻입니다. 마치 노예를 해방시켜 자유롭게 하기 위하여 대가를 지불한 것처럼, 예수 그리스도께서 친히 인간의 죄의 대가를 치르신 속전(ransom)이 되셨습니다. 곧 십자가의 죽음이요 보혈의 피입니다.

유명한 화가 윌리엄 헌트(William H. Hunt)의 그림 가운데 대표작은 "속죄의 염소"(The Scapegoat)입니다. 이 그림은 옛날 이스라엘 사람들의 죄짐을 짊어진 '아자젤'(azazel, '죄를 완전히 사함 받음을 의미') 염소가 광야로 멀리 쫓겨 가는 형상을 그린 것으로, 예수 그리스도께서 만민의 죄를 짊어지시고 십자가상에서 속죄의 죽음을 당하신 것을 묘사하고 있습니다.

화가 헌트는 이 그림을 그리기 위해 매우 고심했습니다. 그는 힘겨운 여행을 계속하며 목적지인 팔레스타인에 도착하였습니다. 그리고 사해 바다 부근에 거처를 마련하고, 그곳에서 조수와 한 마리의 염소와 함께 지내면서 지난날을 회상하였습니다. 그렇게 그는 인간의 모든 죄를 다 짊어지고 추방되는 염소를 그렸습니다. 거기에는 생명 없는 사해가 가로놓였고, 검게 탄 산맥과 검은빛을 띤 하늘과 그 주위 일대에는 어둠으로 잠긴 들판에서 무거운 짐과 여러 사람의 죄악을 짊어지고 허덕이며 걸어가는 한 마리의 염소가 있습니다. 그 모습은 너무나 처참하게 보여, 보는 이마다 인간의 죄악이 얼마나 무섭고 소름끼치는 것인지를 느끼게 합니다.

저 멀리에는 지난날에 쫓겨난 염소가 맹수에게 잡아먹혔는지 백

골의 모습으로 근처에 흩어져 있는 것이 눈에 띕니다. 그리고 쫓겨 다니는 속죄의 염소 아자젤의 슬픈 모습이 가득 담겨 있습니다.

2) 우리의 죄악을 깨끗하게 하였습니다

예수 그리스도는 인간의 모든 죄를 다 짊어지시고 갈보리 십자가에 죽으심으로 죄인들을 구속하셨습니다. 그리스도의 십자가의 보혈의 피는 주홍 같은 죄악들을 눈과 같이 하얗게, 그리고 진홍 같은 붉은 죄악들을 양털같이 희게 만들었습니다.

정말 예수 그리스도의 보혈의 피는 영혼을 살립니다. 그래서 죄인된 인간들은 누구나 그 피를 믿어야 합니다. 이것이 사는 길입니다! 구원의 길입니다! 생명의 길입니다! 영생 복락의 길입니다!

예수님께서는 요한복음 6장 53-57절에서 말씀하셨습니다.

> "예수께서 이르시되 내가 진실로 진실로 너희에게 이르노니 인자의 살을 먹지 아니하고 인자의 피를 마시지 아니하면 너희 속에 생명이 없느니라 내 살을 먹고 내 피를 마시는 자는 영생을 가졌고 마지막 날에 내가 그를 다시 살리리니 내 살은 참된 양식이요 내 피는 참된 음료로다 내 살을 먹고 내 피를 마시는 자는 내 안에 거하고 나도 그의 안에 거하나니 살아 계신 아버지께서 나를 보내시매 내가 아버지로 말미암아 사는 것같이 나를 먹는 그 사람도 나로 말미암아 살리라."

어떤 선교사가 아프리카의 선교 보고를 다음과 같이 기록하였습니다.

어느 날 흑인 추장이 범죄한 흑인 한 사람을 총살하게 되었다. 그때 선교사는 범죄한 흑인을 보호하고자 그의 오른편 다리로 막아 총알이 다리에 맞게 되었다. 곧 다리에서 피가 흘러내렸다. 그 광경을 본 흑인 추장은 감동이 되어 범죄한 흑인을 용서해 주고 살려주었다.

범죄한 흑인은 선교사의 피를 통하여 죽지 않고 생명을 구했습니다. 이와 마찬가지로 예수 그리스도는 인간의 모든 죄와 형벌을 모두 짊어지시고 갈보리 십자가상에서 붉은 피를 흘리며 돌아가셨습니다. 그래서 예수 그리스도의 보혈의 피를 믿는 자는 누구든지 구원을 얻을 수 있습니다! 새 생명을 얻을 수 있습니다! 영생 복락을 누릴 수 있습니다!

그리고 예수 그리스도의 보혈의 피는 인간의 모든 죄악을 깨끗하게 씻어 주었습니다. 인간의 추하고 냄새나는 더러운 죄악을 흰 눈같이, 양털같이 정결하게 씻어 주었습니다. 이제 우리는 그 피를 믿어야 합니다.

사도 요한은 이렇게 말했습니다.

> "그가 빛 가운데 계신 것같이 우리도 빛 가운데 행하면 우리가 서로 사귐이 있고 그 아들 예수의 피가 우리를 모든 죄에서 깨끗하게 하실 것이요"(요일 1:7).

3) 우리를 선한 일을 열심히 하는 백성으로 삼았습니다

하나님이 그의 크신 은혜와 예수 그리스도의 속죄 사역을 통하여 죄인인 인간들을 깨끗하게 하시고 정결케 하신 목적은 무엇입니까?

그 이유는 하나님의 백성으로 삼아 그들로 하여금 하나님의 영광과 그의 의를 위하여 선한 일을 하게 하기 위함입니다.

본문에서 "자기 백성이 되게 하려 하심이라"는 말은 하나님과 죄인인 인간과의 관계 회복을 의미합니다. 다시 말해, 예수 그리스도께서는 자기 자신을 속전으로 지불하시고 죄인인 인간들을 하나님의 거룩한 백성으로 삼아 주셨다는 것입니다.

그러므로 그리스도인들은 하나님의 백성이 되었기 때문에 하나님의 백성답게 살아야 합니다! 땅의 것을 찾지 말고 위의 것을 찾아야 합니다. 그리스도의 향기를 나타내어야 합니다! 하나님의 뜻을 추구해야 합니다. 가는 곳마다 하나님의 영광을 나타내며, 그의 나라와 의를 위하여 선한 사업에 앞장서서 일해야 합니다.

사도 바울은 "그러므로 너희가 그리스도와 함께 다시 살리심을 받았으면 위의 것을 찾으라 거기는 그리스도께서 하나님 우편에 앉아 계시느니라 위의 것을 생각하고 땅의 것을 생각하지 말라"(골 3:1-2)라고 교훈하였습니다.

여기서 '위의 것'은 무엇이며, '땅의 것'은 무엇입니까? 위의 것은 하나님을 향한 내적이며 영적인 것입니다. 왜냐하면 예수 그리스도와 함께 산 자의 참 생명이 하늘나라에 있기 때문입니다. 새 생명의 근원이 그리스도이시기 때문입니다. 그래서 위의 것을 찾아야 합니다! 하나님을 위하여 살아가야 합니다! 오직 주님만을 바라보며 살아야 합니다!

마치 한 알의 씨앗이 땅속에 들어가 죽어 거기서 새싹이 되어 태양을 바라보고 자라서 30배, 60배, 100배의 열매를 맺는 것처럼 살아야 합니다.

'20세기의 성자' 라고 불리는 슈바이처(Albert Schweitzer) 박사는 일평생 보장받는 유명한 대학교 교수로서, 바흐 음악의 권위자로서, 파이프오르간의 명성 있는 연주자로서, 그리고 의사로서의 부귀영화를 마음껏 누렸습니다.

그런데 여름 어느 날 슈바이처가 아침에 일어나 눈을 떴을 때, 자기 자신의 온몸이 새 생명의 기쁨과 환희로 가득한 영적 충만함을 체험하게 되었습니다. 그래서 그는 이런 모든 현상과 느낌을 하나님의 전적인 은혜와 축복으로 받아들였습니다. 그리고 이 영적 은혜를 하나님의 영광과 그리스도의 복음을 증거하는 일에 바쳐 헌신하기로 결심하였습니다.

이후에 슈바이처는 일평생 동안 아프리카 오지에 뛰어들어 수많은 영혼들을 위하여 예수 그리스도의 복음을 전파하며, 그들의 영혼을 살리며, 가는 곳마다 하나님의 크신 영광을 나타내었습니다.

땅의 것은 무엇입니까? 이것은 자기 자신의 삶에 대한 현세적이며 물질적인 것입니다. 그리고 땅의 것은 위의 것과 반대되는 것입니다.

물질이란 무엇입니까? 그것 자체가 죄악된 것은 아닙니다. 모든 만물은 하나님이 창조하셨기 때문입니다. 오히려 물질은 하나님의 축복입니다! 복의 상징입니다!

그런데 땅의 것, 즉 물질이 위의 것들과 맞부딪치거나 혹은 방해물이 될 때 그 물질은 복이 아니라 죄가 됩니다. 왜냐하면 그 물질 때문에 하나님의 뜻을 이룰 수 없기 때문입니다.

우리가 가지고 있는 물질(돈)은 무엇입니까?

세상적인 관점에서 사람들은 말합니다. 동서고금을 막론하고 돈은 힘을 주며 부귀영화를 누린다고 합니다. 그래서 우리나라 격언에 "돈만 있으면 귀신도 부릴 수 있다", "돈이 장사다", "돈만 있으면 금강산이요 돈이 없으면 적막강산이다"라는 말이 있습니다.

그리고 서양 격언에 "돈이 사람을 만든다", "돈은 힘이다", "돈은 모든 문을 여는 열쇠다", "돈은 세계를 지배한다", "돈은 하늘나라를 제외하곤 어디든지 갈 수 있는 승차권이다"라는 말이 있습니다.

그러나 하나님의 관점에서 보면, 인간이 가지고 있는 모든 소유물은 하나님께로부터 왔다는 것입니다. "네게 있는 것 중에 받지 아니한 것이 무엇이냐"(고전 4:7), "너희가 하나님과 재물을 겸하여 섬기지 못하느니라"(마 6:24), "돈을 사랑함이 일만 악의 뿌리가 되나니"(딤전 6:10)라고 말하였습니다.

그렇다면 그리스도인들의 재물관은 어떠해야 합니까? 그리스도인들은 오늘부터 돈을 사랑하지 말고, 돈을 죄악시하고 미워하고, 돈을 벌지도 말고 소유하지도 말라는 뜻이 아닙니다.

그리스도인들은 하나님보다 돈을 더 사랑하지 말라는 것입니다. 돈이 하나님 나라와 의를 구하는 데 장애물이 되지 않아야 된다는 것입니다. 즉 돈을 목적이 아니라 수단으로 사용하라는 것입니다.

만약 그리스도인들이 돈을 수단으로 사용한다면 그 돈을 종처럼 부릴 수 있습니다. 돈을 지배할 수 있습니다! 돈의 주인이 됩니다. 만약 그리스도인들이 돈을 목적으로 사용한다면 그 돈에 사로잡히게 됩니다! 돈을 따라 살아갑니다! 돈 때문에 움직입니다! 돈의 결과를 따라서 결정합니다! 즉 돈의 노예가 됩니다.

철학자 프랜시스 베이컨(Francise Bacon)은 "돈은 좋은 종이면서도 또 나쁜 주인이다"라고 말하였고, 인도의 국부 간디(Gandhi)는 "돈의 노예가 되지 말라. 물질의 종이 되지 말라. 돈과 물질의 주인이 되라"고 교훈하였습니다.

우리가 가지고 있는 재물과 돈은 하나님께로부터 왔습니다. 그러므로 우리는 그것들을 사용하는 관리자에 불과합니다.

미화 지폐 속에 있는 "우리는 하나님을 신뢰한다"(In God we trust)는 말처럼, 사람들이 가지고 있는 돈과 재물과 모든 소유물을 가지고 땅의 것들을 바라보며 무엇을 먹을까, 무엇을 입을까, 무엇을 마실까 생각하지 말고 위의 것들을 추구해야 합니다. 위의 것들을 바라보아야 합니다. 오직 하나님만 신뢰해야 합니다.

더 나아가서 그리스도인들은 하나님의 영광과 그의 이름을 영화롭게 해야 합니다. 사도 바울은 그리스도인들을 향하여 너희는 "값으로 산 것이 되었으니 그런즉 너희 몸으로 하나님께 영광을 돌리라"(고전 6:20)고 교훈하였습니다. 그리스도인들은 하나님 나라와 의(마 6:33)를 위하여 선한 일에 앞장서서 일해야 합니다

"아무에게도 악을 악으로 갚지 말고 모든 사람 앞에서 선한 일을 도모하라"(롬 12:17).

5. 모든 권위로 책망!

"너는 이것을 말하고 권면하며 모든 권위로 책망하여 누구에게서든지 업신여김을 받지 말라"(2:15).

본문은 사도 바울이 디도에게 항상 예수 그리스도의 복음 진리를

증거해야 할 것을 가르치고 있습니다. 그리고 만약 그리스도인들이 잘못된 길로 나가든가 혹은 거짓 이단에 빠지게 될 때에는 항상 하나님의 말씀으로 바르게 교훈하고 책망할 것을 강조하고 있습니다.

이것은 그레데 교회의 지도자이며 교역자인 디도의 임무인 동시에 오늘날 교회에서 양들을 목양하는 목자들의 의무이기도 합니다.

그러면 어떻게 가르치고, 교훈하며, 책망해야 합니까?

1) 바른 교훈으로 말하고, 권면하고, 책망해야 합니다

본문 서두에 "너는 이것을 말하고"라고 기록되어 있습니다. 여기서 "이것"은 무엇을 가리킵니까? 이는 2장 1절에 있는 "바른 교훈"을 의미합니다

첫째, 바른 교훈으로 가르치고 말을 해야 합니다.

'바른 교훈' 에 반대되는 것은 '거짓 교훈' 입니다. 거짓 교훈은 유대적인 요소로 가득 찬 허탄한 비진리입니다. 그래서 이 교훈은 입술로는 하나님을 시인하지만 행위로는 부정합니다. 영혼을 병들게 만듭니다.

그러나 바른 교훈은 하나님의 말씀이며, 예수 그리스도의 복음이며, 사도들이 가르치신 교훈입니다. 그래서 이 교훈은 죄인들을 의롭게 합니다! 죽은 영혼을 살립니다! 영육 간에 병든 자를 치료합니다! 청결한 마음과 선한 양심을 가지게 합니다!

20세기가 낳은 세계적인 부흥사 빌리 그레이엄(Billy Graham)은 "왜 성경책 표지에 '거룩한 성경'(Holy Bible)이라고 기록하였는가?"에 대하여 다음과 같이 대답하였습니다.

"성경은 바른 진리를 말하고 있기 때문이다. 성경은 하나님, 인간, 그리고 악에 대항하는 진리를 말하고 있다. 성경은 우리에게 하나님의 진리를 악마의 거짓과 바꾸지 말라고 가르친다. 예수 그리스도는 궁극적인 진리일 뿐 아니라 진리를 말씀하신다. 예수는 자신이 진리이며, 그 진리는 우리를 자유케 할 것이다."

둘째, 권면해야 합니다.

"권고"와 "권면"은 비슷한 의미를 가지고 있습니다. 이 두 단어의 뜻을 자세히 보면 권고(advice)는 상대방이 잘 이해하도록 타이르고 충고하는 것입니다.

그러나 권면(encouragement)은 상대방이 잘 이해할 수 있도록 타이르고 교훈할 뿐만 아니라, 선한 일에 참여하도록 힘쓰게 하는 것입니다. 그래서 권고가 소극적이고 수동적인 충고와 설득이라면, 권면은 적극적이고 능동적인 교훈과 행동입니다.

만약 어떤 사람이 하나님의 말씀인 바른 교훈에 비추어볼 때 비진리 안에서 잘못된 길로 걸어가면 바른 진리의 길로 걸어갈 수 있도록 방향 전환을 시켜야 합니다. 그리고 또 어떤 사람이 어떤 일 때문에 근심 걱정하며 절망하고 있다면 그 상황에서 다시 일어설 수 있도록 격려와 용기를 주어야 할 뿐만 아니라, 하나님의 말씀과 지혜로 그 문제에 대한 해결책을 제시해 주어야 합니다.

세계적인 성경적 상담 신학자 제이 애덤스(Jay E. Adams)는 그의 저서 《기독교 상담의 입문서》(*The Christian Counselor's Manual*)에서 권면적 상담의 방법론을 다음과 같이 접근시켰습니다.

상담자가 내담자의 문제에 접근할 때에는 다음과 같이 해야 한다. (1) 경청(listening). 상담자는 내담자의 문제를 고백할 때 경청해야 한다. (2) 이해(understanding). 상담자는 내담자의 영육 간의 모든 문제점들을 충분히 이해해야 한다. (3) 명료화(clarification). 그 문제점들을 간결하게 명료화해야 한다. (4) 권면(confrontation). 상담자는 내담자의 문제점들을 하나님의 말씀으로 적극적으로 개입하여 권면해야 한다. (5) 변화(change). 상담자는 내담자의 문제의 해결책으로 옛 습관을 과감하게 벗어버리고 새로운 습관을 입도록 제시해야 한다.

하나님의 말씀인 바른 교훈을 가지고 잘못된 것이나 비진리나 불신앙적인 행동과 습관들을 바르게 가르치고 권면해야 합니다.

사도 바울도 믿음의 아들 디모데에게 하나님의 살아 계신 말씀의 영감과 권위를 밝히면서 그 말씀의 능력과 위대성을 다음과 같이 교훈하였습니다.

> "모든 성경은 하나님의 감동으로 된 것으로 교훈과 책망과 바르게 함과 의로 교육하기에 유익하니 이는 하나님의 사람으로 온전하게 하며 모든 선한 일을 행할 능력을 갖추게 하려 함이라"(딤후 3:16-17).

셋째, 권위로 책망해야 합니다.

교회 지도자의 가르침과 지도에도 자기 자신의 죄를 깨닫지 못하거나 잘못된 것을 뉘우치지 않을 때에는 책망해야 합니다.

상대방을 향하여 책망할 때 "모든 권위"(all authority)로 하라고 하였습니다. 이 권위는 무엇입니까? 이것은 세속적인 권위가 아닙니다! 세상적인 지혜나 방법도 아닙니다! 이것은 오직 하나님의 권위입니다! 즉 하나님의 말씀입니다!

왜 교회의 목회자들이나 지도자들이 하나님의 권위로 가르치고 훈계하고 책망해야 합니까? 모든 권위는 사람에게서 온 것이 아니라 하나님께로부터 왔기 때문입니다.

불꽃 영성 설교가인 조지 휫필드는 부패하고 타락한 영국 사회를 웨슬리와 함께 오직 그리스도와 복음을 들고 개혁시킨 인물입니다.

> 어느 날 휫필드가 설교를 하고 있을 때 한 노인이 졸고 있었다. 청중들도 그의 설교에 별로 관심이 없었다. 그때 그는 조금 전의 태도와 목소리를 바꾸어 크게 소리 지르면서 다음과 같이 외쳤다. "여러분, 나는 나 자신의 이름으로 말하러 온 것이 아닙니다. 나 자신의 이름으로 말하러 온 것이라면 여러분이 팔꿈치에 기대어 잠이 들어도 상관없습니다" 라고 선언하였다. 그리고 또 "나는 내 이름으로 온 것이 아닙니다. 내가 여러분 앞에 온 것은 만국의 주 여호와의 이름으로 온 것입니다. 그렇기 때문에 여러분은 내 말을 경청하지 않으면 안 되는 것입니다" 라고 덧붙여 말하였다.
>
> 그러자 잠자던 노인이 놀라서 눈을 번쩍 떴고, 그의 설교에 무관심했던 많은 사람들이 설교 한마디 한마디를 귀담아 잘 듣게 되었다.

2) 누구에게든지 업신여김을 받지 말아야 합니다

사도 바울은 디도에게 "누구에게든지 업신여김을 받지 말라" 고 하였습니다. 이것은 그레데 교회의 지도자 디도가 연소한 지도자이기 때문이 아니라 하나님의 말씀을 보다 더 확고하게 가르치기 위함입니다.

그래서 디도는 그레데 교회에 파송된 사도의 대리자로서 그의 메시지에 대하여 주위 사람들이 얕보거나 경멸하지 못하도록 말씀의 능력과 권위를 가져야 합니다.

만약 하나님의 말씀을 전파하는 자가 그 말씀에 대한 확신과 믿음이 없이 증거한다면, 그 말씀을 통하여 하나님의 능력과 기적이 나타나지 않습니다. 만약 하나님의 말씀을 교훈하는 자가 그 말씀의 진리와 비진리를 분별하지 못하고 가르친다면 주위의 많은 사람들로부터 조롱거리가 되고 웃음거리가 될 수 있습니다.

구약 시대의 모압이 왜 멸망을 당하며 주위 사람들에게 수치가 되고 조롱거리가 되었습니까? 하나님 앞에 교만하였기 때문입니다.

> "모압으로 취하게 할지어다 이는 그가 여호와에 대하여 교만함이라 그가 그 토한 것에서 뒹굴므로 조롱거리가 되리로다"(렘 48:26).

모압은 하나님의 심판의 술을 마시고 비틀거렸습니다. 모압은 그가 토한 것 위에서 뒹굴었습니다. 이로 말미암아 그는 수치를 당하며 조롱거리가 되었습니다. 이것은 바로 그의 교만 때문이었습니다.

하나님의 종으로 주님의 교회를 섬기며 양들을 양육하는 자요 교회의 지도자들은, 그들의 양들에게 오직 살아 계신 하나님의 말씀과 권위를 가지고 복음을 전파해야 합니다! 교육해야 합니다! 권면해야 합니다! 양육해야 합니다! 책망해야 합니다!

교회의 지도자들은 하나님 앞에, 교회 앞에, 모든 사람들 앞에 항상 겸손해야 합니다. 자기 자신을 낮출 때 하나님은 겸손한 자에게 풍성한 은혜를 충만하게 채워 주십니다.

그러므로 성 어거스틴(St. Augustine)은 "기독교의 핵심은 첫째도 겸손이요, 둘째도 겸손이요, 셋째도 겸손이다"라고 말하였습니다. 그리고 사도 야고보도 "주 앞에서 낮추라 그리하면 주께서 너희를 높이시리라"(약 4:10)고 교훈하였습니다.

제7강 사회생활에 대한 교훈

제7강

사회생활에 대한 교훈(3:1-7)

"너는 그들로 하여금 통치자들과 권세 잡은 자들에게 복종하며 순종하며 모든 선한 일 행하기를 준비하게 하며(1절)

아무도 비방하지 말며 다투지 말며 관용하며 범사에 온유함을 모든 사람에게 나타낼 것을 기억하게 하라(2절)

우리도 전에는 어리석은 자요 순종하지 아니한 자요 속은 자요 여러 가지 정욕과 행락에 종 노릇한 자요 악독과 투기를 일삼은 자요 가증스러운 자요 피차 미워한 자였으나(3절)

우리 구주 하나님의 자비와 사람 사랑하심이 나타날 때에(4절)

우리를 구원하시되 우리가 행한 바 의로운 행위로 말미암지 아니하고 오직 그의 긍휼하심을 따라 중생의 씻음과 성령의 새롭게 하심으로 하셨나니(5절)

우리 구주 예수 그리스도로 말미암아 우리에게 그 성령을 풍성히 부어주사(6절)

우리로 그의 은혜를 힘입어 의롭다 하심을 얻어 영생의 소망을 따라 상속자가 되게 하려 하심이라(7절)"

본문은 교회 안에 있는 각계각층의 사람들에 대한 교훈입니다. 여기서 사도 바울은 그들에게 가르칠 영적인 덕목을 제시하였습니다. 그리고 그들을 양육하는 근거는 하나님께 있다는 것을 강조하였습니다.

디도서 3장은 교회 밖 사회생활에서 그리스도인들의 영적인 바른 자세와 태도에 대한 교훈입니다. 사도 바울은 그리스도인들의 국가관과 민족, 그리고 이단들에 대해 취해야 할 바른 자세와 태도에 관해 교훈하고 있습니다.

사도 바울이 디도에게 이렇게 교훈한 이유는 무엇입니까?

첫째, 당시 그레데인들이 상당히 자유분방한 반역적인 기질을 가지고 있었기 때문입니다.

둘째, 그레데인들의 마음속에 유대적인 요소들이 많아서 교회 안에서 이단 사상과 신앙적인 논쟁과 분쟁을 많이 일으켰습니다. 그리고 교회 밖에서는 그리스도인들이 국가에 대한 바른 자세와 행동을 갖지 못하였습니다.

셋째, 이로 말미암아 그레데 교회 안에 바른 영적 지도자와 모범적인 교사가 많이 없었기 때문입니다.

1. 통치자와 권세 잡은 자

"너는 그들로 하여금 통치자들과 권세 잡은 자들에게 복종하며 순종하며 모든 선한 일 행하기를 준비하게 하며"(3:1).

본문은 그리스도인들이 국가와 민족을 다스리는 정치가들에 대하여 취해야 할 태도를 교훈하고 있습니다.

여기에 나오는 "통치자들(rulers)과 권세 잡은 자들(authorities)"은 누구를 말합니까? 전자는 정치적 통치자이며, 후자는 정치의 권력을 잡은 자입니다. 즉 정치적 지배자를 의미합니다.

본문에서 사도 바울은 그리스도인들이 국가의 통치권자들에게 취해야 할 자세를 두 가지로 권면하고 있습니다.

첫째는, 그들에게 복종하며 순종해야 합니다. 둘째는, 그리스도인들은 선한 시민으로서 정부 권력자들에게 순복할 뿐만 아니라 국가의 질서와 사회 복지와 평화를 증진시키는 일에 힘써야 합니다.

그 이유는 당시 그레데인들이 로마 제국의 지배 아래 있으면서 사회적으로 많은 소란과 폭동을 일으켰기 때문입니다. 그리고 지상 국가의 권세는 하나님께서 허락하신 것이므로 그리스도인들은 통치 세력이 결정한 법규에 대하여 한 시민으로서 의무를 다해야 하기 때문입니다.

이렇게 함으로 그리스도인들은 "하늘나라의 시민권자"(빌 3:20)인 동시에, 지상의 시민으로서 "고요하고 평안한 생활"(딤전 2:2)을 할 수 있습니다.

그리스도인들이 가져야 할 바른 국가관은 무엇입니까? 여기에서 칼빈주의의 국가관을 중심으로 하여 언급하려고 합니다.

1) 국가의 기원과 목적

성경에 기초한 칼빈주의 국가관에 의하면 국가의 기원을 아담의 범죄로부터 찾고 있습니다. 즉 아담의 원죄로 인하여 인간이 죄악 상태에 빠지게 되었고, 이로 말미암아 하나님의 창조 원리가 파괴되었다는 것입니다. 그렇기 때문에 하나님께서는 국가를 세우시고 정부의 통치자를 뽑아서 타락한 인간들을 통치하신다는 것입니다. 그리고 하나님께서 국가를 제정하신 것은 하나님의 '일반 은총' 으로, 인간의 죄를 제제하여 사회가 공적 질서를 어느 정도 유지할 수 있도록 하는 것입니다.

칼빈주의 국가관은 하나님의 계시인 신구약성경을 신앙과 행위에 있어서 정확 무오한 유일한 법칙으로 믿고 있을 뿐만 아니라 국가와 정치에 있어서도 성경을 표준으로 생각하고 있습니다.

그렇다고 칼빈주의 국가관이 자연과 역사를 외면시하고 무시하는 것이 아니라, 그것으로는 약하고 불완전하므로 진리의 표준인 성경 말씀에 근거를 두는 것입니다. 즉 성경은 최후 최고의 판결책이며 정치학의 기초입니다.

그래서 유명한 프랑스 시인 빅토르 위고(Victor Hugo)는 성경의 위대성을 다음과 같이 극찬하였습니다.

> "대영 제국은 두 권의 책을 가지고 있다. 즉 성경과 셰익스피어다. 영국은 셰익스피어를 만들었지만, 성경은 영국을 만들었다."

국가의 목적은 인간 사회에서 법과 질서를 유지하기 위하여 국가의 제도를 세우고 그 국가의 권위를 세우는 것입니다.

칼빈주의 국가관에 의하면, 국가를 세운 목적은 첫째, 인간, 둘째, 예수 그리스도의 복음으로 말미암아 잃어버린 인간의 존엄성을 회복하여 사회를 복음화하는 것입니다.

만약 이러한 목적을 가지고 국가의 권위를 세웠다면 그 나라는 선하고 거룩한 나라가 될 수 있습니다. 왜냐하면 국가의 기초가 하나님이기 때문입니다. 이와 반대로 이러한 목적을 갖지 않고 국가의 권위를 세웠다면, 그 나라는 잘못된 악한 나라가 될 수 있습니다. 왜냐하면 국가의 기초가 인간이기 때문입니다.

국가와 교회는 각각 다른 목적을 두고 있습니다. 이 점에 대하여 로이드 존스(D. Martyn Lloyd-Jones)는 "국가와 교회는 명백하게 구분되어야 한다"고 주장하였습니다.

국가의 목적은 광범위합니다. 국가는 외형적인 안녕과 질서를 유지하고 평화를 보존하기 위하여 특정한 시민법을 만들어 통제하는 하나의 단체입니다. 국가에게 위임된 권세는 본질적으로 힘이 있고 강제적입니다. 그래서 사회를 파괴하고, 문란케 하며, 죄를 짓는 범법자들에게 형벌을 가합니다. 그리고 국가의 법을 검으로 보존할 권력을 가지고 있습니다.

반면에, 교회의 목적은 어떠합니까? 교회는 예수 그리스도의 중보적, 혹은 구원하시는 행위의 직접적인 결과로 말미암아 태어난 것입니다. 그래서 교회는 구원받지 못한 사람들에게 말씀을 전파합니다. 하나님의 백성들과 함께 모여서 예배를 드립니다. 하나님의 계시인 성경 말씀을 가르칩니다. 거룩한 성례를 집행하여 하나님의 나라를 풍성하게 누리는 데 목적을 두고 있습니다.

그러므로 국가가 하나님의 일반 은혜의 영역에 속한다면 교회는 특별 은혜의 영역에 속합니다. 국가가 외형적인 것들에 목적을 둔다면, 교회는 영적인 것들에 목적을 둡니다. 국가가 법과 칼의 권세를 가진다면, 교회는 성경과 말씀의 검의 권세를 가집니다. 국가가 힘과 강제라면, 교회는 사랑과 은혜입니다.

2) 국가의 권세에 대한 그리스도인의 태도

오늘날 그리스도인들은 국가의 통치자들과 관원들을 향하여 어떤 자세와 태도를 가져야 합니까?

첫째, 하나님께서 세우신 국가 통치자의 권세를 인정하고 그들에게 복종해야 합니다.

'권세' (authority)는 무엇입니까? 권세는 상대방을 복종케 하는 힘이나 지배력을 의미합니다. 이 권세의 기원은 하나님께만 있습니다. 그리고 이 세상 모든 권세도 하나님께 복종해야 합니다.

사도 바울은 '권세' 에 대해 다음과 같이 교훈하고 있습니다.

> "각 사람은 위에 있는 권세들에게 복종하라 권세는 하나님으로부터 나지 않음이 없나니 모든 권세는 다 하나님께서 정하신 바라 그러므로 권세를 거스르는 자는 하나님의 명을 거스름이니 거스르는 자들은 심판을 자취하리라"(롬 13:1-2).

모든 그리스도인들은 국가의 모든 권세가 하나님으로부터 나왔다는 사실을 믿어야 합니다. 모든 권세와 권능이 하나님께 속했다는 사실도 믿어야 합니다. 모든 권세를 집행하는 자도 세상 질서를 유지하기 위해 하나님이 세우셨다는 사실을 믿어야 합니다. 설령, 그들이 하나님을 믿지 않고 잘 모른다 할지라도 하나님은 그들을 통하여 국가와 사회의 행정과 법을 집행케 하여 인간의 모든 죄악들을 제거하시며, 사회의 질서를 평화롭게 유지한다는 사실을 믿어야 합니다.

둘째, 그리스도인들은 선한 일을 행함으로 본을 보여주어야 합니다.

그리스도인들은 국가와 사회, 비그리스도인들을 향하여 선한 일들을 통하여 본이 되어야 합니다. 왜냐하면 그리스도인들은 세상에서 믿지 않는 사람들과 함께 살아가고 있기 때문입니다.

만약 그리스도인이 악한 일을 행하여 관원들에 의해 심판을 받아 벌을 받게 된다면, 세상에 살고 있는 많은 비그리스도인들이 비난하고 비웃을 것입니다. 그리고 하나님의 영광과 이름을 더럽히게 되는 것입니다.

그러므로 그리스도인들은 국가와 사회 속에서 모범이 되어야 하고 선한 일에 앞장서야 합니다. 그리고 그리스도인들은 "그리스도의 향기"(고후 2:15)를 나타내며 소금과 빛의 사명을 감당해야 합니다.

> "너희는 세상의 소금이니 소금이 만일 그 맛을 잃으면 무엇으로 짜게 하리요 후에는 아무 쓸데없어 다만 밖에 버려져 사람에게 밟힐 뿐이니라 너희는 세상의 빛이라 산 위에 있는 동네가 숨겨지지 못할 것이요 사람이 등불을 켜서 말 아래에 두지 아니하고 등경 위에 두나니

이러므로 집안 모든 사람에게 비치느니라 이같이 너희 빛이 사람 앞에 비치게 하여 그들로 너희 착한 행실을 보고 하늘에 계신 너희 아버지께 영광을 돌리게 하라"(마 5:13-16).

셋째, 국가의 법을 준수해야 합니다.

하나님께서는 통치자를 세워서 국가와 사회의 질서와 치안을 유지하게 하셨습니다. 그리고 그들의 권세에 순종하는 구체적인 방법 중 하나가 공세를 바치는 것입니다. 즉 세금을 바치는 것입니다.

그리스도인들은 비그리스도인들보다 국가에 세금을 바치는 일에 더 모범적이어야 합니다. 그 이유에 대해 사도 바울은 다음과 같이 분명히 밝히고 있습니다.

"너희가 조세를 바치는 것도 이로 말미암음이라 그들이 하나님의 일꾼이 되어 바로 이 일에 항상 힘쓰느니라 모든 자에게 줄 것을 주되 조세를 받을 자에게 조세를 바치고 관세를 받을 자에게 관세를 바치고 두려워할 자를 두려워하며 존경할 자를 존경하라"(롬 13:6-7).

그러므로 그리스도인들은 국가의 법을 지켜야 합니다. 그리고 국가에 바쳐야 할 세금도 잘 내야 합니다. 또한 두려워할 사람을 두려워해야 하며, 존경할 사람을 존경해야 합니다.

2. 비방, 다툼, 관용, 온유함

"아무도 비방하지 말며 다투지 말며 관용하며 범사에 온유함을 모든 사람에게 나타낼 것을 기억하게 하라"(3:2).

본문에서 사도 바울은 그리스도인이 비그리스도인을 향하여 가져야 할 신앙적인 태도와 행동을 네 가지로 교훈하고 있습니다.

그러면 그리스도인의 신앙적인 바른 자세는 무엇입니까?

1) 그리스도인은 비그리스도인들을 비방하지 말아야 합니다

'비방'(slander)이란 무엇입니까? 이것은 다른 사람을 모욕하고 그들에 대해 험담하는 것을 말합니다. 그리스도인들은 상대방을 모욕하거나 비방하며 험담해서는 결코 안 됩니다. 왜냐하면 그리스도께서는 "욕을 당하시되 맞대어 욕하지 아니하"(벧전 2:23)셨기 때문입니다.

상대방을 향한 비방과 험담은 교회 안에서 문제를 일으킬 수 있습니다. 상대방의 마음에 상처를 줄 수 있습니다. 그리고 주님께서도 원하시는 일이 아닙니다.

나이트 예화집에서는 비방과 험담에 대하여 다음과 같이 교훈해 주고 있습니다.

어느 날 훌륭한 목사님에게 교인 한 사람이 찾아왔다. 그 교인은 목사님에게 다른 교우들의 잘못에 대해 계속 이야기를 하려 했다. 그러나 목사님은 그의 이야기를 중단시키면서 이렇게 물었다. "당신 외에 다른 사람이 이 사실을 알고 있습니까?"

"아니오, 저만 알고 있습니다."

"당신은 이 사실을 다른 사람에게도 이야기했나요?"

"아니오."

"그럼, 집에 가서 그 사실을 주님께만 고백하십시오. 만약 주님께서 당신이 다른 교우에게 얘기하는 것을 원치 않으신다면 절대로 남에게 이야기해서는 안 됩니다. 혹시 주님께서 교회 안에서 말썽이 생기기를 원하신다면 당신이 말할 것을 허락하실 것입니다. 그러나 혹시 그런 일이 생긴다 하더라도 당신이 그 말썽의 도구로 사용되지 않기를 바라겠습니다."

구약성경에서 잠언 기자는 다음과 같이 교훈하고 있습니다.

"거짓 입술은 여호와께 미움을 받아도 진실하게 행하는 자는 그의 기뻐하심을 받느니라"(잠 12:22).

"마음이 지혜로운 자는 명철하다 일컬음을 받고 입이 선한 자는 남의 학식을 더하게 하느니라"(잠 16:21).

2) 그리스도인들은 다른 사람과 다투지 말아야 합니다

"다투지 말며"는 헬라어로 '아마쿠스'(ἄμαχους)입니다. 이 말은 '싸움과 투쟁에 끼어들지 말라' 는 뜻입니다. 그리스도인들은 문자 그대로 싸우지 말아야 할 뿐만 아니라 어떤 싸움이나 선동하는 일에 참여하지 말아야 합니다.

참된 그리스도인 청년 에이브러햄 링컨은 어느 날 뉴올리언스에서 비참하게 팔려 가는 흑인 노예들의 과역을 보았습니다. 백인들은 흑인 노예들을 마치 물건을 사고팔 듯이 즉시 매매하였습니다. 흑인 노예들은 강제로 부모와 자녀들과 생이별을 당하였습니다.

그때 청년 링컨은 "어떻게 이럴 수가 있는가? 자유와 평등의 민주

주의 나라인 미국에 노예 제도가 존속한다는 것은 정말 부끄럽기 짝이 없는 일이다"라고 말하였습니다. 그리고 그는 "때가 오면 저놈의 노예 제도를 힘껏 쳐부수겠다"라고 굳게 결심하였습니다.

드디어 그리스도인 링컨은 미국 공화당의 지명을 받아 제16대 미국 대통령으로 당선되었습니다. 이때부터 링컨 대통령은 마태복음 12장 25절의 "스스로 분쟁하는 나라마다 황폐하여질 것이요 스스로 분쟁하는 동네나 집마다 서지 못하리라"는 말씀에 기초하여 노예 해방의 기초를 마련하였습니다. 그리고 30년이 지난 후 링컨 대통령은 "내가 믿기는 국민의 반은 자유, 국민의 반은 노예가 될 수 없다!"고 하면서 빛나고 찬란한 역사적인 노예 해방을 이룩하였습니다.

정말 그렇습니다! 싸움과 분쟁은 망하는 것입니다. 사람을 죽이는 것입니다. 야고보 사도는 "시기와 다툼이 있는 곳에는 혼란과 모든 악한 일이 있음이라"(약 3:16)고 했습니다.

3) 그리스도인들은 비그리스도인들에게 관용을 베풀어야 합니다

'관용하다'는 말은 앞부분의 "다툰다"는 말과 반대되는 말입니다. 그래서, 전자가 그리스도인의 긍정적인 자세라면, 후자는 부정적인 자세입니다.

그래서 관용한다는 것은 개인적인 이익이나 권리를 주장하지 않고 상대방의 문제나 어려움을 위해 도와주는 자세입니다.

예를 들면, 불쌍하고 가난한 자를 도와주는 것입니다. 힘이 없고 연약한 자들을 도와주는 것입니다. 배고프고 굶주린 자들에게 먹을 것을 주는 것입니다. 병들어 고통받는 자를 치료해 주고 위로해 주는 것입니다. 삶을 포기하고 절망하는 자들에게 꿈과 비전을 심어주는 것입니다.

그러므로 그리스도인들은 자신의 목적과 이익, 생각과 주장보다는 상대방의 모든 것을 위해 도와야 합니다! 베풀어야 합니다! 주어야 합니다! 위로해야 합니다! 사랑해야 합니다! 꿈과 비전을 주어야 합니다!

4) 그리스도인들은 범사에 온유해야 합니다

'온유'(meekness)라는 말은 무엇입니까? 한글사전에서는 "부드럽고 온화하고 친절하다"라고 정의하고 있습니다. 그러나 성경에서의 온유는 일반적인 사람들이 말하는 것과 다른 의미를 가지고 있습니다.

'온유'란 말은 약함이 아닙니다! 힘이 없는 것이 아닙니다! 기운이 없는 것이 아닙니다! 이것은 건강하고 활기찬 정신력입니다! 영적인 파워입니다!

온유한 사람은 어떠합니까? 온유한 사람은 예수 그리스도의 성품인 겸손한 마음을 가집니다. 이것은 그리스도인들이 꼭 가져야 할 기본적인 것이며, 필수적인 성품입니다.

예수님께서는 제자들에게 온유하고 겸손한 마음을 가지라고 교훈하셨습니다.

> "나는 마음이 온유하고 겸손하니 나의 멍에를 메고 내게 배우라 그리하면 너희 마음이 쉼을 얻으리니"(마 11:29).

온유하고 겸손한 참된 그리스도인들은 나보다 상대방을 존경하며 더 높입니다. 나 자신이 먼저 온유하고 겸손하지 않으면 상대방을 결코 높일 수 없습니다. 상대방을 존경하는 사람은 역시 온유한 사람입니다! 겸손한 사람입니다! 그리스도의 성품을 소유한 사람입니다!

성 어거스틴은 비유로 표현하였습니다. 그는 한 수학자에게 "웅변술의 제1법칙, 제2법칙, 제3법칙이 무엇이냐?" 고 물었습니다. 그때 수학자는 대답하기를, '발음' 이라고 대답하였습니다. "만약 여러분이 기독교의 제1법칙, 제2법칙, 제3법칙이 무엇이냐?" 고 질문한다면, 나는 언제나 '겸손' 이라고 대답하겠다고 어거스틴은 말했습니다.

서방 기독교 역사상 가장 영향력을 끼친 토마스 아 켐피스는 "교만한 철학자보다 가난한 농부가 낫다" 고 말하였습니다.

온유한 참된 그리스도인은 상대방을 향하여 분노하며 악의를 품고 복수하지 않습니다. 왜냐하면 하나님께서 그의 자녀들에게 다음과 같이 교훈하고 있기 때문입니다.

> "노하기를 더디 하는 자는 용사보다 낫고 자기의 마음을 다스리는 자는 성을 빼앗는 자보다 나으니라"(잠 16:32).
>
> "악을 악으로, 욕을 욕으로 갚지 말고 도리어 복을 빌라"(벧전 3:9).
>
> "분을 내어도 죄를 짓지 말며 해가 지도록 분을 품지 말고 마귀에게 틈을 주지 말라"(엡 4:26-27).

그러므로 그리스도인들은 비그리스도인들을 향하여 항상 온유한 마음을 소유해야 합니다. 나보다 상대방을 더 높이고 존경하는 겸손한 마음을 가져야 합니다. 상대방에게 욕하지 말아야 합니다! 비난하지 말아야 합니다! 그리고 선으로 악을 이겨야 합니다. 영국 격언에 "분노는 어리석음으로 시작하여 후회로 끝난다" 고 하였습니다.

3. 우리도 전에는

> "우리도 전에는 어리석은 자요 순종하지 아니한 자요 속은 자요 여러 가지 정욕과 행락에 종 노릇한 자요 악독과 투기를 일삼은 자요 가증스러운 자요 피차 미워한 자였으나"(3:3).

본문에서 "우리도 전에는"이란 말은 그리스도인들이 구원받기 이전의 상태를 의미합니다. 그래서 그리스도인들이 과거 자신의 도덕적, 영적 상태를 돌이켜봄으로써 현재 구원받지 못한 비그리스도인들에게 관용하며 온유해야 할 것을 교훈하고 있습니다.

이 점에 대하여 존 칼빈은 "하나님을 향하여 열심이 있는 자들이 종종 주위의 상대방에게 냉혹하게 대한다. 그러나 그들이 자기 자신에게서부터 비판을 시작할 때에는 비그리스도인들을 향하여 동정하는 마음이 생긴다"고 주해하였습니다.

그러면 그리스도인들의 과거의 부끄러운 모습은 어떠하였습니까? 본문은 일곱 가지로 설명하고 있습니다.

1) 어리석은 자였습니다

여기서 "어리석은 자"란 지각이 없는 사람을 의미합니다. 이것은 영적 무지함입니다. 이러한 사람은 영적인 분별력이 없습니다. 성령의 지배를 받지 않습니다. 육적인 사람입니다.

사도 바울은 육적인 사람에 대하여 고린도 교회를 향하여 다음과 같이 교훈하였습니다.

"육에 속한 사람은 하나님의 성령의 일들을 받지 아니하나니 이는 그것들이 그에게는 어리석게 보임이요, 또 그는 그것들을 알 수도 없나니 그러한 일은 영적으로 분별되기 때문이라"(고전 2:14).

어리석고 영적으로 무지한 사람은 시편 기자의 말처럼 "그의 마음에 이르기를 하나님이 없다"(시 14:1)고 합니다. 영적으로 어리석은 자들은 하나님의 존재를 불신합니다. 하나님의 능력을 부인합니다. 하나님의 함께하심을 느끼지 못합니다.

프랑스 계몽주의 사상가로 자연과학의 인식을 주장했던 볼테르(Voltaire)는 마지막 임종 시까지도 하나님의 존재를 믿지 아니하고 숨을 거두었습니다.

볼테르는 글을 잘 쓰는 사람이었다. 그런데 그는 하나님을 부정하는 글을 많이 썼고, 인쇄소를 세워서 그 책들을 인쇄하여 팔기도 하였다. 그는 항상 이렇게 말하였다. "100년만 지나면 하나님을 믿는 따위의 미신가들은 이 지구상에 한 사람도 없게 될 것이다."

또한 볼테르는 말솜씨가 좋았다. 불신앙에 빠진 프랑스 사람들은 그의 연설을 듣고 우레와 같은 갈채를 보냈다. 신이 난 그는 파리의 대로에 서서 하나님을 향하여 욕을 퍼부었다. "만약 하나님이 계시다면 이렇게 욕지거리를 퍼붓는 나를 이 자리에서 쓰러뜨려 보십시오."

그렇지만 볼테르도 나이 먹는 것은 어쩔 수 없었다. 그는 점점 노인이 되어 갔고 결국 병들어 죽음 앞에 이르게 되었다. 그는 자신의 병을 치료하러 온 의사를 향하여 간절히 부탁하였다. "만약 나의 생명을 6개월만 더 연장시켜 주신다면 전 재산을 드리겠습니다."

의사는 난감한 표정을 지으면서 대답하였다. "볼테르 선생님, 선생님의 생명은 6개월은 고사하고 이제 6시간도 연장시킬 수 없습니다."

그때 볼테르의 무신론 신앙은 의사의 이와 같은 선고에 심하게 흔들리게 되었다. 그의 입에서 다음과 같은 말이 조용히 흘러나왔다. "아아, 나는 지옥으로 떨어져 가는구나."

이후 세월이 흘러 볼테르가 세상을 떠난 지 100년이 지났다. 그런데 볼테르의 예언과 달리 그가 무신론적인 책을 만들기 위하여 사용되었던 인쇄기가 어느 그리스도인에게 매입되어 성경을 왕성하게 인쇄하게 되었고, 그의 저택은 성경을 보관하는 창고로 사용되었다.

2) 순종하지 아니한 자였습니다

순종하지 아니한 사람은 하나님과 그의 말씀에 불순종하는 자입니다! 거역하는 자입니다! 믿지 않는 자입니다! 그래서 하나님의 권위에 의도적으로 도전합니다. 그리고 국가의 통치에도 대항합니다.

순종의 반대는 불순종입니다. 순종하는 자는 하나님의 말씀을 믿고 그의 뜻대로 살아갑니다. 그러나 불순종하는 자는 하나님의 말씀을 믿지 않고 자기 뜻대로 살아갑니다.

순종하는 사람은 오직 하나님만 바라보며 독수리같이 하늘 높이 올라갑니다. 새사람처럼 위의 것만 바라봅니다. 하늘나라의 은혜를 체험합니다. 결국 축복의 통로의 동참자가 됩니다.

그러나 불순종하는 사람은 항상 주위와 환경을 의식하면서 땅의 것들을 추구합니다. 무엇을 먹을까, 무엇을 마실까, 무엇을 입을까 합니다. 옛사람처럼 옛 습관을 생각합니다. 롯의 아내처럼 뒤돌아보려고 합니다. 결국 데마처럼 세상 속으로 되돌아갑니다.

이미 잘 알려진 이솝 우화에 의하면, 옛날에 청개구리 한 마리가 살았습니다. 청개구리는 엄마가 시키는 말을 듣지 않고 꼭 반대로만 행동하면서 불순종했습니다.

어느 날 엄마 청개구리는 병이 나서 죽게 되자 아들 청개구리를 불렀습니다. 엄마 청개구리는 '이번에도 아들 청개구리가 말을 듣지 않고 반대로 할 것이다' 라고 생각하고, "내가 죽거든 물이 흐르는 시냇가가 묻으라" 고 부탁을 하였습니다. 마침내 엄마 청개구리가 죽자 아들 청개구리는 그동안 엄마 말을 듣지 않고 불순종한 것을 뉘우치면서 이번에야말로 엄마의 말에 순종하겠다고 생각하면서 엄마 개구리의 시신을 시냇가에 묻었습니다. 그런데 그 날 저녁에 비가 내리기 시작하였습니다. 점점 시냇물이 불어나기 사작하자 아들 청개구리는 엄마 청개구리의 무덤이 떠내려 갈까 봐 걱정하며 슬피 울었습니다.

그러므로 그리스도인들은 항상 "위의 것을 생각하고 땅의 것을 생각하지 말라"(골 3:2)는 말씀과, 종교 개혁자 루터의 "나는 이적을 행하기보다는 순종하고 싶다" 는 교훈을 마음판에 새겨야 할 것입니다.

3) 속은 자였습니다

여기서 "속은 자들" 이란 거짓 교사나 거짓 이단 종교에 빠진 자들을 가리킵니다. 그래서 속은 자들은 그들의 비진리와 거짓 가르침에 의해 멸망의 길로 빠지게 되었습니다. 즉 이러한 자들은 베드로전서 2장 25절에서 지적하듯이 "너희가 전에는 양과 같이 길을 잃은 자" 입니다.

양의 성격은 어떠합니까?

첫째, 양은 싱싱한 풀을 먹을 뿐 아니라 마른 풀도 잘 먹습니다.

주전 900년경 양은 털을 얻기 위하여 가축으로 기르게 되었습니다. 고대에서는 양의 가죽과 우유가 중요한 필수품이었습니다. 그리고 오늘날 팔레스타인 지역에서 사육되는 양은 굵고 꼬리와 살이 통통해 그 맛이 진미입니다.

둘째, 양은 항상 다니던 작은 길로만 다닙니다. 양은 언제나 언덕과 계곡 사이에서 지도책의 도로망같이 뻗은 작은 길로 다니면서 꼴을 찾습니다. 양은 절대로 목자의 인도 없이 다른 길로 다니지 않습니다. 항상 다니던 길로만 다닙니다.

셋째, 양은 꼭 목자만 따라갑니다. 목자의 보호만을 받습니다. 양은 온화하고 순하기 때문에 방어할 능력이 없습니다.

그래서 양은 항상 목자의 보호와 인도함을 받고 사는 동물입니다. 밤이 되면 목자는 약탈자나 강도와 맹수의 위험으로부터 피하기 위해 양을 우리 안에 넣어 둡니다.

그런데 만약 양이 목자의 인도함을 받지 못할 때에는 위험한 길로 걸어가게 됩니다. 만약 목자의 보호를 받지 못할 때에는 공포와 불안 속에 살아가야 합니다. 목자를 통하여 꼴을 먹지 못할 때에는 굶주림과 질병에 걸리게 됩니다. 이는 목자와 양의 필수적인 관계입니다!

마찬가지로 선한 목자장이 되신 그리스도의 백성이며 성도인 양이 만약 거짓 목자와 거짓 선지자, 거짓 이단의 꾀임과 올무에 빠져서 참된 목자로부터 떠나게 된다면, 그 순간부터는 불행입니다! 어두움과 비극입니다! 멸망입니다!

양은 항상 선한 목자 되신 주님 곁에 있어야 합니다. 참된 목회자의 양육을 잘 받아야 합니다. 이리와 거짓 목자나 거짓 이단들의 가르침과 꾀임, 유혹에 빠지지 말고 속지 말아야 합니다

> "나는 참 포도나무요 내 아버지는 농부라 무릇 내게 붙어 있어 열매를 맺지 아니하는 가지는 아버지께서 그것을 제거해 버리시고 무릇 열매를 맺는 가지는 더 열매를 맺게 하려 하여 그것을 깨끗하게 하시느니라 너희는 내가 일러준 말로 이미 깨끗하여졌으니 내 안에 거하라 나도 너희 안에 거하리라 가지가 포도나무에 붙어 있지 아니하면 스스로 열매를 맺을 수 없음같이 너희도 내 안에 있지 아니하면 그러하리라 나는 포도나무요 너희는 가지라 그가 내 안에, 내가 그 안에 거하면 사람이 열매를 많이 맺나니 나를 떠나서는 너희가 아무것도 할 수 없음이라"(요 15:1-5).

4) 정욕과 행락에 종 노릇한 자였습니다

'행락'의 헬라어 '헤도나이스'(ἡδοναίς)는 '쾌락' 혹은 '향락'을 의미합니다. 그리고 '정욕'의 헬라어 '에피뒤미아이스'(ἐπιθυμίαις)는 매우 강한 열망과 열정으로 '악한 욕망'(sinful pleasures)을 뜻합니다.

그래서 본문의 교훈은 악한 욕망과 죄악 된 쾌락의 노예로 섬겼고, 죄의 종으로 살았다는 것을 의미합니다.

종(노예, slave)은 인간에게 주어진 기본적인 권리와 자유가 없고 남의 지배 아래서 강제적으로 살고 팔리는 사람입니다. 법적인 자격과 권리가 없는 사람입니다. 그래서 그들은 농사짓는 일부터 시작하여 농장에서 심한 노동을 하며 광산에서 땅을 파는 중노동을 하였습니다.

당시에는 노예나 종들의 방식이 다양했습니다. 태어나면서부터 노예가 되는 사람도 있습니다. 납치를 당하여 종이 되는 사람도 있었습니다. 돈과 빚을 갚기 위해 노예가 되는 사람도 있었습니다. 죄를 지어 노예가 되는 사람도 있었습니다.

종과 노예의 신분에 대해서는 신약성경에서 헬라어 원어로 다양하게 사용되었습니다. 종을 나타내는 공통적인 단어는 '둘로스'(*δοῦλος*)입니다. 주인의 집에서 거주하면서 일하는 종은 '오이케테스'(*οἰκέτης*)라고 합니다. 한 개인의 사환이나 시종의 일을 하는 자유로운 종은 '휘페레테스'(*ὑπηρέτης*)입니다. 그리고 주인에게 임금이나 삯을 받는 자유로운 품꾼은 '미스디오스'(*μίσθιος*)라고 부릅니다.

오늘날 그리스도인들은 과거에 죄의 종이 되었고 노예가 되어 죄악 속에서, 흑암 속에서 살았습니다! 사탄의 지배를 받았습니다! 옛사람이었습니다! 악하고 무서워하는 종의 영을 받았습니다!

그러나 현재에는 하나님의 종이 되었습니다! 의의 종이 되었습니다! 새사람이 되었습니다!

"죄로부터 해방되어 의에게 종이 되었느니라"(롬 6:18).

"이는 그리스도 예수 안에 있는 생명의 성령의 법이 죄와 사망의 법에서 너를 해방하였음이라"(롬 8:2).

"양자의 영을 받았으므로 우리가 아빠 아버지라고 부르짖느니라"(롬 8:15).

"죄가 너희를 주장하지 못하리니 이는 너희가 법 아래에 있지 아니하고 은혜 아래에 있음이라"(롬 6:14).

그러므로 그리스도인들은 정욕과 행락의 종 노릇을 해서는 안 됩니다. 죄와 싸워서 반드시 이겨야 합니다! 육신의 일을 생각하며 육신을 따르지 말고 영의 일을 생각하여 영을 따르는 자가 되어야 합니다. 하나님의 말씀과 성령의 인도하심을 받아야 합니다.

5) 악독과 투기를 일삼은 자였습니다

"악독"의 헬라어 '카키아'(κακία)는 일반적으로 가리키는 '악'(sin)으로, 인간의 악한 본성 혹은 기질을 뜻합니다. 그리고 '투기'는 헬라어로 '프도노스'(φθόνος)입니다. 이것은 악독으로 인하여 상대방을 향해 악의를 품는 것을 의미합니다.

그래서 악독은 사악한 것입니다! 부정한 것입니다! 불량한 것입니다! 그렇다면 투기는 어떠합니까? 그것은 시기하는 것입니다! 질투하는 것입니다! 시샘하는 것입니다! 영어로 말한다면 투기는 'envy'이고, 질투는 'jealousy'입니다.

그런데 투기와 질투는 좀 다릅니다. 투기는 다른 사람의 인품이나 재산 때문에 악한 마음으로 보는 것입니다. 그러나 질투는 다른 사람이 어떤 좋은 것을 가지고 있는 꼴을 보지 못하는 것입니다.

실례를 든다면, 구약 시대의 가인은 투기하는 악한 마음을 가지고 그의 아우 아벨을 쳐 죽였습니다(창 4:8). 요셉의 형들은 동생 요셉의 꿈과 행동을 보고 투기하고 시기하여 그를 웅덩이에 집어넣었고, 미디안 상인에게 은 이십에 팔아 버렸습니다(창 37:28). 사울 왕은 다윗을 시기하여 죽이려 하였습니다(삼상 19:2).

누가복음 15장에 나오는 유명한 탕자의 비유를 보면, 집을 떠나 탕진하고 돌아온 둘째 아들을 본 아버지가 너무나 기뻐서 손에 가락지를 끼우고 신발을 신겼습니다. 살찐 송아지를 잡고, 풍악을 울리고, 춤을 추며 큰 잔치를 베풀었습니다.

그때 맏아들은 동생을 향하여 투기하고 시기하는 마음을 가졌습니다. 격노하여 잔치에도 참석하지 않았습니다.

그렇습니다! 예수 그리스도께서 갈보리 십자가에 못 박히게 되신 것은 바로 이런 인간의 악한 죄 때문이었습니다! 악한 죄성이었습니다. 투기하는 생각이었습니다! 질투하는 마음이었습니다!

그러므로 이제 옛사람이 변하여 새사람이 된 그리스도인들은 주님의 아가페 사랑으로 주위의 많은 사람들에게 악을 선으로 갚아야 합니다. 그의 자비와 사랑을 베풀어 주어야 합니다.

> "사랑은 오래 참고 사랑은 온유하며 시기하지 아니하며 사랑은 자랑하지 아니하며 교만하지 아니하며 무례히 행하지 아니하며 자기의 유익을 구하지 아니하며 성내지 아니하며 악한 것을 생각하지 아니하며 불의를 기뻐하지 아니하며 진리와 함께 기뻐하고 모든 것을 참으며 모든 것을 믿으며 모든 것을 바라며 모든 것을 견디느니라"(고전 13:4-7).

6) 가증스러운 자였습니다

여기서 "가증스럽다"는 말은 추악하고 냉담하며 혐오스럽다는 뜻입니다. 그래서 가증스러운 사람은 먼저 하나님을 부인함으로 하나님 앞에서 가증스럽게 행동하게 하며, 상대방에게도 냉담과 혐오감을 끼치게 합니다.

구약 시대에 말라기 선지자는 이스라엘 백성을 향하여 "유다는 거짓을 행하였고 이스라엘과 예루살렘 중에서는 가증한 일을 행하였으며"(말 2:11)라고 지적하면서 책망하였습니다.

"가증한 일" 이란 말은 무엇입니까?

이것은 하나님께 드리는 제물에 대해 사용할 때 '더러운 것' 을 뜻합니다. 그리고 사람과의 윤리적인 관계에서는 '간음하는 자' 와 '우상 숭배하는 자와의 잡혼' 을 의미합니다.

당시 유다와 이스라엘 백성들은 하나님을 향하여 우상과 거짓, 불순종과 교만함을 가지고 배은망덕하였습니다. 그리고 그들 사이에서는 비윤리적인 가증스러운 불경건한 행동을 저질렀습니다. 그래서 그들은 마침내 멸망의 길로 빠지게 되었습니다.

예수 그리스도가 생명과 진리의 길잡이(요 14:6)라면, 마귀는 위선과 거짓의 안내자(요 8:44)입니다.

헨리(M. Henry)는 "위선은 마귀의 약을 예수의 심장에 쏟아붓는 것과 같다" 고 했고, 윌리엄 셰익스피어는 "배은망덕아! 너는 대리석 같은 완악한 마음을 가진 악마다!" 라고 말하였습니다.

위선과 거짓과 가증스러움과 혐오는 사람을 죽이는 독약과 같습니다. 주님은 영혼을 살립니다! 생명의 길로 인도합니다! 그러나 마귀는 사람을 죽입니다! 멸망의 길로 인도하는 앞잡이입니다!

그러므로 그리스도인들은 하나님을 비방하고 불경건한 태도를 갖거나 상대방을 향하여 비신앙적이고 가증스러운 행동을 항상 삼가 조심해야 합니다.

7) 피차 미워하는 자였습니다

피차 미워하는 사람은 근본적으로 하나님의 사랑과 배치하는 자입니다. 그리고 다른 사람들을 향하여 악독한 마음과 가증스러운 행동을 행함으로 오는 결과입니다. 즉 상대방을 미워하는 자의 삶입니다!

윌리스(C.L. Wallis) 예화집에서 미움에 대한 재미있는 예화를 소개하겠습니다.

옛날 어느 나라에 미움이 가득한 사나이가 살고 있었다. 그는 닥치는 대로 사람을 죽이고 남의 재물을 빼앗았다. 그런데 하루는 꿈속에서 천사가 나타났다. "네가 이 세상에서 제일 얻고 싶은 것이 무엇이냐? 그것을 말하면 내가 그 소원을 지체 없이 들어주겠다. 그러나 한 가지 조건이 있다. 그것은 네가 이 세상에서 제일 미워하는 사람에게도 내가 네게 주는 선물을 주어야 한다는 조건이다."

이같이 천사의 말을 들은 미움의 사나이는 기쁨을 감추지 못하고 이렇게 요구하였다. "좋습니다! 천사님! 나의 소원은 오직 그놈의 눈을 뽑는 일입니다. 그래서 먼저 내 눈부터 뽑아 주십시오"라고 하였다.

미움은 어리석은 일입니다! 상대방을 아프게 하며 상처를 줍니다! 다른 사람을 죽이는 것입니다! 이것뿐입니까? 미움은 자기 자신을 죽이는 것입니다!

그러므로 서양 격언에서도 가르치기를 "미움은 받아도 좋다. 그러나 미워하는 사람은 되지 말라"고 하였습니다. 잠언 6장 16-19절에서 여호와께서는 다음과 같은 것들을 미워하신다고 분명히 지적하였습니다.

"여호와께서 미워하시는 것 곧 그의 마음에 싫어하시는 것이 예닐곱 가지이니 곧 교만한 눈과 거짓된 혀와 무죄한 자의 피를 흘리는 손과 악한 계교를 꾀하는 마음과 빨리 악으로 달려가는 발과 거짓을 말하는 망령된 증인과 및 형제 사이를 이간하는 자이니라."

4. 하나님의 자비와 사람 사랑

"우리 구주 하나님의 자비와 사람 사랑하심이 나타날 때에"(3:4).

본문은 죄악의 구렁텅이에 빠져 영원히 멸망받아야 할 인간들을 구원시킨 것은 하나님의 사랑과 자비심을 통해 이루어졌다고 교훈하고 있습니다.

그리고 본문은 인간의 구원 사역 가운데 하나님의 두 가지 본성이 나타났는데, 이것은 성육신(incarnation)하신 예수 그리스도를 통하여 이루어졌다고 강조하고 있습니다.

그러면 인간의 구속 사역 가운데 나타난 하나님의 두 가지 본성은 무엇입니까?

1) 하나님의 자비하심

이것은 인간의 구원 사역 가운데 나타나신 하나님의 첫 번째 본성으로 하나님의 자비하심을 교훈하고 있습니다.

여기에 있는 '자비'(mercy)하심이란 상대방을 사랑하고 불쌍히 여기며 긍휼을 베푸는 마음 자세입니다. 그래서 의로우시고 자비하신 하나님께서는 타락하고 범죄한 인간들을 향하여 그리스도의 보혈의 피를 통하여 용서해 주시고 구원의 은총과 축복을 베풀어 주신 것입니다.

하나님은 "자비의 아버지시요 모든 위로의 하나님"(고후 1:3)이십니다. 그래서 자비하신 하나님은 그의 자비와 긍휼을 모든 사람들에게 베풀기를 원하십니다.

사도 시대 이후 가장 뛰어난 설교의 일인자로 평가받고 있는 찰스 스펄전은 "오직 그리스도께 영광!"이라는 표어를 가지고 가는 곳곳마다 하나님의 사랑과 은혜, 자비와 긍휼하심을 전하며 주님께 영광을 돌렸습니다. 대설교자 스펄전은 하나님의 자비와 긍휼하심을 다음과 같이 전하였습니다.

> 어떤 사람들은 장사하기를 좋아하고, 어떤 사람들은 예술을 좋아하고, 어떤 사람들은 연예계에 종사하기를 기뻐하듯이, 하나님은 긍휼을 베푸시기를 기뻐하십니다. 사람들은 각자 자기가 좋아하는 것을 행함으로써 그 일에 대한 애정 때문에 그 일을 수행함에 있어 유능합니다. 하나님은 긍휼을 베푸시는 데 유능하십니다. 하나님께서는 왕권의 상징인 황금홀을 쥐신 오른손을 펴시면서 죄인들을 향하여 "내게 와 이 홀을 만지면 너희가 죽지 않고 살리라!"고 말씀하실 때 가장 행복해하십니다.

이제 하나님의 사랑과 은혜로 구원함 받은 그리스도인들은 주위에 있는 모든 사람들을 향하여 그의 자비와 긍휼하심을 베풀어야 합니다. 그러면 어떻게 자비와 긍휼을 베풀어야 합니까?

조지 워싱턴은 청소년 시절에 길을 가다가 땅에 떨어져 있는 새 한 마리를 발견하였습니다. 그런데 그 새는 주변에서 모여든 개미 떼들 때문에 괴로움과 고통을 당하고 있었습니다. 그래서 그는 불쌍히 여겨 그 새에 붙어 있는 개미들을 다 흩어버리고 집으로 데려와 정성껏 간호하여 생명을 구해 주었습니다.

이후에 워싱턴은 마음속 깊이 새겨진 하나님의 자비와 긍휼하심으로 고난과 박해를 받고 있는 수많은 미국인들을 해방시켜 자유함을 누리게 하였습니다. 그리고 그는 마침내 미국을 독립시켜 미국의 초대 대통령이 되었습니다.

그러므로 그리스도인들은 하나님께서 그의 사랑과 자비하심으로 그리스도를 통하여 믿음으로 값없이 주신 구속의 은총을 잘 간직해야 합니다.

이러한 하나님의 구속의 은총을 사도 바울은 "너희는 그 은혜에 의하여 믿음으로 말미암아 구원을 받았으니 이것은 너희에게서 난 것이 아니요 하나님의 선물이라"(엡 2:8)고 고백하였습니다.

우리는 이런 하나님의 크신 사랑과 은혜와 자비하심과 긍휼하심을 주위에 있는 모든 사람들에게 베푸는 그리스도인이 되어야 합니다.

주님께서는 "나는 자비를 원하고 제사를 원하지 아니하노라"(마 12:9)라고 말씀하셨습니다. 그리고 대영 제국의 빅토리아(Victoria) 여왕은 말하기를 "긍휼을 행하는 길은 하나뿐이 아니다. 말로도 할 수 있고, 돈으로도 할 수 있다. 돈도 없고 말로도 할 수 없거든, 눈물로 할 수 있다"라고 하였습니다.

2) 하나님의 사람 사랑하심

이것은 인간의 구속 사역에서 나타나신 하나님의 두 번째 본성으로, 하나님의 사람 사랑하심을 교훈하고 있습니다. 여기서 "사람 사랑하심"이란 무엇을 의미합니까?

"사람 사랑하심"(love-toward-man)이라는 말은 영어의 '박애'(philanthropy)와 같은 뜻입니다. 그래서 이것은 인간들이 창시자가 되고 수혜자가 되는 '실제적인 자선 행위'(the work of practical benevolence)를 가리킵니다.

그러나 헬라어로 "사람 사랑하심"이라는 단어는 '필란드로피아'(φιλανθρωπία)입니다. 이것은 인간의 타락과 죄악으로 말미암아 저주와 멸망에 빠져 있는 죄인들을 구원하시기 위한 하나님의 사랑이요 그의 애정입니다. 하나님은 그 사랑과 애정을 인간에게 풍성하게 넘치도록 부어주셨습니다.

이렇게 타락하고 범죄한 죄인들을 향한 하나님의 사랑과 애정은 요한복음 3장 16절에 잘 나타나 있습니다.

> "하나님이 세상을 이처럼 사랑하사 독생자를 주셨으니 이는 그를 믿는 자마다 멸망하지 않고 영생을 얻게 하려 하심이라."

요한복음 3장 16절은 그리스도인들이 가장 좋아하고 암송하는 말씀입니다. 그리고 이것은 '작은 복음'(small gospel)이라고 불리고 있습니다. 그 이유는 무엇입니까?

첫째 이유는, 구원의 원천입니다. 이 말씀 속에는 인간의 구원의 원천이 오직 하나님께만 있다는 것을 분명히 밝혀주기 때문입니다. 그것은 바로 하나님의 사랑입니다. 오직 아가페의 사랑입니다.

둘째 이유는, 구원의 방법입니다. 이 말씀은 죄인이 의인이 되는 구원의 방법을 가르쳐 주고 있습니다. 그것은 오직 믿음으로 이루어지는 것입니다. 그것은 사람의 의와 수양으로도 안 됩니다! 선행과 금욕으로도 안 됩니다! 율법의 의와 행위로도 안 됩니다! 오직 믿음으로만 이루어지는 것입니다.

"오직 의인은 믿음으로 말미암아 살리라 함과 같으니라"(롬 1:17).

셋째 이유는, 구원의 대상입니다. 이 말씀에서는 범죄한 인간들을 향하여 분명한 구원의 대상을 지적해 주고 있습니다. 구원의 대상은 '누구든지' 입니다. 즉 모든 자에게 미칩니다.

유대인들은 표적을 구하였습니다. 헬라인들은 지혜를 구하였습니다! 그러나 예수 그리스도는 유대인이나 헬라인이나, 남녀노소나, 빈부귀천 없이, 인종 차별하지 않고 모든 사람들에게 주셨습니다.

넷째 이유는, 구원의 결과인 구원의 축복입니다. 구원의 축복은 주야로 고통받는 지옥 불이 아니라 하늘나라에서 영원히 누리는 영생 복락의 삶입니다.

5. 중생의 씻음과 성령으로 새롭게!

"우리를 구원하시되 우리가 행한 바 의로운 행위로 말미암지 아니하고 오직 그의 긍휼하심을 따라 중생의 씻음과 성령의 새롭게 하심으로 하셨나니"(3:5).

본문은 타락한 죄인들을 구속하시는 하나님의 역사하심을 교훈하고 있습니다. 그런데 본문은 인간을 향한 구원의 역사가 성삼위 되신 하나님으로 말미암아 이루어지고 있음을 밝히고 있습니다. 즉 성부 하나님께서 그의 사랑으로 구원을 계획하시고, 성자 예수 그리스도께서 십자가에서 죽으심으로 보혈의 피로 씻어 주시고, 보혜사 성령으로 새롭게 하심을 가르쳐 주고 있습니다.

1) 구원의 계획 : '하나님의 긍휼'

본문은 죄인인 인간을 구원하시는 것은 "우리가 행한 바 의로운 행위로 말미암지 아니하고"라고 하였습니다. 인간의 구원은 "오직 그의 긍휼하심을 따라" 이루어졌다고 교훈하고 있습니다.

다시 말해, 인간의 구원 계획은 하나님에 의해 이루어졌다는 말입니다. 즉 그것은 '하나님의 긍휼' 입니다. 이 긍휼은 앞 절에서 나오는 하나님의 두 가지 속성인 '사랑과 자비' 하심을 의미합니다.

하나님의 긍휼은 어떻게 이뤄졌습니까?

이것은 '의로운 행위가' 아니라, 하나님의 주권적인 긍휼하심입니다. 즉 인간이 구원받을 만한 아무런 공로가 없는데도 불구하고 하나님께서 그의 주권적인 사랑과 긍휼하심을 통하여 전적으로 죄인들을 구원하셨습니다.

그러므로 구원은 인간의 행위가 아니라 하나님의 주권적인 계획과 불가항력적인 은혜입니다. 이제 그리스도인들은 하나님의 사랑과 은혜와 자비와 긍휼하심으로 하나님의 자녀가 되었습니다. 새사람이 되었습니다. 날마다 그리스도인들은 하나님의 크신 사랑과 자비하심을 체험하며 살아가야 합니다. 하나님의 자비와 긍휼하심을 나누고 베풀어야 합니다.

나이트 예화집에는 다음과 같은 내용이 있습니다.

> 독실한 그리스도인이 하나님에 대한 자신의 사랑이 점점 식어져 감을 느꼈다. 그래서 이 문제를 다른 그리스도인에게 다 털어놓았

다. 이 문제를 다른 그리스도인은 그에게 다음과 같이 설명하였다.

"자, 예를 들면서 생각해 보세. 내가 여기서 집으로 돌아가면 아마도 나의 귀여운 아기를 무릎 위에 올려놓고 그 아이의 아름다운 두 눈을 지그시 바라보게 될 걸세. 그리고 나는 아기가 들려주는 그 매력적인 음성에 귀를 기울이겠지. 아무리 일에 지쳐 몸이 피곤해도 어린 천사가 내 곁에 있다는 사실 하나만으로도 나는 편안함을 느끼게 된다네. 왜냐하면 나는 우리 아기를 표현할 수 없을 정도로 사랑하고 있기 때문이지!"

독실한 그리스도인이 물었다. "정말 그 아이가 자네를 얼마나 사랑할 거라고 생각하나?"

"아마도 거의 사랑하지 않을 거야. 내가 아파 고통스러워해도 그냥 잠만 쿨쿨 잘 거야. 내가 아파서 신음할 때에도 저 혼자만 즐겁게 뛰어 놀겠지. 설령 내가 죽더라도 나를 잊어버릴 거야! 그렇다면 한번 생각해 보게. 아기가 나를 사랑하는 게 나을까? 내가 아기를 사랑하는 게 나을까? 우리는 아기가 나를 사랑하고 있다는 사실을 확인할 때까지 기다려야 돼!"

친구의 말을 들은 그리스도인은 눈물을 흘리면서 말했다. "알았네! 나에 대한 하나님의 사랑이 아니라, 하나님에 대한 나의 사랑을 깨달았네! 앞으로는 진정으로 하나님만을 사랑하겠네!"

2) 구원의 수단 : '중생의 씻음'

본문에서는 타락한 인간을 향하여 하나님의 구원 수단은 '중생의 씻음' 으로 나타났다는 사실을 교훈하고 있습니다.

헬라어로 "씻음"은 '루트루' (λουτροῦ)인데, '대야', '씻는 행위' 를 의미합니다. 그래서 이것은 '세례'를 가리킵니다. 이것은 단순히 물로 씻어 깨끗하게 하는 '물세례'를 가리키는 것이 아니라 새롭게 거듭나는 '중생'을 의미합니다.

중생(born a again, regeneration)이란 무엇입니까?

'중생'은 헬라어로 '팔리게네시아'(παλιγγενεσια)인데, '다시 태어난다'는 뜻입니다.

웨스트민스터 신앙 고백서에서는 "중생이란 택함을 받은 자들을 심령으로 새로운 존재들이 되게 하는 하나님의 창조적 행위"라고 정의하였습니다.

이것을 신학적으로 다시 말한다면, 중생이란 새 생명의 원리를 인간 속에 심어주고 그 삶의 영혼의 지배적인 성향을 거룩하게 하시는 하나님의 행위라고 말할 수 있습니다.

중생은 새롭게 거듭나고 새롭게 태어나 출생하는 것입니다. 이것은 인간의 내면적인 변화입니다! 그리고 이것을 통하여 천국에 들어갈 수 있습니다.

요한복음 3장에 나오는 바리새인 니고데모는 헬라식 이름으로 '백성의 승리자'입니다. 그는 유대인의 관원입니다. 그는 산헤드린 공회의 회원이었습니다. 그리고 그는 유대주의적 귀족층을 대표하는 인물이었습니다.

그런데 니고데모가 가지고 있는 권력과 명예와 재물들은 하나님 나라에 들어가는 조건이 되지 못했습니다. 예수님께서 니고데모를 향하여 "진실로 진실로 네게 이르노니 사람이 거듭나지 아니하면 하나님의 나라를 볼 수 없느니라"(요 3:3)라고 하셨습니다.

새롭게 거듭남이란 무엇입니까? 이것은 마치 병아리가 알 속에 있는 것과, 사람의 영혼이 육체 속에 머물고 있는 것과 비슷합니다.

어느 날 알 속의 병아리가 어미 닭을 향하여 물었습니다. "엄마, 저한테 날개랑 눈이 있는데 도대체 이것이 왜 필요한지 모르겠어요." 그때 엄마는 "아가야, 너는 아직 볼 수 없지만 알을 깨고 나오면 엄청나게 크고 넓은 세계에서 살게 된단다. 거기에는 모든 과실과 여러 가지 꽃과 큰 산과 긴 강이 있단다. 너도 때가 되어서 껍질을 벗고 나오면 보게 될 거야. 날개와 눈은 그때를 위해 준비한 것이니, 때가 되면 날 수도 있단다"라고 대답하였습니다.

3) 구원의 성숙 : '성령으로 새롭게 하심'

본문은 타락하고 범죄한 인간을 향한 하나님의 구속 계획인 그의 사랑과 긍휼하심이 나타났습니다. 구원의 수단은 중생의 씻음으로 나타났습니다. 그리고 구원의 성숙은 성령의 새롭게 하심으로 나타났다는 사실을 교훈하고 있습니다.

여기에서 '중생'과 '성령의 새롭게 하심'은 무엇입니까?

전자는 옛 생활을 청산하고 새 생활이 시작되는 '순간적인 변화'입니다. 그러나 후자는 성령의 역사와 새롭게 하심이 일평생 동안 삶 속에서 일어나는 '지속적인 과정'을 가리킵니다.

'성령의 새롭게 하심'은 '성화'(sanctification)입니다. 성화는 하나님의 뜻에 전인격적으로 자신을 복종시키는 삶입니다. 칼빈은 "성화는 심령과 외형적인 삶 속에서 그리스도의 모습을 점점 닮아가는 점진적인 과정이다"라고 정의하였습니다.

조직 신학자 루이스 벌코프(Louis Berkhof)는 성령의 새롭게 하심, 즉 성화에 대하여 다음과 같이 설명하였습니다.

"성화란 성령의 은혜롭고 계속적인 사역으로, 그 사역에 의해 성령은 의롭다 칭함을 받은 죄인을 죄의 오염에서 건지시며, 그의 전 본성을 하나님의 형상으로 새롭게 하시며, 그로 인하여 선을 행할 수 있도록 해주신다."

그러므로 중생은 마치 어린아이가 새 생명을 가지고 새롭게 태어나는 것이라면, 성령의 새롭게 하시는 성화는 건전한 장년이 되기까지 성장하는 지속적인 과정입니다.

사도 바울은 로마서 12장에서 그리스도인의 삶 속에 성령의 역사와 새롭게 하시는 성화의 역사가 지속적으로 일어나서 하나님의 온전하신 뜻을 찾아야 한다고 강조하였습니다.

"너희는 이 세대를 본받지 말고 오직 마음을 새롭게 함으로 변화를 받아 하나님의 선하시고 기뻐하시고 온전하신 뜻이 무엇인지 분별하도록 하라"(롬 12:2).

오늘날 그리스도인들은 성령의 지속적인 역사와 새롭게 하는 성화를 통하여 어떻게 하나님의 온전하신 뜻을 찾을 수 있습니까?

첫째, 하나님의 기록된 말씀과 기도를 통하여 하나님의 온전하신 뜻을 발견할 수 있습니다.

하나님의 말씀은 하나님의 뜻을 찾을 수 있는 안내서입니다. "율법의 교훈을 받아 하나님의 뜻을 알고 지극히 선한 것을 분간하며"(롬 2:18). 하나님의 말씀은 그리스도인들이 어떻게 살아야 할 것인가를 가르치는 교훈서입니다.

"주의 말씀은 내 발에 등이요 내 길에 빛이니이다"(시 119:105).

기도는 하나님의 뜻을 찾을 수 있는 유일한 길입니다. 기도는 하나님의 비밀을 발견하는 통로입니다.

"너는 내게 부르짖으라 내가 네게 응답하겠고 네가 알지 못하는 크고 은밀한 일을 네게 보이리라"(렘 33:3).

서양 격언에 "기도는 영혼이 하늘나라를 날게 하고 묵상은 하나님을 보는 눈이다", "기도는 아침의 열쇠이고 밤의 자물쇠이다"라고 하였습니다.

둘째, 이 세대를 본받지 않을 때 하나님의 온전하신 뜻을 발견할 수 있습니다.

사도 바울은 로마서 12장 2절에서 "너희는 이 세대를 본받지 말고……하나님의…… 온전하신 뜻이 무엇인지 분별하라"고 교훈하였습니다.

여기서 "이 세대를 본받지 말라"는 말은 무슨 의미입니까?

이것은 "이 세상의 외형"(고전 7:31, the fashion of this world, KJV)을 가리킵니다. 즉 세속적인 외형과 모양, 품행과 행동을 본받지 말라는 것입니다.

이러한 것들은 하나님의 뜻을 찾는 데 장애물이 됩니다. 그리고 하나님을 멀리하고 세속으로 빠지도록 인도하는 길잡이입니다. 그래서 데마는 세상을 사랑하여 바울을 떠나 버리고 말았습니다(딤후 4:10).

셋째, 각자 주어진 은사를 통하여 하나님의 온전하신 뜻을 찾을 수 있습니다.

하나님께서는 그리스도인들에게 각자의 믿음의 분량대로 하나님을 섬기며 그의 나라를 확장하기 위하여 특별한 능력을 주셨습니다.

그러므로 각자의 은사를 사용할 때 하나님의 뜻을 이룰 수 있습니다. 하나님의 능력이 나타날 수 있습니다.

하나님의 온전하신 뜻은 그리스도인이 하나님께서 주신 은사를 최고의 방법으로 사용하여 최고의 결과를 생산하는 것입니다.

6. 성령의 부으심

> "우리 구주 예수 그리스도로 말미암아 우리에게 그 성령을 풍성히 부어 주사"(3:6).

본문은 하나님께서 예수 그리스도를 통하여 성령을 부어 주신다는 것을 교훈하고 있습니다. 또한 하나님께서 부어 주신 성령에 대한 초대 교회의 사상을 반영하고 있음을 지적하고 있습니다.

여기서 "성령을 부어 주사"는 신약 시대 오순절 때 성령을 부어 주시는 사건을 가리키고 있습니다.

> "하나님이 말씀하시기를 말세에 내가 내 영을 모든 육체에 부어 주리니 너희의 자녀들은 예언할 것이요 너희의 젊은이들은 환상을 보고 너희의 늙은이들은 꿈을 꾸리라"(행 2:17).

사도행전 2장에서 예수 그리스도께서 부활 승천하신 후 50일이 지나서 나타난 오순절 성령 강림, 즉 성령의 오심과 부르심이 일어났습니다. 오순절 때 성령 강림의 사건은 기독교의 탄생일이라고 부릅니다. 그러면 이 사건이 오늘날 그리스도인들에게 어떤 의미와 교훈을 주고 있습니까?

1) 오순절 성령 강림은 구약 예언의 성취입니다

본문에서 사도 베드로는 오순절 성령 강림의 사건이 우연히 생긴 돌발적인 사건이 아니라, 구약 선지자의 예언 성취 가운데 이루어진 일이라고 강조하고 있습니다.

사도행전 2장 28-32절에 나오는 베드로의 오순절 설교는 구약성경 요엘 2장 28-32절에서 인용한 내용입니다.

> "그 후에 내가 내 영을 만민에게 부어 주리니 너희 자녀들이 장래 일을 말할 것이며 너희 늙은이는 꿈을 꾸며 너희 젊은이는 이상을 볼 것이며 그 때에 내가 또 내 영을 남종과 여종에게 부어 줄 것이며"(욜 2:28-29).

구약 시대에는 하나님께서 특정한 인물과 직임을 맡은 자들에게만 성령을 부어 주셨습니다. 그러나 신약 시대에는 하나님께서 모든 백성에게 차별 없이 부어 주실 성령에 대해 예언하고 있습니다. 그리고 이 예언이 바로 사도행전 2장에서 완전히 성취되었습니다.

오늘날 우리 그리스도인들은 하나님의 모든 예언의 말씀이 틀림없이 다 이루어진다는 사실을 분명히 믿어야 합니다. 왜냐하면 하나님의 모든 말씀은 예수 그리스도를 통하여 성취되기 때문입니다. 하나님의 예언의 말씀은 일점일획도 폐할 수 없고, 무효화될 수 없기 때문입니다.

> "내가 율법이나 선지자를 폐하러 온 줄로 생각하지 말라 폐하러 온 것이 아니요 완전하게 하려 함이라 진실로 너희에게 이르노니 천지가 없어지기 전에는 율법의 일점일획도 결코 없어지지 아니하고 다 이루리라"(마 5:17-18).

2) 오순절 성령 강림은 구속 사역의 첫 시발점이 되었습니다

본문은 오순절 성령 강림 사건이 특정인에게 주어지는 것이 아니라 모든 만인에게 차별 없이 다 이루어진다는 사실을 강조하고 있습니다.

신약 시대에는 하나님의 구속 사역이 선택받은 유대인에게 국한된 것으로 생각하였습니다. 그러나 사도행전 2장에서 나타난 오순절 성령 강림 사건은 다양한 사람들로 구성되었습니다. 그중에는 성지를 중심으로 하여 각 지역에 흩어진 유대인들도 있었습니다. 로마로부터 건너온 사람들도 있었습니다. 이방인으로서 유대교로 개종한 사람들도 있었습니다.

이렇게 하여 하나님께서 성령을 "모든 육체"(행 2:17)에 부어 주셨습니다. 여기서 모든 육체는 '모든 사람'(all people)을 가리키고 있습니다. 성령을 주신 영역은 성별을 비롯한 연령, 혈연, 그리고 국경을 초월하여 지구촌 모든 사람들에게 부어 주십니다. 예수 그리스도의 이름을 부르는 모든 자에게 성령을 부어 주셨습니다! 구원받게 하십니다!

그러므로 오순절 성령 강림 사건은 예수 그리스도를 통하여 이루어지는 구속 사역이 예루살렘으로부터 온 유대와 사마리아와 땅 끝까지 이르는 우주적, 보편적으로 이루어지는 첫 출발점이 되었습니다.

더 나아가서 그리스도인들은 예수 그리스도의 복음을 전파하는 '전도의 대위임 명령' (Jesus's Great Commission, 마 28:19-20)을 담대하게 수행해야 할 것입니다.

> "그러므로 너희는 가서 모든 민족을 제자로 삼아 아버지와 아들과 성령의 이름으로 세례를 베풀고 내가 너희에게 분부한 모든 것을 가르쳐 지키게 하라 볼지어다 내가 세상 끝 날까지 너희와 항상 함께 있으리라 하시니라"(마 28:19–20).

3) 오순절 성령 강림은 예수 그리스도의 부활의 확증입니다

본문은 오순절 성령 강림 사건이 예수 그리스도의 부활과 연결되어 있다는 것을 강조하고 있습니다.

오순절은 어떤 날입니까? 원래 '오순절' 이라는 말은 '제50' 의 뜻을 가리킵니다. 이 날은 유월절 주간의 안식일부터 50일째 되는 날에 지키는 유대인의 3대 절기인 유월절, 오순절, 초막절 가운데 하나입니다

오순절에는 이스라엘 백성들이 처음 익은 소출을 하나님께 드리며 감사제를 올렸습니다(민 28:26). 그래서 오순절을 '맥추절' (출 23:16) 혹은 '칠칠절' (민 28:26)이라고도 불렀습니다.

예수 그리스도께서는 유월절의 어린양으로 십자가에서 고통당하시고 죽으셨습니다. 그로부터 50일이 지난 후 그리스도께서는 약속

하신 성령을 이 땅에 선물로 보내 주셨습니다. 이처럼 첫 소산의 첫 열매를 드린 오순절 날에 성령 강림의 대사건이 일어난 것은 우연이 아니라, 구속사적인 깊은 의미를 가지고 있습니다.

하나님께서는 부활하신 예수 그리스도를 첫 열매로 받아들이셨습니다(고전 15:23). 아울러 이 땅 위에 살고 있는 모든 족속들이 의의 열매를 맺도록 하셨습니다. 그런데 이 열매들은 인간의 힘으로 되지 않습니다! 인간의 지혜로 되지 않습니다! 인간의 방법으로도 되지 않습니다! 이것은 오직 성령의 역사와 능력으로 이루어지며 열매 맺을 수 있습니다.

> "만군의 여호와께서 말씀하시되 이는 힘으로 되지 아니하며 능력으로 되지 아니하고 오직 나의 영으로 되느니라"(슥 4:6).

7. 상속자로!

> "우리로 그의 은혜를 힘입어 의롭다 하심을 얻어 영생의 소망을 따라 상속자가 되게 하려 하심이라"(3:7).

본문은 타락하고 죄인 된 인간을 구원하시고자 하는 하나님의 구속의 궁극적인 목적을 교훈하고 있습니다. 그리고 그것을 두 가지로 나타내고 있습니다.

1) 하나님의 은혜 : '의롭다 하심!'

본문은 죄인 된 인간들을 구원하시고자 하는 하나님의 구속의 첫 번째 목적입니다.

여기서 말하는 하나님의 은혜는 무엇입니까? 이것은 예수 그리스도의 구속의 은총으로 말미암아 마땅히 형벌을 받아야 할 인간들을 향한 하나님의 '전적인 은혜'(*sola gratia*)입니다.

이 은혜는 아무 공로 없는 죄인인 인간들에게 베푸신 것입니다! 아무런 대가 없이 주신 것입니다! 무조건적인, 불가항력적인 것입니다. 그래서 사도 바울은 에베소 교회와 고린도 교회 성도들을 향하여 죄인 된 인간들을 향한 하나님의 구원의 계획이나 구원받는 것이나 일꾼 된 것이나 나의 나 된 것은 다 하나님의 전적인 은혜라고 고백하였습니다.

> "우리는 그리스도 안에서 그의 은혜의 풍성함을 따라 그의 피로 말미암아 속량 곧 죄 사함을 받았느니라"(엡 1:7).
>
> "너희는 그 은혜에 의하여 믿음으로 말미암아 구원을 받았으니 이것은 너희에게서 난 것이 아니요 하나님의 선물이라"(엡 2:8).
>
> "이 복음을 위하여 그의 능력이 역사하시는 대로 내게 주신 하나님의 은혜의 선물을 따라 내가 일꾼이 되었노라"(엡 3:7).
>
> "그러나 내가 나 된 것은 하나님의 은혜로 된 것이니 내게 주신 그의 은혜가 헛되지 아니하여 내가 모든 사도보다 더 많이 수고하였으나 내가 한 것이 아니요 오직 나와 함께하신 하나님의 은혜로라"(고전 15:10).

인간을 향하신 하나님의 불가항력적인, 전적인 은혜로 말미암아 '의롭다' 하시게 하였습니다. 이것은 바로 '칭의'(justification)를 의미합니다.

칭의는 무엇입니까? 이것은 죄인 된 인간을 의롭게 만드는 것이 아닙니다! 선하게 만드는 것도 아닙니다! 거룩하게 만드는 것도 아닙니다! 정직하게 만드는 것도 아닙니다!

이것은 하나님께서 예수 그리스도의 의를 통하여 죄인을 의롭다고 선언하시는 행위입니다.

> "그리스도 예수 안에 있는 속량으로 말미암아 하나님의 은혜로 값없이 의롭다 하심을 얻은 자 되었느니라"(롬 3:24).

이 점에 대하여 조직 신학자 루이스 벌코프는 다음과 같이 정의하였습니다.

> "칭의란 하나님께서 예수 그리스도의 완전한 의를 근거하여 죄인을 의롭다고 선언하시는 하나님의 법적 행위라고 정의할 수 있다. 그것은 중생이나 회심, 그리고 성화 같은 생신의 행위, 혹은 과정이 아니다. 그리고 이 칭의가 미치는 영향은 죄인의 상태가 아니라 그의 신분에 대해 행해지는 것이다."

칭의의 요소는 두 가지입니다. 하나는 소극적인 요소로, 예수 그리스도의 의를 기초하여 인간의 모든 죄책을 제거시켜 줍니다. 다른 하나는 적극적인 요소로, 예수 그리스도를 향한 능동적인 순종에 의해 하나님의 후사가 되고 영생의 후사가 되는 것입니다.

여기에서 칭의와 성화의 차이점은 무엇입니까?

칭의가 인간의 죄책을 제거하여 하나님의 자녀의 권리를 회복시켜 준다면, 성화는 인간의 죄의 오염을 제거하여 하나님의 형상을 닮아가도록 합니다. 그리고 칭의는 단 한 번만 일어나는 일회적인 사건이지만, 성화는 내적 삶 속에서 계속 일어나는 연속적인 사건입니다.

그러므로 그리스도인들은 하나님의 불가항력적인 전적인 은혜로 의롭다 하시는 칭의와 은총을 받았기 때문에 날마다 하나님의 뜻을 이루며 그리스도의 형상을 닮아가도록 깨끗하고 거룩한 성화의 삶을 살아야 할 것입니다.

2) 영생의 소망 : '상속자'

본문은 죄인 된 인간을 구원하고자 하시는 하나님의 구속 사역의 두 번째 목적입니다. 이것은 의롭다 하심을 받은 사람들에게 주어지는 미래의 은혜요, 축복입니다. 즉 칭의의 결과입니다.

여기에서 "상속자가 된다"는 말은 그리스도인이 더 이상 종이나 노예가 아니라 그리스도와 함께 상속자가 된다는 의미입니다.

이 점에 대하여 사도 바울은 갈라디아 교회의 성도들에게 다음과 같이 가르쳤습니다.

> "율법 아래에 있는 자들을 속량하시고 우리로 아들의 명분을 얻게 하려 하심이라 너희가 아들이므로 하나님이 그 아들의 영을 우리 마음 가운데 보내사 아빠 아버지라 부르게 하셨느니라 그러므로 네가 이 후로는 종이 아니요 아들이니 아들이면 하나님으로 말미암아 유업을 받을 자니라"(갈 4:5-7).

이제 그리스도인들은 하나님의 구속 계획의 궁극적인 목적 안에서 종이 아니고 하나님의 아들이 되었습니다. 그리스도와 함께 상속자가 되었습니다!

'상속자'(heir)는 어떠합니까?

이전에는 종이었습니다! 노예였습니다! 율법 아래 있었습니다! 율법의 자녀였습니다! 그러나 지금은 율법에서 해방되었습니다! 율법의 지배를 받지 않습니다! 마귀의 자녀가 아닙니다! 믿음의 자녀요, 하나님의 아들이요, 딸입니다!

그러므로 하나님의 은혜로 자녀된 상속자는 앞으로 하나님의 유업을 차지하게 될 것입니다. 하늘 나라의 특권을 누리게 될 것입니다. 더 나아가서 선한 사움을 싸우고, 믿음을 지키며, 사명을 감당한 상속자에게는 장차 예비하신 하늘나라의 면류관을 주실 줄 믿습니다.

그것은 바로 썩지 않는 불멸의 면류관입니다(고전 9:25). 시험을 참는 자에게 주실 생명의 면류관입니다(약 1:12). 의롭게 사는 자들에게 주실 의의 면류관입니다(딤후 4:8). 주님 강림하실 때 주실 기쁨의 면류관입니다(살전 2:19-20). 목자장이 나타나실 때 주실 시들지 않는 영광의 면류관입니다(벧전 5:4). 할렐루야! 아멘.

제8강 이단자의 대책

제8강 이단자의 대책(3:8-11)

"이 말이 미쁘도다 원하건대 너는 이 여러 것에 대하여 굳세게 말하라 이는 하나님을 믿는 자들로 하여금 조심하여 선한 일을 힘쓰게 하려 함이라 이것은 아름다우며 사람들에게 유익하니라(8절)

그러나 어리석은 변론과 족보 이야기와 분쟁과 율법에 대한 다툼은 피하라 이것은 무익한 것이요 헛된 것이니라(9절)

이단에 속한 사람을 한두 번 훈계한 후에 멀리하라(10절)

이러한 사람은 네가 아는 바와 같이 부패하여 스스로 정죄한 자로서 죄를 짓느니라(11절)."

본문은 그레데 교회가 하나님의 진리의 말씀을 가지고 영적으로 바른 신앙 자세를 취해야 할 것을 교훈하고 있습니다.

첫 번째 이유는 그리스도인들의 참된 구원 생활은 믿음의 이론이 아니라 믿음의 행함에 있기 때문입니다. 그래서 본문에서는 "하나님을 믿는 자들로 하여금 조심하여 선한 일을 힘쓰게 하려 함이라 이것은 아름다우며 사람들에게 유익하니라"(3:8)고 하였습니다.

두 번째 이유는 그레데 교회의 은혜와 평화를 유지하기 위해서입니다. 당시 그레데 섬에는 거짓 교사나 이단에 속한 자들이 많아서 교회의 질서를 파괴하고 교인들에게 비진리를 가르쳐 도덕적으로, 영적으로 문란케 하였습니다. 그래서 이단에 속한 자들을 경계하고 영적으로 재무장할 것을 교훈하고 있습니다.

본문은 디도서의 결론적인 부분으로, 사도 바울이 디도에게 보낸 목회 서신의 중요한 목적 중 하나입니다.

1. 굳세게 말하라!

> "이 말이 미쁘도다 원하건대 너는 이 여러 것에 대하여 굳세게 말하라 이는 하나님을 믿는 자들로 하여금 조심하여 선한 일을 힘쓰게 하려 함이라 이것은 아름다우며 사람들에게 유익하니라"(3:8).

디도서 3장 4-7절에 나타난 범죄하고 타락한 인간들을 향한 하나님의 구속 계획과 예수 그리스도의 보혈의 은총을 통하여 구원받은 그리스도인의 바른 자세와 삶을 교훈하고 있습니다.

그러면 그리스도인들이 어떻게 바른 자세로 살아가야 합니까?

1) 그리스도인들은 구원의 확신과 기쁨 속에서 살아야 합니다

'구원'(salvation)이란 무엇입니까? 이것은 값없이 주시는 하나님의 크신 은혜로 죄악의 고통에서 건져 주심입니다. 구원의 은총으로 말미암아 죄인 된 인간들을 흑암에서 건져 주셨습니다! 멸망에서 건져 주셨습니다. 질병에서 건져 주셨습니다! 하나님의 진노에서 건져 주셨습니다! 심판에서 구원받게 되었습니다!

그래서 죄인이 의인 되었습니다! 율법과 죄악의 구렁텅이로부터 자유함을 누리게 되었습니다! 옛사람이 변하여 새사람이 되었습니다! 마귀의 자녀에서 하나님의 자녀가 되었습니다!

이것은 인간의 힘이나 공로나 율법의 행위로 이루어지는 것이 아니라, 하나님의 구속적인 은혜와 예수 그리스도의 보혈로 이루어지는 것입니다! 오직 믿음으로 이루어지는 것입니다!

그렇다면 구원받은 그리스도인들은 어떻게 살아야 합니까?

본문에서 "너는 이 여러 것에 대하여 굳세게 말하라"고 가르칩니다. "굳세게 말하라"는 것은 '강하고 단장함'을 뜻합니다.

그래서 그리스도인들은 구원의 확신과 기쁨으로 살아야 합니다. 진실하게, 의롭게 살아야 합니다. 바른 자세와 행동을 나타내어야 합니다.

이제 그리스도인들은 날마다 구원의 은총과 선물을 주신 하나님을 바라보며 살아야 합니다! 구원의 감격과 감사 속에 살아야 합니다! 예수 그리스도의 복음의 열정을 가지고 구원받지 못한 자들에게 구원의 기쁜 메시지를 증거해야 합니다.

구약 시대의 다윗 왕은 구원의 하나님을 향하여 구원의 잔을 높이 들고 다음과 같이 찬양하였습니다.

"내게 주신 모든 은혜를 내가 여호와께 무엇으로 보답할까 내가 구원의 잔을 들고 여호와의 이름을 부르며 여호와의 모든 백성 앞에서 나는 나의 서원을 여호와께 갚으리로다"(시 116:12-14).

미국이 낳은 지성과 영성을 겸비한 최고의 신학자요, 설교자요, 목회자인 조나단 에드워즈(Jonathan Edwards)는 예일 대학교 시절에 하나님의 말씀을 통하여 주님을 영접한 후 회심을 하였습니다. 그때 에드워즈는 구원받은 기쁨과 희열 속에서 주님과 교제하며 다음과 같이 기록하였습니다.

어느 날 나는 건강을 위해서 말을 타고 숲 속으로 들어가 한적한 곳에 내렸다. 언제나 그렇게 해왔듯이 묵상과 기도를 하며 걸었다. 그날 나는 특별한 모습을 보게 되었다. 그것은 하나님과 인간 사이의 중보자이신 하나님의 아들의 영광과 그의 놀랍고 크고 충만하며 순결하고 감미로운 은혜와 사랑이 있었으며, 온유하고 부드러운 모습이었다. 그토록 고요하고 감미롭게 나타난 그 은혜는 하늘보다 높게 보였다. 그리스도의 모습은 형언할 수 없이 탁월하여 모든 사상과 개념을 압도해 버렸다. 이런 광경이 거의 한 시간 동안 계속되었다.

그래서 나는 눈물로 뒤범벅이 된 채 큰소리로 울었다. 나는 영혼이 텅 비어 사라져 버리는 느낌을 받았다. 달리 뭐라고 표현해야 할지 모르겠다. 그러고는 티끌 속에 앉아 오직 그리스도만으로 충만해지고 싶고, 거룩하고 순수한 사랑으로 그리스도를 사랑하고 싶고, 그리스도를 의지하고 싶고, 그리스도를 섬기며 따르고 싶었다.

거룩한 하늘의 정결로 완전히 깨끗해지고 싶었다.

청교도의 사상과 경건을 추구하면서 청교도의 왕자라고 불린 존 오웬(John Owen)은 예수 그리스도의 구속의 은총으로 구원받은 사람들은 날마다 슬픔이 아니라 기쁨으로 살아가야 한다고 주장하였습니다. 존 오웬은 다음과 같이 구원 받은 삶을 고백하였습니다.

"그리스도인들이 살아가는 것은 매일매일 그리스도와의 혼인 날과 같다. 성도들은 그리스도 안에서 즐거워한다. 그리스도는 그들의 기쁨이며, 면류관이며, 환희이며, 생명이며, 양식이며, 건강이며, 힘이며, 열망이며, 의이며, 구원이며, 축복이다!"

사도 바울은 데살로니가 교회를 향하여 다음과 같이 교훈하였습니다.

"항상 기뻐하라 쉬지 말고 기도하라 범사에 감사하라 이것이 그리스도 예수 안에서 너희를 향하신 하나님의 뜻이니라"(살전 5:16-18).

2) 그리스도인들은 선한 일에 힘써야 합니다

본문에서 사도 바울은 구원받은 그리스도인들이 선한 일에 힘쓸 것을 권면하고 있습니다.

"선한 일에 힘쓸 것"은 사도 바울의 목회 서신에서 열네 번이나 강조하였습니다.

이 점에 대하여 세계적으로 뛰어난 설교가인 존 스토트는 다음과 같이 강해하였습니다.

첫째, 그리스도께서 죽으신 목적은 바로 선한 일에 열심인 자신의 친백성을 만들기 위해 그들을 정결케 하는 데 있었다(딛 2:14). 둘째, 선한 일은 결코 구원의 근거가 될 수 없다(딛 3:5; 딤후 1:9). 그러나 그것은 구원의 본질적인 증거이다(3:8, 14). 셋째, 모든 그리스도인은 선한 일을 할 수 있도록 구비하고 준비되어 있어야 한다(딤후 2:21, 3:17). 여자들은 이것으로 스스로를 장식하고(딤전 2:10-11), 부자는 이것을 자신의 특별한 임무로 간주해야 한다(딤전 2:10-11). 넷째, 목회 사역 자체가 선한 일이기 때문에 모든 그리스도인 지도자는 자신의 선한 일에 뛰어나야 한다(딤전 5:26). 모든 목사는 선한 일에 모범이 되어야 한다(딛 2:7). 다섯째, 다른 무엇보다도 선한 일이야말로 복음을 장식하고 외인들에게 그것을 권장하는 역할을 한다(딛 2:8-10).

그러므로 하나님의 구원의 은총으로 구원받은 그리스도인들은 주위에 있는 모든 사람들에게 선한 일을 행해야 합니다. 그리고 그 일들을 통하여 하나님께 크신 영광이 되며 "다른 사람들에게 유익이 되어야 합니다!"

그리스도인들을 향하여 서양 격언은 다음과 같이 충고하고 있습니다. "하나님을 섬긴다는 것은 무엇인가? 그것은 주위 사람들을 향하여 선을 행하는 것이다."

2. 변론과 족보, 분쟁과 율법의 다툼

"그러나 어리석은 변론과 족보 이야기와 분쟁과 율법에 대한 다툼은 피하라 이것은 무익한 것이요 헛된 것이니라"(3:9).

본문에서 사도 바울은 디도를 통하여 그레데 교회를 혼란케 하는 거짓 이단들에 대하여 어떻게 대응해야 할 것인지를 교훈하고 있습니다. 그것은 거짓 이단의 성격으로 그리스도인들이 삼가 조심하고 피해야 할 네 가지 금지 사항들입니다.

1) 어리석은 변론과 족보 이야기

첫 번째 이단의 성격으로 어리석은 변론입니다.

여기에 있는 "변론"이라는 말은 헬라어로 '에크제테시스'(ἐκζήτησις) 인데, '조사하다' 혹은 '힘들게 찾다' 라는 뜻입니다.

"어리석은 변론"이란 진리의 말씀을 찾지 못하며 쓸데없이 의심하고 다투는 것을 의미합니다. 이런 어리석은 변론은 그리스도인이 하나님의 말씀 안에서 살아가는 데 실제적인 도움을 주지 못하며, 불필요한 논쟁만 일으키게 됩니다. 그리고 교회 안에서 영적인 일에나 신앙적인 문제에 혼란을 야기합니다. 성도와 성도 간에 분열을 초래하는 요인이 됩니다.

예를 들면, 성경에 언급되지 않는 것들이나, 신학적인 문제들이나, 인간의 구원 문제와 믿음에 관한 질문들이나, 그리스도의 삶 속에서 중요하지 않거나 혹은 불필요한 어리석은 논쟁은 삼가야 합니다.

그렇다고 신학적인 모든 문제의 변론이나 논쟁을 삼가라는 뜻은 아닙니다. 그리스도인의 신앙적인 질문의 권리를 부정하는 것은 아닙니다. 왜냐하면 신약 시대에 예수님께서도 종교 지도자들이나 율법주의자들과 끊임없이 논쟁하셨기 때문입니다.

또한 사도 바울이 믿음의 아들 디모데에게 "믿음의 선한 싸움을 싸우라 영생을 취하라 이를 위하여 네가 부르심을 받았고 많은 증인 앞에서 선한 증언을 하였도다"(딤전 6:12)라고 명령하였기 때문입니다. 계속하여 사도 바울은 디도에게도 "거짓 교사들의 입을 막으라"(딛 1:11), "그들을 엄히 꾸짖으라"(딛 1:13)고 명령하고 있습니다.

그러므로 교회 지도자들이나 그리스도인들은 허황되고 어리석은 변론을 삼가 배격해야 합니다. 그것은 성경적인 교훈의 기초에서 벗어난 공상적이고 사상적인 해석을 낳기 때문입니다. 그리고 주님의 교회의 거룩성과 질서를 파괴하며 성도들의 믿음을 혼란케 하기 때문입니다.

두 번째 이단의 성격으로 족보 이야기입니다.

"족보 이야기"(genealogies)는 거짓 이단의 성격으로 어리석은 변론 중의 하나이기도 합니다. 유대인들은 족보를 중시하는 경향이 있습니다. 그들은 구약 시대에 나오는 아브라함과 제사장들의 가상적인 족보를 만들어서 이것을 구원의 조건으로 내세웠습니다. 그리고 이것으로 그들의 선민적 우월성을 내세우며 방편으로 사용하였습니다.

디모데전서 1장 4절에서 바울은 "끝없는 족보"라고 지적하면서 거짓 가르침에 경계할 것을 교훈하였습니다.

"끝없는 족보"가 자기 자신의 존재를 예언적으로 조작하고 역사적으로 헛되게 만든 것이라면, "신화"(myths)는 거짓으로 꾸며낸 어리석고 무익한 허황된 이야기입니다.

그래서 족보와 신화는 서로 분리할 수 없는 관계입니다. 왜냐하면 유대인의 전승에서 내려오는 신화는 족보에 대한 전설적인 이야기들이기 때문입니다.

특별히 여호와 하나님의 선민사상을 가진 유대주의자들은 자신의 족보와 유명한 조상들을 억지로 연결시켰습니다. 그들은 구약 시대의 아브라함이나 모세와 대제사장들과 함께 족보를 연결시켜 그들의 후예임을 스스로 주장하였습니다.

당시 그레데 섬에 있는 거짓 이단자들은 공상적이며, 꾸며낸 유대교적인 거짓 사상과 이원론적인 영지주의와 혼합된 거짓 교리와 가르침으로 그레데 교회와 교인들을 혼란케 하였습니다.

존 칼빈은 "끝없는 족보"와 "신화"에 대하여 다음과 같이 주해, 비평하였습니다.

> 끝없는 족보는 헛된 호기심이 끝을 모르고 한없이 수렁으로 빠져들게 만드는 것이다. 그리고 신화는 꾸며낸 거짓이라기보다는 거짓되지 않으면서도 허황된 것, 즉 전혀 확고한 데가 없는 흥미 위주의 어리석은 이야기이다.

그러므로 유대인들이 자랑하고 주장하는 허황되고 어리석은 변론과 꾸며낸 족보 이야기는 초대 교회의 많은 혼란과 분열을 초래하였습니다. 이것에 대하여 사도 바울은 형식적이고 생명력 없는 이단 행위로 규정하여 빠지지 말고 경계하라고 명령하였습니다.

이제 그리스도인들은 하나님의 전신 갑주를 입고 진리의 말씀으로 무장해야 합니다. 항상 기도로 깨어 있어야 합니다.

> "마귀의 간계를 능히 대적하기 위하여 하나님의 전신 갑주를 입으라 우리의 씨름은 혈과 육을 상대하는 것이 아니요 통치자들과 권세들과 이 어둠의 세상 주관자들과 하늘에 있는 악의 영들을 상대함이라 그러므로 하나님의 전신 갑주를 취하라 이는 악한 날에 너희가 능히 대적하고 모든 일을 행한 후에 서기 위함이라"(엡 6:11-13).

2) 분쟁과 율법의 다툼

"분쟁"(quarrel)과 "율법"(law)은 그레데에 살고 있는 유대인들의 거짓 교훈을 가리킵니다. 전자가 유대적 이단의 세 번째 성격이라면, 후자는 네 번째 성격입니다.

본문에 나온 "분쟁과 율법의 다툼"이라는 말은 '율법에 대한 다툼' 이라는 뜻과 맥이 통하는 것입니다.

당시 유대인들은 안식일을 지키는 일을 비롯하여 할례받는 일, 정경례와 그 외 다른 율법적인 문제들을 가지고 싸우고 정죄하였습니다.

"율법"이란 무엇입니까? 히브리어로 율법은 '토라'(תּוֹרָה)입니다. 토라는 '가르치다', '교훈하다' 라는 뜻을 가지고 있습니다. 그래서 율법은 '지켜야 할 법' 입니다.

하나님께서 모세를 통하여 선택받은 이스라엘 백성들에게 율법을 주셨습니다. 언약을 맺으셨습니다. 그래서 이스라엘 백성들은 반드시 그것을 지켜야 합니다. 실천해야 합니다. 만약 그들이 율법을 지키고 행하고 순종하면 축복입니다. 그러나 그들이 그것을 지키지 않고 불순종하면 저주와 멸망입니다.

그런데 유대인들과 율법주의자들은 어떠하였습니까?

그들은 예수 그리스도를 율법 폐기론자로 보았습니다. 그리고 그리스도의 공생애 사역에 대하여 불신하고, 비판하며, 대항하였습니다.

그런데 예수 그리스도께서는 그들을 향하여 율법의 완성자라는 사실을 다음과 같이 선언하셨습니다.

"진실로 너희에게 이르노니 천지가 없어지기 전에는 율법의 일점일획도 결코 없어지지 아니하고 다 이루리라"(마 5:18).

예수 그리스도는 율법의 그림자를 통하여 예표된 실체입니다. 그는 율법에 의하여 정죄받아 사형 선고 받은 죄인들을 구원하시기 위해 오신 '구세주'(Savior)입니다. 그리고 그는 죄와 율법과 사망에서 종노릇하던 죄인들을 하나님의 은혜로운 백성으로 만드신 '은혜의 주'이기도 합니다.

유대인과 모든 율법주의자들은 율법을 지키고 행하고 순종할 때 의롭게 된다(롬 9:31)고 주장하였습니다. 그러나 사도 바울은 그들을 향하여 범죄한 인간이 죄 씻음 받고 의롭게 구원받는 것은 율법의 행위로 되는 것이 아니라, 오직 믿음으로 구원을 받아 의롭게 된다고 주장하였습니다.

"사람이 의롭게 되는 것은 율법의 행위로 말미암음이 아니요 오직 예수 그리스도를 믿음으로 말미암는 줄 알므로 우리도 그리스도 예수를 믿나니 이는 우리가 율법의 행위로써가 아니고 그리스도를 믿음으로써 의롭다 함을 얻으려 함이라 율법의 행위로써는 의롭다 함을 얻을 육체가 없느니라"(갈 2:16).

"그러므로 사람이 의롭다 하심을 얻는 것은 율법의 행위에 있지 않고 믿음으로 되는 줄 우리가 인정하노라"(롬 3:28).

그렇습니다! 타락하고 범죄한 인간의 구원은 율법으로 이루어지는 것이 아닙니다! 할례로 이루어지는 것이 아닙니다. 선행으로 이루어지는 것이 아닙니다(히 7:19).

다만 율법은 죄를 깨닫게 합니다(롬 7:7). 율법은 복되신 하나님의 영광의 복음을 따르게 합니다(딤전 1:11). 그리고 율법은 죄인들을 예수 그리스도께 인도하는 몽학 선생입니다! 가정 교사입니다(갈 3:24).

그러나 믿음은 타락한 죄인들을 구원시킵니다! 의롭게 만듭니다! 옛사람을 새사람으로 변화시킵니다!

마르틴 루터의 종교 개혁에 있어서 3대 원리는 '오직 성경!' (*sola scriptula*), '오직 은혜!' (*sola gratia*), '오직 믿음!' (*sola fide*)입니다. "오직 의인은 믿음으로 말미암아 살리라"(롬 1:17). 이것이 바로 이신 칭의입니다.

3. 이단에 속한 자들!

"이단에 속한 사람을 한두 번 훈계한 후에 멀리하라"(3:10).

사도 바울은 디도에게 그레데 교회 안팎에 있는 거짓 이단들의 가르침에 빠지거나 현혹되지 말고 경계하라고 교훈하고 있습니다. 이단들은 교회의 질서를 파괴하고 혼란케 하기 때문입니다.

여기서 "이단에 속한 사람"은 분파를 일으키거나 분열하고 다투기를 좋아하는 사람을 가리킵니다. 영어 성경에서 "분열을 일으키는 사람"(divisive person, NIV)이라고 번역되었습니다.

본문에 나오는 이단에 속한 사람은 당시 그레데 교회의 거짓 교사들을 가리킵니다. 그들은 모세의 율법에 관한 논쟁과 신화와 족보 이야기와 유대인들의 허탄한 이야기를 하였습니다. 그들은 말다툼을 잘하고 그릇된 의견을 내세워 논쟁하였습니다. 그들은 고집을 부리면서 파벌을 형성하고 당파심을 부채질하였습니다. 이로 말미암아 교회의 질서는 파괴되고 교인들의 신앙을 혼란케 만들었습니다.

"이단"이라는 말은 헬라어 '하이레시스'(αἵρεσις)로, '다른 의견' 혹은 '스스로 선택'이라는 뜻입니다. 그래서 이단은 어떤 원리나 견해를 주장하는 분파의 사람을 의미합니다. 그리고 이것은 항상 정통의 반대편에 서 있습니다.

신구약 시대를 비롯하여 초대 교회와 오늘날 현대 교회의 안팎에서는 끝없이 거짓 선지자와 교사 및 이단 종파들이 발생하여 교회를 을 괴롭히고 파괴하는 역사적인 사실을 바라볼 수 있습니다.

현대 그리스도인들은 흔히 "도대체 이단이 무엇입니까?", "왜 이단에 빠졌습니까?" 그리고 "당신은 이제 이단이기 때문에 상대하지 않겠습니다"라고 말하고 있습니다.

일반적으로 거짓 이단의 특징은 무엇입니까? 거짓 이단은 기독교의 사도적인 신앙 고백을 거부하거나 믿지 않습니다. 그들은 기독교의 정통 교리를 반대할 뿐만 아니라 그 일부를 전부인 것처럼 왜곡하거나 주관적으로 확대 해석합니다.

거짓 이단들은 기독교의 정통 신학과 교리, 즉 신론, 성령론, 계시론, 기독론, 성경론, 구원론, 종말론, 교회론과 윤리 도덕성에 대하여 반대하거나 수정, 확대 해석하고 적용시켜서 순진한 교우들을 현혹시키며, 그들의 영혼을 병들게 하고 망하게 합니다.

거짓 이단 발생의 기본적인 요인은 무엇입니까? 거짓 이단들은 성경의 예언을 성취하기 위하여 발생합니다.

> "많은 사람이 내 이름으로 와서 이르되 나는 그리스도라 하여 많은 사람을 미혹하리라"(마 24:5).

거짓 이단은 기성 교회의 영적 부패와 윤리적 타락으로 말미암아 성도들의 영적 갈등과 불안 속에서 그들의 심리적인 욕구를 충족시키지 못한 반감이 이단으로 연결되어 이단 종파의 씨앗이 되게 합니다.

거짓 이단의 일반적인 공통점은 무엇입니까?

거짓 이단은 종말론을 강조합니다. 그래서 많은 사람들에게 세계적인 종말론을 숨 가쁘게 말하고 외치고 예언합니다. 사람들을 위기의식으로 빠지게 합니다. 근심 걱정을 주며 불안케 합니다.

거짓 이단은 하나님의 말씀보다는 소위 그들이 받았다는 '직통 계시' 를 받거나 혹은 '직접 교통' 한다고 주장하고 가르칩니다. 거짓 이단은 그리스도께서 세운 몸 된 교회를 섬기고 사랑하는 교회 중심의 삶이 아니라, 어느 교주나 특정인을 섬기고 바치고 숭배합니다. 그들의 교리와 성경 공부, 집단을 통하여 구원받을 수 있다고 가르칩니다.

거짓 이단의 장래의 소망은 하늘나라가 아니라 '지상 천국' 을 강조합니다. 그리고 그들의 삶은 비도덕적이고 비윤리적이며, 비가정적입니다.

미국 남가주 기독교한인교회협의회에서는 다음과 같은 "이단 판별 지침서"를 만들어 각 지역 교회들과 교우들에게 거짓 이단에 대한 대책과 경각심을 일으키게 하였습니다.

(1) 삼위일체 하나님을 부분적으로나 전체적으로 부인하는 자는 이단이다.

(2) 예수 그리스도는 신성과 인성을 가지신 하나님이시다. 그런데 그분의 신성만 믿거나, 인성만 믿거나, 혹은 제3의 존재로 믿으면 이단이다.

(3) 예수 그리스도만이 구원의 길인데, 공산주의와 다른 종교를 믿거나, 기독교 과학들의 유사 종교를 믿거나, 혹은 기독교 진리를 다른 종교와 혼합시켜서 믿으면 이단이다.

(4) 인간의 구원은 오직 예수 그리스도를 믿음으로 얻는데, 선행이나 물질 공여, 특정한 의식에 참가하는 것이 구원의 조건으로 요구되면 이단이다.

(5) 자기 교회와 교파만이 구원이 있고 다른 역사적 사도적 기독교회에서는 구원이 없는 듯 가르치고, 교회를 파괴하여 소속된 성도들을 유인시키는 집단은 이단이다.

(6) 신구약 66권 성경을 정경으로 믿지 않고 이상한 체험과 지도자의 가르침, 직통 계시, 다른 책 등을 성경과 동일시하거나 우위에 두고 성경 해석의 표준으로 삼는 것은 이단이다.

(7) 성경에 없는 부분을 억지 주장하고 절대화, 교리화시켜서 성경의 전체 교훈을 부정하면 이단이다.

(8) 기적을 전적으로 부인하거나 전적으로 강조하면 이단이다.

(9) 교주나 지도자를 하나님처럼 신격화하면 이단이다.

(10) 그리스도의 재림을 시한부로 해석하거나 그 예언이 거짓으로 판명되었음에도 불구하고 계속 정당화시키면 이단이다.

(11) 그리스도의 몸인 교회를 부인하거나 사도신경을 신앙의 근간으로 삼지 않고, 정치 운동과 경제 활동을 교회의 최고 목적으로 삼는 교회는 이단 집단이다.

(12) 바른 신앙은 가정을 바르게 하고 생명으로 보호하며 이성과의 균형, 교육을 장려함에도 불구하고, 신앙상 이유로 가정 파괴, 자살 유인, 자녀 교육의 거부, 성적 문란, 의약 거부, 환각제 사용, 재산 헌납을 강요하는 집단들은 비록 예수 그리스도의 이름과 교회의 명칭을 사용하더라도 명백한 이단 집단들이다.

그렇다면 그리스도인들은 거짓 이단들에 대하여 어떤 신앙적인 자세를 취해야 합니까?

본문은 말하기를, "이단에 속한 사람을 한두 번 훈계한 후에 멀리하라" 고 가르치고 있습니다.

1) 이단에 속한 자들에게 한두 번 훈계해야 합니다

이것은 거짓 이단의 가르침에 잘못 빠져 있는 자들에게 하나님의 진리의 말씀을 바로 깨닫고 받아들일 수 있도록 권면하고 책망해야 한다는 것입니다.

그렇다면 오늘날 교회가 범죄하든가 혹은 거짓 이단에 빠진 불법의 사람들을 향하여 권면하고 권계하며 책망해야 할 이유가 무엇입니까?

그것은 예수님께서 친히 가르치신 교훈의 말씀이기 때문입니다.

예수님께서는 한 영혼을 온 천하보다 귀하게 여기셨습니다. 그리고 잃어버린 한 마리의 양을 찾으러 다니셨습니다.

> "사람이 만일 온 천하를 얻고도 제 목숨을 잃으면 무엇이 유익하리요 사람이 무엇을 주고 제 목숨과 바꾸겠느냐"(마 16:26).
>
> "너희 중에 어떤 사람이 양 백 마리가 있는데 그중의 하나를 잃으면 아흔아홉 마리를 들에 두고 그 잃은 것을 찾아내기까지 찾아다니지 아니하겠느냐"(눅 15:4).

2) 이단에 속한 사람을 멀리해야 합니다

여기서 "멀리하라"는 말은 교회에서 그들을 내어보내라는 의미입니다.

만약 이단에 속한 자들이 하나님의 진리의 말씀과 훈계를 받아들이지 아니한다면 교회는 그들을 단호하게 내어보내어야 합니다. 그들을 교회 밖으로 내쫓아야 합니다.

예수님께서는 만약 형제들이 범죄하면 그들에게 찾아가서 권고하라고 하셨습니다. 그런데 그들이 듣지도 않고 뉘우치지 아니하면 이방인같이 취급하라고 가르치셨습니다.

> "네 형제가 죄를 범하거든 가서 너와 그 사람과만 상대하여 권고하라 만일 들으면 네가 네 형제를 얻은 것이요 만일 듣지 않거든 한두 사람을 데리고 가서 두세 증인의 입으로 말마다 확증하게 하라 만일 그들의 말도 듣지 않거든 교회에 말하고 교회의 말도 듣지 않거든 이방인과 세리와 같이 여기라"(마 18:15-17).

요한이서에서, 사도 요한도 예수 그리스도의 교훈을 믿지 않고 부인하는 영지주의 거짓 교사들을 단호하게 경계하면서 그들을 향한 바른 태도를 다음과 같이 기록하였습니다.

"누구든지 이 교훈을 가지지 않고 너희에게 나아가거든 그를 집에 들이지도 말고 인사도 하지 말라 그에게 인사하는 자는 그 악한 일에 참여하는 자임이라"(요이 1:10-11).

요한삼서에서 계속하여 사도 요한은 교회 안에서 으뜸 되기를 좋아하며, 사도권을 인정하지 않고, 교인들이 그리스도의 복음을 증거하는 전도자들을 접대하는 일에 반대하여 교회를 혼란케 한 디오드레베를 향하여 교회에서 내쫓으라고 책망하였습니다.

"내가 두어 자를 교회에 썼으나 그들 중에 으뜸 되기를 좋아하는 디오드레베가 우리를 맞아들이지 아니하니 그러므로 내가 가면 그 행한 일을 잊지 아니하리라 그가 악한 말로 우리를 비방하고도 오히려 부족하여 형제들을 맞아들이지도 아니하고 맞아들이고자 하는 자를 금하여 교회에서 내쫓는도다"(요삼 1:9-10)

4. 스스로 정죄한 자

"이러한 사람은 네가 아는 바와 같이 부패하여 스스로 정죄한 자로서 죄를 짓느니라"(3:11).

본문은 거짓 이단에 속한 자들의 상태를 설명해 주고 있습니다. 그들의 마음 상태는 두 가지로 나타나고 있습니다.

1) 거짓 이단에 속한 자들은 부패하여집니다

거짓 이단에 속한 자들의 첫 번째 상태는 부패한 마음을 가집니다. 그들의 마음은 심하게 비틀어졌습니다! 크게 왜곡되었습니다! 바른 진리를 따르지 않습니다! 진리의 말씀을 거부합니다! 교회의 훈계도 듣지 않고 불순종합니다!

그 이유가 무엇입니까? 그것은 거짓 이단에 속한 자들의 마음속에는 사탄이 배후에 있기 때문입니다. 그들의 심령 속에는 악한 마귀가 거짓 교훈을 가르치며 가라지를 심어주기 때문입니다.

> "사람들이 잘 때에 그 원수가 와서 곡식 가운데 가라지를 덧뿌리고 갔더니"(마 13:25).
>
> "너희는 너희 아비 마귀에게서 났으니 너희 아비의 욕심대로 너희도 행하고자 하느니라 그는 처음부터 살인한 자요 진리가 그 속에 없으므로 진리에 서지 못하고 거짓을 말할 때마다 제 것으로 말하나니 이는 그가 거짓말쟁이요 거짓의 아비가 되었음이라 내가 진리를 말하므로 너희가 나를 믿지 아니하는도다"(요 8:44-45).

미국 하버드 대학교 교수를 역임한 제임스 클라크(James F. Clarke)는, 사탄은 가면을 쓰고 사람들을 찾아와서 각각 다르게 유혹한다면서 다음과 같이 설명하였습니다.

우리는 각각 다른 사탄을 가지고 있다. 사탄은 어떤 사람에게는 게으름의 형태로 찾아와서, 세월을 허비하게 하여 마침내 그의 모든 생애를 낭비하게 만든다. 사탄은 일의 형태로 찾아와서, 경배의 방향으로 사람을 탈진시킨다. 또한 사탄은 자비의 모습으로 찾아온다. 그러나 그 자비는 악한 것도 묵인하는 자비이며, 사랑이라고 할 수 없는 무분별한 자비이다.

그리고 사탄은 사람들을 서로 박해하게 하기 위하여 기독교라는 이름으로 찾아오기도 한다. 이와 같이 사탄은 모든 덕과 은총의 가면을 쓰고 사람들에게 찾아오는 것이다.

2) 거짓 이단에 속한 자들은 스스로 정죄하여 죄를 짓습니다

거짓 이단에 속한 자들의 두 번째 마음 상태는 스스로 정죄하여 죄를 짓습니다.

본문에서 "죄를 짓느니라"는 말은 거짓 이단에 속한 자들이 바른 교훈을 의도적으로 받아들이지 않고 하나님의 표준에서 의식적으로 벗어나는 상태를 의미합니다.

그리고 "스스로 정죄하여"라는 말은 내적인 상태, 즉 거짓 이단에 속한 자들의 마음이 이미 왜곡된 상태를 의미합니다.

그래서 사람들은 교회의 권면이나 훈계를 거부합니다! 악한 생각과 주장만 내세웁니다! 그들의 고집만을 부립니다! 결과적으로 그들은 스스로 정죄하는 입장에 빠지게 됩니다.

조지 스위팅은 사탄 마귀는 세 가지 무기를 가지고 사람들을 찾아와서 사람들의 마음을 유혹하고 악한 마음을 가지고 하나님을 대항하게 한다고 다음과 같이 소개하였습니다.

사탄이 휘두르는 무기 중에서 가장 흉측한 것 세 가지가 있다. 첫 번째는 반대이다. 바로 사탄이라는 명칭이 반대자를 의미한다. 그는 타락한 날 이후로 하나님의 일에 반대해 왔다. 그는 그리스도인에 대한 중요한 반대자이기도 하다.

두 번째는 모방이다. 종종 사탄은 소란스럽고 노골적인 반대보다는 모방을 통해서 보다 성공적으로 자신의 일을 해 나가곤 한다. 사탄은 항상 하나님을 모방해 왔다. 그를 처음 있던 곳에서 타락하게 만든 것이 바로 하나님처럼 되고자 했던 욕망이었다. 하나님께서 행하시는 것이 무엇이든지 간에 사탄도 그와 똑같은 것을 모방해 낼 수 있다. 모세가 이적을 행하여 바로 앞에 하나님의 권능을 나타냈을 때 사탄은 바로 마술사에게 그런 이적들을 흉내 낼 수 있게 해 주었다.

세 번째 무기는 참소이다. 요한계시록 12장 10절에서 사탄은 "우리 형제들을 참소하던 자"라고 불리고 있다. 사탄은 밤낮으로 하나님 앞에서 믿는 자들을 참소하고 있다. 여기에서 얻게 되는 인상을 그림으로 그려본다면 다른 사람의 악행과 결점, 그릇된 동기, 죄를 비난하면서 손가락질하고 있는 모습이 될 것이다.

하나님을 믿지 않는 마귀의 자녀들은 하나님을 향하여 대항합니다! 불법을 행합니다! 다른 사람을 유혹하여 죄를 짓게 만듭니다!

그러나 하나님을 믿는 그리스도인들은 하나님의 자녀입니다. 그의 백성입니다! 그래서 그들은 하나님의 말씀을 지키고 순종합니다! 그들은 예수 그리스도의 형상을 닮아갑니다. 그들은 죄를 멀리하고 범죄하지 않습니다. 왜냐하면 하나님의 씨가 그들 안에 거하며, 진리의 말씀이 있기 때문입니다.

"죄를 짓는 자는 마귀에게 속하나니 마귀는 처음부터 범죄함이라 하나님의 아들이 나타나신 것은 마귀의 일을 멸하려 하심이라 하나님께로부터 난 자마다 죄를 짓지 아니하나니 이는 하나님의 씨가 그의 속에 거함이요 그도 범죄하지 못하는 것은 하나님께로부터 났음이라" (요일 3:8-9).

제9강
결론

제9강
결론(3:12-15)

"내가 아데마나 두기고를 네게 보내리니 그 때에 네가 급히 니고볼리로 내게 오라 내가 거기서 겨울을 지내기로 작정하였노라(12절)

율법 교사 세나와 및 아볼로를 급히 먼저 보내고 그들로 부족함이 없게 하고(13절)

또 우리 사람들도 열매 없는 자기 되지 않게 하기 위하여 필요한 것을 준비하는 좋은 일에 힘쓰기를 배우게 하라(14절)

나와 함께 있는 자가 다 네게 문안하니 믿음 안에서 우리를 사랑하는 자들에게 너도 문안하라 은혜가 너희 무리에게 있을지어다(15절)."

본문은 디도서의 마지막 결론입니다. 본문에서 사도 바울은 디도를 향하여 내게로 와서 함께 회동하기를 원한다고 부탁하였습니다.

아울러 바울은 디도를 대신할 만한 일꾼 두 사람을 보내겠다고 말하고 있습니다.

그리고 본문은 문안과 축도로 막을 내립니다.

1. 겨울의 계획

> "내가 아데마나 두기로를 네게 보내리니 그 때에 네가 급히 니고볼리로 내게 오라 내가 거기서 겨울을 지내기로 작정하였노라"(3:12).

본문에서 사도 바울은 그레데 교회에서 복음 증거와 목회 사역에 충실하고 있는 디도를 향하여 "내게로 빨리 오라"고 부탁하였습니다. 앞으로 두 사람은 거기에서 겨울을 지내기로 작정하였습니다. 그리고 바울은 "디도를 대신할 수 있는 두 사람을 그레데 교회에 보내겠다"고 말하였습니다.

1) 바울의 선교 계획과 전략

여기서 두 가지로 생각해 볼 수 있습니다. 먼저 '사도 바울의 선교 계획과 전략이 무엇인가?' 그리고 '왜 사도 바울은 디도를 향하여 나에게로 빨리 오라고 했는가?' 입니다.

그 이유가 무엇입니까? 사도 바울의 선교 계획과 전략은 디도가 그레데 섬에서만 사역하는 제한적인 사역이 아니라, 다른 지역에 가서도 광범위하게 복음 증거를 해야 한다는 데 근거를 두고 있습니다.

사도 바울은 디도가 그레데 섬을 떠나서 회동할 장소로 니고볼리를 지적하고 있습니다. 이곳은 그리스의 에피루스에서 서남쪽에 위치한 빅토리 시티 중의 하나입니다.

주전 31년경 이 도시는 아우구스투스 카이사르(Augustus Caesar)가 악티움(Actium) 해전에서 안토니우스(Atony)와 클레오파트라(Cleopatra)와 싸워서 크게 승리한 것을 기념하기 위하여 세운 곳입니다. 현재 이 도시는 폐허가 되어 부서진 기둥과 목욕탕, 극장 등의 거대한 잔해들만 남아 있습니다.

이 도시는 바울이 디도를 만나기 위하여 그가 머물고 있는 곳으로부터 남서쪽으로 내려가야 할 위치이고, 디도의 경우는 북서쪽으로 올라가야 할 장소입니다. 그래서 이곳은 두 사람이 만날 수 있는 중간에 위치한 장소입니다. 그리고 특별히 이곳은 겨울철 휴양지로 아주 따뜻하고 아름다운 도시입니다.

사도 바울이 디도에게 이곳 니고볼리로 오라 한 것은, 이곳에서 디도와 함께 쉬었다가 앞으로 달마디아(Dalmatia, 딤후 4:10)라는 선교 지역을 가야 하기 때문니다. 달마디아는 서쪽 스페인으로 진출할 수 있는 선교의 전략지이며, 유럽 선교의 '전초 기지'(base of operation)와도 같은 곳입니다. 선교의 디딤돌 역할을 감당하는 곳입니다.

'선교'는 무엇입니까? 이 단어는 라틴어 '*mitto*'(보낸다)에서 유래되었고, 헬라어 '아포스텔로'(*ἀποστέλλω*, 파견하다)와 같은 의미를 가지고 있습니다. 그리고 영어의 'mission' 혹은 'missionary'는 라틴어 '*mitto*'에서 유래되었습니다.

현대 선교학에서 '선교학의 아버지'라 불리는 맥가브란(D.A. McGavran)은 고전적, 전통적 선교 개념에서 탈피하여 성경적인 선교 개념을 수립시켰습니다. 맥가브란은 선교의 대명령의 주제는 모든 백성을 예수 그리스도의 제자를 삼는 데 목적을 두고 있습니다. 그는 다음과 같이 선교를 정의하였습니다.

> "선교란 예수 그리스도를 따르지 아니하는 사람들에게 전도하기 위하여 복음을 들고 문화의 경계를 넘는 것이며, 또한 사람들을 권하여 예수를 주와 구주로 영접하게 하여 그의 교회의 책임적인 회원이 되게 하며, 성령이 인도하시는 대로 전도와 사회 정의를 위한 일을 하며, 하나님의 뜻이 하늘에서 이룬 것같이 땅에서도 이루어지게 하는 것이다."

선교의 목적에 대하여 화란의 개혁파 선교 신학자 보에티우스(Voetius)는, "첫째는 이방인의 개종, 즉 모든 민족으로 예수 그리스도의 제자를 삼는 일이다. 둘째는 교회의 설립과 확장이다. 셋째는 구원받은 그리스도인들을 통하여 하나님께 영광을 돌리는 것이다"라고 주장하였습니다.

또 보에티우스는 "선교의 궁극적인 목표는 하나님 나라의 도래 시까지 전 세계에 예수 그리스도의 복음을 전하는 것이다"라고 말하였습니다. 그래서 지구촌 구석구석까지 복음을 전파해야 합니다. 그리고 그 일을 가장 효과적으로, 성공적으로 수행하기 위하여 선교 계획과 전략을 세워야 합니다.

사도행전 16장에서, 왜 성령이 사도 바울과 그의 선교 팀이 아시아에 가서 복음을 증거하려던 '선교 계획'을 막으시고 마게도냐에 가서 복음을 증거하도록 명령하셨습니까?

그것은 성령께서 사도 바울의 선교 전략이 아시아에 더 이상 필요없기 때문이 아니라, 유럽 쪽에 예수 그리스도의 복음 증거가 더욱 시급하기 때문이었습니다. 즉 복음의 긴박성 때문입니다.

당시 로마는 세계 최강대국이었습니다. "세계는 로마로 통한다!"는 말처럼 당시 로마는 전 세계를 향하는 중요한 요충지이므로 이곳을 통하여 기독교가 전 세계로 뻗어 나갈 수 있는 가능성과 잠재력을 많이 가지고 있었기 때문입니다. 그리고 성경이 로마 사람의 언어인 라틴어로 번역되었기 때문이기도 합니다. 결과적으로 기독교는 로마의 국교가 되었고, 지구촌을 향하여 복음을 증거하는 선교의 중심지가 되었습니다.

그러므로 현대 선교는 예수 그리스도의 복음을 들고 전 세계를 향하여 보다 효과적이며 성공적인 복음 증거를 위한 선교 계획과 전략이 필요합니다.

2) 아데마와 두기고

사도 바울은 디도와 만나기 위하여 아데마와 두기고를 디도가 목회하고 있는 그레데 교회에 보내기로 하였습니다.

먼저, 아데마(Artemas)는 어떠한 사람입니까?

아데마라는 이름은 '아데미도루스'(Aetemidorus)의 약칭입니다. 아데마는 '아데마의 선물'이라는 의미로, 당시 헬라의 여신으로 로마의 디아나(Diana)에 해당됩니다.

아데마에 대한 성경의 언급은 거의 없습니다. 그러나 유대인의 전승에 의하면, 그는 루스드라에서 복음을 증거하며 목회 사역을 한 감독이라고 전해 내려오고 있습니다.

사도행전 14장에 보면, 바울과 바나바는 루스드라에서 앉은뱅이를 고쳐주었습니다. 그때 루스드라 사람들은 두 사도를 오해하였습니다. 그리고 그들은 바울을 헤르메스(Hermes)로, 바나바를 제우스(Zeus)라 불렀습니다.

두기고(Tychicus)는 어떠한 사람입니까?

두기고라는 이름은 '우연함' 이라는 뜻으로, 헬라의 '티케'(Tyche, '행운의 여신')라는 이름과 연관되어 있습니다. 두기고는 아데마와는 달리 성경에 분명히 언급되어 있는 사람 중 한 사람입니다.

두기고는 헬라의 이방 성도에게서 모은 구제 연보를 예루살렘 교회에 전달할 때 바울과 함께 동행한 사람이었습니다(행 20:4). 그는 바울이 디모데를 불러오기 위하여 에베소에 파송한 동역자입니다(딤전 4:12). 그는 바울의 사정을 에베소 교회에 알려준 전달자입니다(엡 6:21). 그리고 사도 바울은 그의 후기 서신에서 두기고를 향하여 "그는 사랑받는 형제요 신실한 일꾼이요 주 안에서 함께 종이 된 자니라"(골 4:21)고 극진히 칭찬하였습니다.

두기고와 아데마는 사도 바울의 두터운 신임을 받은 자들이었습니다. 그리스도의 복음 사역에 충성스러운 일꾼들이었습니다. 바울을 대신할 수 있었던 인물이었습니다. 주위 교회와 성도들에게 존경받을 수 있는 사람들이었습니다.

지금도 하나님께서는 신실하고 충성스러운 사람을 찾고 계십니다. 왜 하나님이 아브라함을 선택하시고 믿음의 조상으로 삼으셨습니까? 그것은 바로 그의 충성심 때문이었습니다.

> "그의 마음이 주 앞에서 충성됨을 보시고 그와 더불어 언약을 세우사"(느 9:8).

2. 율법 교사들!

"율법 교사 세나와 아볼로를 급히 먼저 보내어 그들로 부족함이 없게 하고"(3:13).

본문에서 나오는 "율법 교사"(율법사)는 어떠한 사람입니까? 한글 개역에는 "교법사"라고 번역되었고, 개역개정에서는 "율법 교사"라고 번역되었습니다.

율법사 혹은 율법 교사는 구약의 율법에 정통한 사람으로서, 모세 오경을 가르치고 해석하는 사람입니다. 그러나 "교법사"는 모세의 율법보다는 당시 로마의 법률 전문가를 가리키고 있습니다.

세나(Zenas)는 어떠한 사람입니까?

성경에는 그에 대한 기록이 나타나 있지 않습니다. 그러나 주경 신학자들의 견해에 의하면, 세나는 로마의 법률 전문가가 아니라 모세의 율법에 능통한 율법사였다고 주장합니다. 그리고 그는 아볼로와 함께 예수 그리스도의 복음 사역에 종사한 인물이었습니다.

아볼로(Apollos)는 어떠한 사람입니까?

첫째, 아볼로는 학문과 성경에 능통한 사람이었습니다. 사도 바울이 고린도를 떠난 지 일 년쯤 되었을 때 아볼로라는 사람이 에베소에 나타났습니다. 그때 누가는 아볼로에 대하여 다음과 같이 소개하였습니다. "알렉산드리아에서 난 아볼로라는 유대인이 에베소에 이르니 이 사람은 언변이 좋고 성경에 능통한 자라"(행 18:24).

당시 알렉산드리아에서 학문의 조예가 깊은 사람들이 많이 살았기 때문에 이곳에서 아볼로는 배움의 기회가 많았을 것입니다. 알렉산드리아는 70인역(LXX)이라는 성경을 만든 곳입니다. 그리고 유대 사상과 헬라 사상을 종합하려던 필로(Philo)가 살았던 곳이기도 합니다.

둘째, 아볼로는 하나님의 완전한 도를 배워 열심히 가르쳤습니다. 누가는 아볼로에 대하여 소개하기를, "그가 일찍이 주의 도를 배워 열심히 예수에 관한 것을 자세히 말하며 가르치나 요한의 세례만을 따름이라"(행 18:25)고 하였습니다.

당시 아볼로는 주의 도를 배웠으나 요한의 세례까지만 알고 있었습니다. 즉 아볼로의 성경 지식은 불완전하였습니다. 아마 아볼로는 예수 그리스도의 구속 사역을 잘 알고 있었으나 성령 세례에 관해서는 무지하였던 것 같습니다. 하나님의 구원 계획을 정확하게 몰랐던 것 같습니다.

이러한 아볼로를 향하여 천막 짓는 직업을 가진 아굴라와 브리스길라 부부는 하나님의 도를 정확하게 가르쳐 주었습니다(행 18:26).

아볼로는 아굴라와 브리스길라 부부의 가르침을 서슴없이 잘 받아들였습니다. 그리고 오랜 시간의 가르침과 훈련을 통하여 마침내 예수 그리스도의 복음을 확실하게 전파하였습니다. 또한 유대인과의 변론에서도 승리하는 훌륭한 율법 교사가 되었습니다.

사도 바울은 디도를 향하여 세나와 아볼로의 선교 여행을 위하여 필요한 모든 것을 공급해 줄 것을 당부하였습니다. 그런데 세나와 아볼로를 돕는 일은 디도 혼자에게만 책임을 맡긴 것이 아닙니다. 이것은 한 개인의 책임이 아니라, 그레데 교회의 공동 책임임을 분명히 강조하고 있습니다.

선교 사역을 돕는 방법에는 세 가지가 있습니다.

첫째는 '발 선교'(leg mission)입니다. 이것은 선교지 현장에 달려가서 복음을 증거하는 것입니다. 이러한 사람은 불타는 복음의 열정을 가지고 선교지에 뛰어 들어갑니다. 선교지에 가서 생명을 걸고 복음을 전합니다. 그곳에서 뼈를 묻겠다는 각오를 가지고 일하는 일선 선교사들입니다.

둘째는 '무릎 선교'(knee mission)입니다. 이것은 선교지에 파송되어 복음을 증거하는 선교사와 그의 사역을 돕기 위하여 불철주야 부르짖고 중보 기도하는 사람입니다. 사도행전 13장에 나오는 안디옥 교회가 금식하고, 기도하고, 바나바와 바울을 선교지로 보낸 것처럼, 오늘날 선교 현장에서 일하는 선교사들을 위하여 무릎 끓고 하나님께 기도하는 사역입니다.

셋째는 '손 선교'(hand mission)입니다. 이것은 선교지에서 복음을 전파하며, 그들의 성공적인 선교 사역을 위하여 물질로 돕는 것입니다.

그러므로 초대 교회 그리스도의 복음을 증거하는 일꾼들과 그들의 선교 사역을 위하여 기도하고 재정적으로 도와준 것처럼, 오늘날 교회들도 예수 그리스도의 성공적인 복음 전파를 위하여 복음의 전방에서 생명을 걸고 일하는 자들과 그들의 성공적인 선교 사역을 위하여 후방에서 기도하며 물심양면으로 공급하는 일에 힘써야 할 줄 압니다.

3. 좋은 일에 힘쓰고 열매를 맺자!

"또 우리 사람들도 열매 없는 자가 되지 않게 하기 위하여 필요한 것을 준비하는 좋은 일에 힘쓰기를 배우게 하라"(3:14).

본문은 앞 절의 권면에 대한 목적입니다. 사도 바울은 이 권면을 디도에게뿐만 아니라 그레데 교회의 모든 교인들에게도 교훈하고 있습니다.

1) 우리는 좋은 일을 배우도록 힘써야 합니다

사도 바울은 디도에게 교인들이 선교 사역자들을 섬기고 대접할 뿐만 아니라 이 일을 위하여 가르치고 훈련시켜야 한다는 것을 교훈하고 있습니다. 그래서 교회와 교인들은 하나님의 선한 일에 동참하도록 깨달아야 합니다! 배워야 합니다! 훈련을 받아야 합니다!

이러한 일은 마치 사도 바울의 고백처럼, 내가 먼저 자족하는 자세를 가질 때 하나님의 선한 일을 할 수 있습니다.

사도 바울은 다음과 같이 고백하였습니다.

> "내가 궁핍하므로 말하는 것이 아니니라 어떠한 형편에든지 나는 자족하기를 배웠노니 나는 비천에 처할 줄도 알고 풍부에 처할 줄도 알아 모든 일 곧 배부름과 배고픔과 풍부와 궁핍에도 처할 줄 아는 일체의 비결을 배웠노라"(빌 4:11-12).

'자족'(아우타르케스, *αὐτάρκης*)이라는 말은 무엇입니까? 이 말은 신약성경에서 나온 유일한 단어입니다. 이 단어는 "자연스럽게 살아라"는 고대 아테네의 스토아(Stoa) 철학의 기본어입니다.

당시 스토아 철학에서는 스스로의 노력으로도 변경시킬 수 없는 불가항력적인 형편을 신의 뜻으로 받아들여, 초조하지 않고 자신의 모든 것을 숙명적으로 여기며 만족하기를 추구하였습니다. 그래서 그들은 모든 일에 있어서 항상 만족해야 한다고 주장하였습니다.

그러나 사도 바울의 자족하는 삶은 그들의 삶과 전혀 다릅니다. 바울의 자족은 옛사람을 새사람으로 만드시는 그리스도 안에서 이루어지는 것입니다. 바울의 자족의 비결은 오직 예수 그리스도입니다.

그러므로 비록 그레데 교인들이 어렵고 힘든 가운데 있지만 자족하는 자세를 가지고 그리스도의 복음 전파와 선교 사역을 위하여 도와주고 협력해야 하는 것처럼, 오늘 그리스도인들도 어떠한 상황 속에 있다 할지라도 하나님 나라와 그의 선한 일을 위하여 더욱더 힘써야 할 것입니다.

서양 격언에서 "하나님을 섬긴다는 것이 무엇입니까? 그것은 사람들에게 선한 일을 베푸는 것이다"라고 가르치고 있습니다.

2) 우리는 열매 맺는 자가 되어야 합니다

본문에서 "열매 없는 자가 되지 않게 하기 위하여"라는 말은 무슨 의미입니까? 이것을 달리 표현하면 "열매 맺는 보람된 생활"(현대인의 성경, Korean Living Bible)이란 뜻입니다.

본문에서, "좋은 일"(good works, KJV)을 행하기를 배우는 목적은 무엇입니까? 그것은 바로 그리스도인들이 열매를 풍성히 맺고 행복하게 사는 복된 삶입니다. 그래서 그리스도인들은 항상 풍성한 열매를 맺도록 노력해야 합니다.

예수님께서도 그들의 열매를 통하여 그들을 알겠다고 가르치셨습니다.

> "그들의 열매로 그들을 알지니 가시나무에서 포도를, 또는 엉겅퀴에서 무화과나무를 따겠느냐 이와 같이 좋은 나무마다 아름다운 열매

를 맺고 못된 나무가 나쁜 열매를 맺나니 좋은 나무가 나쁜 열매를 맺을 수 없고 못된 나무가 아름다운 열매를 맺을 수 없느니라 아름다운 열매를 맺지 아니하는 나무마다 찍혀 불에 던져지느니라 이러므로 그들의 열매로 그들을 알리라"(마 7:16-20).

그러면 어떻게 하면 그리스도인들이 아름다운 나무가 되어 좋은 열매를 풍성하게 맺을 수 있겠습니까?

《베이커 주석》에서는 그리스도인들이 영적인 열매를 맺을 수 있는 세 가지 조건을 다음과 같이 제시하고 있습니다.

> 첫째 조건은 깊은 신뢰를 가지고 그리스도를 꼭 붙잡으며, 그를 향하여 신앙과 희망과 기대의 통로를 열어 놓는 것이다. 이것이 바로 "내 안에 거하라"는 말씀을 가리킨다. 둘째 조건은 그리스도께서 거룩한 영감과, 새로운 사랑과, 선한 충동과, 경건한 소망을 그의 마음속에 흘려 보내시는 것이다. 이것은 성령의 끊임없는 역사를 통하여 그 영혼에게 그의 뜻을 알려주시는 것이다. 이것은 "내가 너희 안에 거한다"는 말씀을 가리킨다. 셋째 조건은 주님의 알려주심은 그의 성만찬을 통하여 이루어진다. 결과적으로 우리의 신체가 여러 가지 음식물과 물로 새 힘을 얻는 것과 같이 우리의 영혼도 그리스도의 몸과 피를 통하여 새 힘을 얻게 된다.

예수 그리스도를 믿고 구원받은 그리스도인들은 열매 맺는 일이 당연한 것입니다. 은혜가 구원의 근본적인 뿌리라고 말한다면, 선한 일은 구원의 합당한 열매입니다. 그리스도인들은 선한 일을 행하는 배움과 경험을 통하여 그리스도의 진리의 말씀을 바로 깨닫고 복음 증거하는 일에 더욱더 증진해야 할 것입니다.

4. 나와 함께 있는 자

> "나와 함께 있는 자가 다 네게 문안하니 믿음 안에서 우리를 사랑하는 자들에게 너도 문안하라 은혜가 너희 무리에게 있을지어다"(3:15).

본문에서 마지막으로 사도 바울은 디도와 동료들과 모든 그리스도인들을 향하여 예수 그리스도의 이름으로 '문안'(greetings)하고 있습니다.

먼저 "나와 함께 있는 자", 즉 사도 바울과 함께한 모든 동역자들을 가리킵니다. 그리고 다음은 "믿음 안에서 우리를 사랑하는 자", 즉 모든 그리스도인들을 향하여 문안하며 격려하고, 위로하며 존경하고, 교제하며 기도할 것을 가르칩니다.

왜냐하면 문안은 형제와의 뜨거운 사랑을 만들어주기 때문입니다! 서로의 믿음을 돈독하게 만들어주기 때문입니다!

결론적으로 사도 바울은 다른 서신들과 마찬가지로 디도서를 마치면서 동역자 디도와 그레데 교회와 교인들을 향하여 축도함으로 막을 내립니다. "은혜가 너희 무리에게 있을지어다!" 아멘!

이 축도의 말씀은 바울 서신 가운데 고린도후서 13장 13절 말씀과 같은 의미로 맥이 통합니다. 이 말씀은 오늘날 교회를 섬기고 있는 주의 종들이 예배의 마지막 순서인 축도로 사용하고 있습니다.

"주 예수 그리스도의 은혜와 하나님의 사랑과 성령의 교통하심이 너희 무리와 함께 있을지어다 아멘"(고후 13:13).

"May the grace of the Lord Jesus Christ, and the love of God, and the fellowship of the Holy Spirit be with you all Amen."

"은혜"라는 말은 헬라어로 '카리스'(χάρις)입니다. 이 말은 인간을 향하여 값없이 베푸시는 '기쁨', '호의', '선물', '동정', '사랑' 입니다.

"하나님의 은혜!"라는 말은 초기 기독교 공동체의 표어, 즉 오직 예수 그리스도의 은혜로 말미암아 믿음으로 구원을 받았다는 구원 개념의 핵심 용어였습니다. "오직 은혜!"(*sola gratia*)입니다.

"여호와는 네게 복을 주시고 너를 지키시기를 원하며 여호와는 그의 얼굴을 네게 비추사 은혜 베푸시기를 원하며 여호와는 그 얼굴을 네게로 향하여 드사 평강 주시기를 원하노라 할지니라 하라"(민 6:24-26)

할렐루야, 아멘!

거짓 이단과 청지기의 바른 자세와 삶

디도서 강해

2011년 9월 15일 인쇄
2011년 9월 20일 발행

지은이 | 안재도
발행인 | 이형규
발행처 | 쿰란출판사

주소 | 서울 종로구 이화동 184-3
TEL | 02-745-1007, 745-1301~2, 747-1212, 743-1300
영업부 | 02-747-1004, FAX / 02-745-8490
본사평생전화번호 | 0502-756-1004
홈페이지 | http://www.qumran.co.kr
E-mail | qumran@hitel.net
qumran@paran.com
한글인터넷주소 | 쿰란, 쿰란출판사

등록 | 제1-670호(1988.2.27)

책임교열 | 김향숙

값 12,000원

ISBN 978-89-6562-130-0 93230